空海名言法話全集

第5巻

法を伝える

空海散歩

白象の会❖著
近藤堯寛❖監修

筑摩書房

序

和泉寺住職　台湾高野山真言宗協会顧問　田中智岳

ここに「法を伝える」をテーマに『空海散歩』第五巻をお届けします。お大師さまは「釣り鐘の音は聞く人によりさまざまに響く」と言われましたが、みな様のお耳にはどのような音色が届くことでしょうか。

さて、真言宗には三つの道場がある、といわれます。その一つ東寺は、街中にあって人々の生活に融け込んだお寺です。朝六時、いつものように鐘が鳴りますと、街の人々が三三五五御影堂に集まって来ます。生身供《しょうじんく》が始まり、やがて和讃の声が響きわたります。毎月二十一日のご縁日には御影供《みえく》が行われ、境内には弘法市が立ちます。この日ばかりはまるで数十の神社の祭礼を一ヶ所に集めたように、千にもあまる露店が軒を連ね、広い境内が足の踏み場もない程賑わいを極めます。その傍らでは御詠歌を唱える講員さんもあれば、僧侶の辻説法にも人が群れています。東寺ではごく自然に、生活の一部としてお大師さまが生きています。

この市井の人々が何らかの願意を抱いて出かけるのがお四国参りです。『今昔物語』には「四国の辺地《へじ》（＝へんろ）と云うは、伊予・讃岐・阿波・土佐の海の辺《ほとり》の廻《めぐり》なり」とあり、古くは修験者の行場《ぎょうば》であったようですが、近世庶民の参拝が増え、その千四百キロメートルの行程に札所寺院を配し、五十日程かけ巡拝する形が定着していきました。お遍路さんは経帷子《かたびら》に袈裟を掛け、手甲・脚絆の装束に身を包み、菅笠をかぶり金剛杖をついて歩きます。帷子の背には「同行二人」と墨書され、たとえ一人遍路でもお大師さまにご同行頂いていると思い定めて歩きます。そして首尾よく成満すれば高野山へお礼参りし、心願成就の思いも新たに日常に帰って行くのでした。

一方高野山は密教修禅の道場として位置付けられ、七里四方の結界の中にさらに壇上を特別結界し壮大な密教伽藍を構想されました。高野山金剛峯寺の建立はその後も遅々として進まぬ中、大師は天長十（八三三）年東寺を弟子に託し高野山に籠られます。日本にご請来された時は、唯一人お大師さまの胸中に秘められていた密教伽藍が、その後百千の弟子・千百無量の信徒たちの時代を越えて共にする念《おもい》となり、徐々に真言密教は形づくられていきました。

お大師さまがご入定された承和二（八三五）年東寺はようやく講堂が完成、立体曼荼羅と呼ばれる諸仏の開眼はさらに四年後のことでした。承和十（八四三）年には灌頂院が完成、東寺は漸く密教寺院として始動することになります。

高野山は、私寺として衆庶の勧進を手がかりに建設を進めていくしかありませんでした。厳しい山間僻地という条件を克服し伽藍の堂塔がその偉容を現わすのは、ご入定後半世紀も経ってからのことです。しかし東寺とお四国、高野山への信仰は、同行二人の形でそれぞれ深く関わりあっています。高野山の大門に掲げられている対聯《ついれん》には、覚鑁《かくばん》上人の選文といわれる文言が刻まれています。

「日々出《いで》テ影向《ようごう》ヲ闕《かか》サズ」

「處々之遺跡《しよしよのゆいぜき》ヲ検知《けんち》ス」

つまり、お大師さまは毎日お姿を現し、あちこちで我々を救って下さっている、という信仰が深く広く浸透していったのでした。

一　有《あ》り難《がた》や　高野《たかの》の山《やま》の　岩蔭《いわかげ》に
大師《だいし》の遺跡《みあと》を慕《した》いつつ　諸国《しよこく》を巡《めぐ》る修行者《しゆぎようじや》の

二　長《なが》き旅路《たびじ》の友《とも》となり　野《の》をも山《やま》をも厭《いと》いなく
三　雨《あめ》の降《ふ》る日《ひ》も風《かぜ》の夜《よ》も　行者《ぎようじや》の身《み》をば守《も》り給《たも》う

四　げに有《あ》り難《がた》や千代《ちよ》へても　利益《りやく》あらたの活仏《いきぼとけ》
大師《だいし》はいまだ　在《おわ》しますなる（『同行和讃』）

南無大師遍照金剛
南無大師遍照金剛

全十巻の構成と凡例

第一巻「苦のすがた」（名言二二一句）　賢愚・優劣・戯論・無知・無益・排除・偽装・妄想・衆生・凡夫・現世・世情・末法・乱世・罪過・災難・無力・無明・煩悩・貪欲・渇愛・地獄

第二巻「世のながれ」（名言二二七句）　無常・人世無常・山川無常・草木無常・寂滅・故人追慕・悲哀・生死・輪廻・自業自得・執着・汚泥・迷悟・明暗・苦楽・是非・善悪

第三巻「たすけあい」（名言一九二句）　供養・回向・挨拶・香華・鐘・薬・歓喜・満足・清廉・謙遜・自然・風光・調和・協力・効果・好機・熟成

第四巻「こころをつくる」（名言二二三句）　練磨・慈悲・自利利他・救済・布施・四恩・恩愛・恩恵・報恩・孝行・友情・仏縁・帰依・信心・誓願・功徳・福智・天皇・人徳・人倫

第五巻「法を伝える」（名言二一九句）　伝法・灌頂・寺院・東寺・金剛峯寺・伝道・善導・善知識・驚覚・発心・修行・仏道・求法・彼岸・実践・努力

第六巻「さとりの記述」（名言二二一句）　方便・仮和合・教法・理智・認識・道理・無記・戒律・適法・越法罪・後悔・反省・無欲・断悪・文芸・作詩・作文・書道・筆法・

師僧・恵果阿闍梨・師弟・僧侶

第七巻「さとりの風景」（名言二一〇句）　修禅・入定・静寂・威儀・阿字・本不生・月輪・入我我入・顕密・密蔵・秘密・機根・各人各様・般若・智慧・空・中道・縁起・因縁

第八巻「これが真言密教」（名言二一一句）　融通無碍・一即多・不二・真言・陀羅尼・梵文・呪文・経文・文字・加持・祈禱・三密・仏力・威神力・守護・自在・実証・瑜伽・観法

第九巻「仏のはたらき」（名言二二八句）　仏法無尽・広大無辺・菩提・菩薩・清浄・本有・実相・不変・唯仏・唯心・法身説法・対機説法・以心伝心・言語道断・除闇遍明・転迷開悟・煩悩即菩提・滅罪生善・一味平等・差別即平等・和光同塵

第十巻「大日の光」（名言二一八句）　大日・我即大日・仏身円満・仏陀・成仏・即身成仏・草木成仏・曼荼羅・法界・遍照・遍満・荘厳・根源・仏性・如実知自心・法爾自然

一、全十巻の流れは、弘法大師著『秘密曼荼羅十住心論』の階梯のように、苦界から修行、真言、悟り、大日の光へ向かっていく精神的発達史のシリーズ本になっています。したがって、読者も著者とともに、巻を重ねるにしたがって迷いから悟りへ、心境が次第に高みへ登っていきます。

二、全十巻に採用されている空海名言とその順番は、『空海名言辞典 付・現代語訳』（高野山出版社）に沿っています。

目次

第二章　教えを伝える

第三章　仏道を歩む

【修行】

【仏道】

第四章　悟りを求める

空海名言法話全集　空海散歩

第五巻　法を伝える

装幀・本文デザイン　山田英春
扉イラスト　かんだあさ

第一章
法を護る

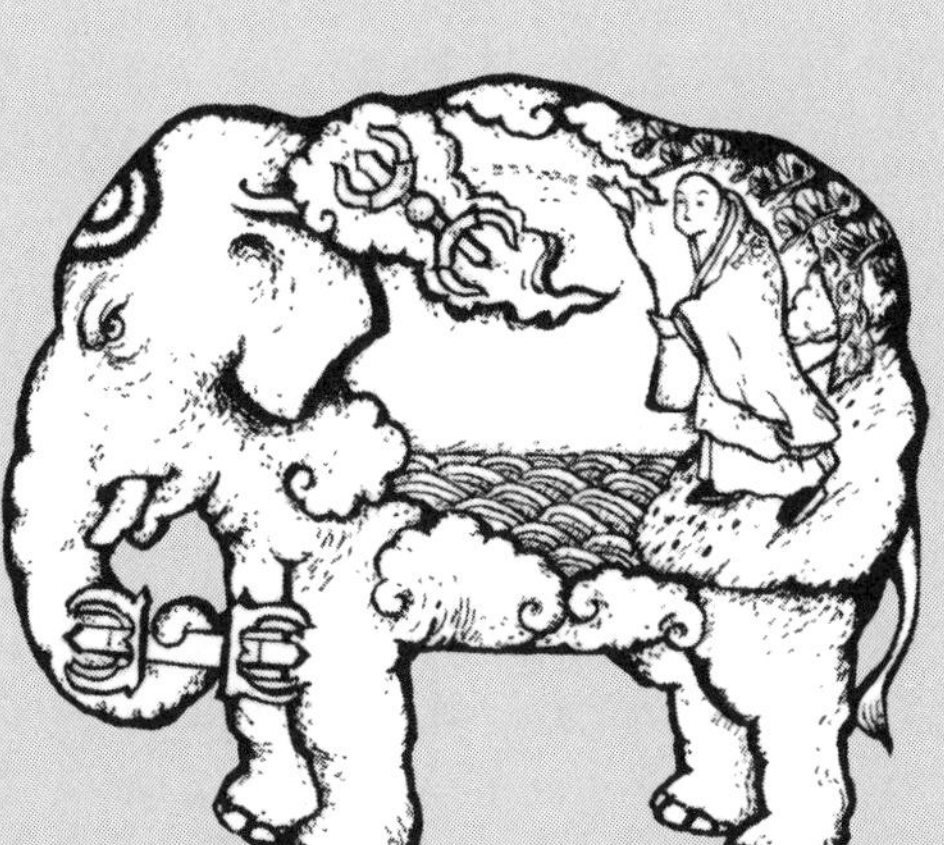

俗典には母は子を以て貴しということ有り　今釈氏は乃《いま》し師は弟《てい》によって栄う　万古千秋これを伝えて朽ちざらん（秘密付法伝一）

【世俗の典籍に、母親の富貴は子の出世いかんにあると述べられている。仏道では、師僧は弟子の資質によって栄える。師から弟子へ伝授される形態によって、教えが千歳に伝えられ、真言密教が絶えることはない】

◉母います時は日中たり　子供にとって最も親しい人間関係は母親でしょう。父親は同じ親であっても直接養育にたずさわることが少ないのに対し、母は子が胎内に宿るときから、そして出産してからも、日夜の世話するだけに関係が深いわけです。

これは古今東西変わらないことで、あのイエス・キリストは北パレスチナのナゼレの大工ヨセフを父とし、マリアを母として生まれましたが、キリスト教では処女懐胎を説き、父の存在を無視しています。それに対して母マリアは神の母としてイエスと同じように崇拝されています。

仏教の祖お釈迦さまは釈迦国の王シュドダーナを父とし、マーヤ夫人を母として生まれましたが、生後七日にして母は死に、お釈迦さまは母の顔を知らずに成長されました。それだけにお釈迦さまは母を思う心に切なるものがあり、「何の法か世に最も富有なる。何の法か世に最も貧無なる。母、堂にいます時を最富となし、母いまさざる時を最貧となす。母います時は日中たり、母亡き時は日没たり。母います時は円満にして、母亡き時は悉く空虚なり」と説かれており、後年作られたという『父母恩重経《ぶもおんじゅう》』には「父母」と題されながらも父のことは一切書かれず、母の恩で全面埋めつくされています。

お大師さまは讃岐の豪族佐伯善通を父とし、玉依御前を母として生まれました。父については佐伯家の菩提寺を建てたとき父の名をとり善通寺とされましたが、それ以外には記録がありません。しかし母については、入唐《にっとう》の時の別れ、母との一字一仏の写経、九度山慈尊院での面会、爪むぎの酒等、幾つか伝えられています。

母玉依御前が高野山に向かわれたのは承和元年のこと。しかし山は女人禁制であったため入山ができず、麓の九度山に慈尊院を設け、そこで暮らしてもらうことにしました。母上が亡くなられたのはその翌年の二月五日で、御年八十二歳でした。(師弟の関係については別記)

(小塩祐光)

今　日本の沙門空海というひとあり　来って聖教を求むるに両部の秘奥壇儀　印契を以てす　漢梵差《えら》ぶこと無く悉く心に受くること猶し写瓶《しゃびょう》の如し（付法伝第二）

【今、日本の空海という人が密教を求めて入唐し、金剛界と胎蔵界の奥義や作法、印契、さらに漢語と梵語も間違うことなく、瓶から瓶へ水を移すように授けられた】

◉この機会を生かさなければ　日本仏教の中に様々の宗派があります。真言宗を開宗された空海さまは、苦難を乗り越え青龍寺の恵果《けいか》和尚《かしょう》にお会いになりました。そこで学ばれ授けられてお持ち帰りになられたものは、目録として残しておられますが、経典のほか仏像仏具など大変な数量に上ります。入唐わずか二年の間にこれだけのものを調達されるには、書生などの協力があったとしても超人的な空海さまのお働きを見逃すことはできません。空海さまは大和の久米寺で「大日経」をお読みになりましたが、その真髄を理解するために入唐されました。

お釈迦さまが入滅されてから数百年、開かれたことのない鉄塔が南天竺《てんじく》（インド）にありました。龍樹《りゅうじゅ》という幼少から聡明な人がありました。後に龍猛菩薩《りゅうみょうぼさつ》とよばれ、天文、地理、医学、暦などを修め、仏門に入られましたが満たされず旅に出られました。そこで出会ったのが鉄塔ですが鉄鎖で閉じられています。百周して大日如来の真言を唱えたと言われていますが、開くことができて親しく金剛薩埵《こんごうさった》に会って両部のお経（大日経、金剛頂経《こんごうちょうきょう》）の秘儀（詳しい意味）を授かりました。

これらを龍智菩薩ほか弟子たちに伝えられ、さらに、金剛智、不空三蔵《ふくうさんぞう》と伝えられました。不空三蔵は、沢山の経典を中国に運び漢訳されたことで有名です。恵果和尚は、不空三蔵から真言の奥儀をことごとく授かっておられ、次に伝授する人を待っておられました。真言宗には、沢山の経典のほか、仏像、仏画、これを供養する作法など難しいことが沢山あります。空海さまは、漢語はもとよりサンスクリット（インドの言語）にも精通され、漏らすことなく悉く学びとられたということです。

近年、講習会、研修会に参加されていても、真剣に筆記される姿が少なくなったような気がします。人生には二度と出会うことができないことが沢山あります。思慮深く真剣に生きて行こうではありませんか。

（野條泰圓）

幸いに国家の大造　大師の慈悲によって両部の大法を学び　諸尊の瑜伽《ゆが》を習う（請来目録）

【幸いに国王の恩徳と恵果阿闍梨の慈悲によって、金剛界と胎蔵界の尊い教えを学び、諸仏の秘法を習った】

◉師は己の志にあり　知識技術は、教わるものではなく自分から求めて学ぶものでありましょう。そのようにみますと、空海さまが恵果阿闍梨からさまざまの仏の教えを学び授かったというのも、空海さまに学ぼうとされる強い心と意思があったからこそ成ったことでありましょう。そこには授けようという阿闍梨の心と、全て学びとりたいという空海さまの心が一体となって働いていたことに間違いはないでしょう。

鐘楼の柱が四方開きになっているのはご存じでしょう。その柱の土台接着面が正方形になっていることをご存じですか。四方転びと言って二級建築士のテストに必ず出題されます。傾いた柱を斜めに切ってあるのですから、それが、菱形にならないで正方形で治まっているのです。さらにこの柱に反りを加えたら、どのように刻んだらよいのでしょう。ここまでは今の時代、パソコンに計算させて、機械に計算通り刻ませたらできます。

ところで、パソコンにもできない伝承技術があります。「捩組《ねじぐみ》」です。年配のお方は、煙草盆などでご覧になっていませんか。両面蟻組《ありぐみ》の技術です。箱組み角の両面が楔《くさび》止めになっているのです。理屈では解けません。明治から昭和にかけてさまざまな技術を残された棟梁が、一子に技を教えられました。その技を自分のものにして茶箪笥一棹をお寺に納められました。天板の両隅が捩組みになっています。

この世界にも学ばないと失われていくものがあります。着物をかける「衣桁《いこう》」の桁は柱の臍《ほぞ》が中で広がって抜けないよう楔止めになっています。この棟梁は、衣桁を傷つけないで抜いて組み直し修理されました。残念ながらこの技だけは継承されていないようですが、空海さまが「両部の大法、諸尊の瑜伽」を伝承されたのと同じく、一子の棟梁は建築技術の大綱を会得され、今も静かに伝承の技を磨いておられます。

私たち仏子も空海さまの請来され残されたものの万分の一でも努力して学ばなければと心新たにするものです。

（野條泰圓）

空海闕期《けつご》の罪　死して余りありと雖も竊《ひそか》に喜ぶ　得難き法を生きて請来せることを（請来目録）

【入唐留学二十年の誓約に違反する帰国は、死に値する重罪であろう。しかし、私は得難い真言密教を恐ろしい海を越えて輸入できた価値に喜ぶ者である】

◉大日如来の智慧の光　お大師さまは大日経をしっかりと学ぶ為に唐に渡られました。三十一歳の春のことです。桓武天皇から留学二十年の第十六次遣唐使に任命される為に国家が認める正式な僧侶の資格が必要であります。実力抜群のお大師さまは「延暦二十三年四月七日得度　九日具足戒」と官符に登録されました。この難関を見事通過されて延暦二十三年五月十二日出発の遣唐使に任命されました。

第・船にお大師さま、第二船に比叡山の最澄内奉が乗船、計四船が九州の五島列島の田の浦に集結して最後の食糧を積み込み天候を祈って、七月六日に出港が決まりました。ところが翌日の夜に暴風雨に巻き込まれて四艘が別々になり、第一船が福建省赤岸鎮《せきがんちん》へ漂着したのは八月十日でした。そして目的の長安に到着したのは十二月二十三日です。これからの長安滞在は西明寺が定住の場所となり、インドの般若三蔵や牟尼室利三蔵に師事して梵語を三カ月で習得されました。

恵果阿闍梨は決意もあらたに真言密教のすべてを惜しげもなく授けます。六月上旬、お大師さまは金剛界と胎蔵マンダラに向けて花を投げました。どちらも大日如来の上に落ちました。阿闍梨は非常に驚きかつ喜悦して、お大師さまに「遍照金剛」という大日如来の灌頂名を授け、密教第八祖の阿闍梨になりました。恵果阿闍梨は弟子空海さまに、「早く日本に帰ってこの密教を宣布すれば国民の幸福が増し、人々は安楽になる。これは仏恩と師恩に報いることである。空海よ、日本で真言密教を広めることに努力されよ」と、遺言をされたこの年の十二月十五日に入滅されます。

お大師さまが通夜の供養を懇ろになされている時、「次に私は日本に生まれ変わって汝の弟子となるであろう」と恵果阿闍梨は伝えました。お大師さまは迷うことなく二年二カ月で帰国の決意をされます。桓武天皇の勅命を破って帰ることは、死罪か流罪です。厳しい処遇が日本で待っているにもかかわらず帰国の決意はゆらぎません。帰国報告の請来目録の冒頭に書かれている言葉がこの名言です。

（安達堯禅）

我れ先より汝が来ることを知りて相待つこと久し　今日相見ること大に好し大に好し　報命竭《つ》きなんと欲すれども付法に人なし　必ず須らく速かに香花を弁じて灌頂壇に入るべし（請来目録）

【私（恵果）は、先般より汝（空海）の訪問を知って待ちかねていた。今こうして対面できたことが非常に喜ばしい。余命は幾ばくもなく、密教を伝える弟子に苦慮していた。早く受法の準備を整えて灌頂壇に望んでほしい】

◉苦難を越えて　お大師さまは密教を求めて、延暦二十三（八〇四）年六月一日第十六次遣唐使船にて唐の国へと向かわれました。しかし、暴風雨に見舞われ目的地から八百キロも南、赤岸鎮に漂着してしまいます。幾多の苦難を越えて長安に到着されたのは同年十二月二十三日でした。

長安に入られてから約半年間はサンスクリット語の習得、色々な文化交流等の生活を過ごします。そして、密教を受け入れる準備が整った翌年の五月十八日、初めて恵果和尚に会われました。この名言は、その時恵果和尚がおっしゃった言葉です。

恵果和尚は自分の命も残り少ない事を悟ります。当時、恵果阿闍梨の門弟は二千人いたと言われますが、密教を受け継ぐ器の人材が見当たらない等、苦悩されていました。その時に現れたお大師さまの様子は、久米寺にて「大日経」を発見して以来、約十年間山野修行で鍛えられた体、お顔には、密教を得るという強い意志が感じられ、恵果和尚の目にはお大師さまの姿が大日如来のように感じとられ大変喜んだのでありましょう。

恵果阿闍梨は、六月「胎蔵界法」、七月「金剛界法」、八月「伝法灌頂」を授けられました。お大師さまは灌頂の儀式で胎蔵界と金剛界二回とも花が大日如来に落ちました。恵果阿闍梨は「これは奇縁」と驚かれ「遍照金剛」の称号を授けられました。御宝号「南無大師遍照金剛」はここに由来します。

近年、高野山には外国の方々が多数来られています。私は金剛峯寺にて通訳を通してお話をする機会がありますが、欧米の方々の一部には、「日本文化」「密教」「空海」等の事前学習等の準備をして来られる方が多い事に感心しています。（糸数寛宏）

伝法

今すなわち授法の在るあり経像功畢んぬ　早く郷国に帰って以て国家に奉り　天下に流布して蒼生の福を増せ　然ればすなわち四海泰く万人楽まん是れすなわち仏恩を報じ師徳を報ず　国の為には忠なり　家に於ては孝なり　義明供奉は此処にして伝えん　汝はそれ行きてこれを東国に伝えよ努力努力《つとめよつとめよ》と（請来目録）

【これで伝授、写経、像造は終わった。早く日本に帰って国家に報告し、密教を宣布すれば国民の幸福が増し、人々は安楽になる。これは仏恩と師恩に報い、国には忠、家には孝となる。義明は中国で、汝（空海）は日本で伝えることに努力されよと、恵果和尚は遺言された】

◉密教の覚り　恵果和尚はお大師さまに密教の全てを伝えた中国密教第一の大徳であり、真言宗八人のお祖師様の第七祖に当たる方です。密教の秘法を授かるには、灌頂《かんじょう》壇《だん》に入って阿闍梨《あじゃり》から伝法灌頂を受けなくてはなりません。お大師さまが密教の受法を畢《おわ》ったのは八月です。そして、その年の十二月十五日に恵果和尚は六十歳で亡くなります。その時にお大師さまが伝えられたことばが首題の名言です。

密教の第八祖になりましたお大師さまは、恵果阿闍梨から多数の経典や法具を譲り受けて、翌年十月初めに九州の神湊《こうのみなと》に着船されます。中国密教を日本にもたらし、更にそれを組み立て直したのがお大師さまの真言密教です。

お大師さまの密教は、これまでの仏教では説くことが出来なかった「即身成仏」を説いております。この世で仏に成るというのは、蓮華の上に座り、頭には宝冠を頂いた人間離れした姿になるのではありません。姿や形は普通の人です。今の生活のままに覚りを求める心を種とし、大いなる慈悲を根っことし、その時その場合に於いて最適な方法を下すことの出来る智慧を保ち、それを育て、生きとし生けるものを利益する心を起こす人格者になるという教えです。

密教はすべての現象を否定しません。一般仏教では煩悩を断ち尽すことに専念しますが、密教では人間のもつ根源的な毒である貪瞋痴の三毒煩悩も包容してしまいます。貪は全てを包容する大貪に、瞋は一切衆生の為に奮起する大瞋に、痴は一切を愛して止まない大痴にと、三毒の本質を活用して世間を調えて行くという教えが密教の覚りです。


（篠崎道玄）

伝法

宜しくこの両部大曼荼羅　一百余部の金剛乗の法　及び三蔵転付の物　並びに供養の具等　請う本郷に帰りて海内に流伝すべし（請来目録）

【両部の大マンダラと、一百余部の金剛乗の法と、不空三蔵から継承した付属物と、供養を行なう法具等を持ち帰り、日本に流布してほしい】

◉人との出会いが人生を変えていく　恵果和尚は述べられました。弘法様にお会いするなり、「そなたは密教を受けるのにふさわしい器であるから、すみやかに準備をととのえて教えを伝える灌頂の儀式に必ず入るようにしなさい。私の寿命はすでに尽きようとしているが、私の教えを継承するに値する者がなかなか見当たらずに心配していた」と。

さらに恵果和尚は、「真言の秘密の教えは、経典や注釈だけでは十分に理解できず、図像や仏画などを用いないと相手に伝えることができない」と申され、不空三蔵から継承した付属物を初め、数々の品がもたされたのであります。

そうして、「このうえは早く日本に帰って、国家に密教を奏上し、国内に流行させて人々の幸せを増すようにしなさい。そうすれば国中が平和になります。これこそが、実に仏と師僧の恩に報いることになります。また、国家として大切な『忠』となり、家庭においても大切な『孝』にあたるのです」と説かれます。

師の恩徳は、山よりも高く、晴れた空よりも際限のないものであるとの言葉がございますが、この伝承は大変なことだと考えます。なぜなら、弟子を見抜く師匠の眼力と、その期待に背かぬ弟子の力量がぴたりと一致せねばならないからです。

私は、師の立場には立ったことがありませんので、師のことはよくわかりませんが、弟子の気持ちはよく解るような気がします。お釈迦さまの『法句経《ほっくきょう》』第四章「花になんで」の中に「うるわしく、あでやかに咲く花でも、香りの無いものがあるように、善く説かれたことばでも、それを実行しない人には実りがない」とあります。

その方の過去における行いや振る舞いをみれば、その方の人間性が判断できるのではないでしょうか。また、その方について行けるかどうかも含めて、人間は「行為」が一番の物差しになるようであります。名師に出会うためには、こちらから求めていかなくてはなりません。やはり「行為」が大切だと思います。

（岩佐隆昇）

密伝の人に非ずんば何ぞ能く解することを得ん　若し能く具受に心ありといえども面にあらずは得ず（実相般若経答釈）

【秘法を伝える師でなければ密教は体得できない。たとえよく密教を理解していても、面接して受けなければ真髄は得られない】

◉師によって悟る　真言密教は師資相承の教えです。師資相承とは、師匠から弟子に教えがうけつがれることを意味します。その教えとは単なる真理の事柄のみではありません。悟りに達する種々の方法、諸仏それぞれの祈り方、その修行方法等、多方面に及びます。

真言宗では、弘法大師に至るまで、その師資相承の系譜は、大日―金剛薩埵―龍猛―龍智―金剛智―不空―恵果―弘法と伝えています。釈尊が大日如来となり、その教えを金剛薩埵が受け継ぐことに始まります。この大日と金剛薩埵とは法の世界の存在です。しかしながら法の世界といっても遠い存在ではなく、阿闍梨（師）が弟子（法資）に法を授けるときは、阿闍梨は自身を大日如来と自覚し、弟子を金剛薩埵に見たてます。いわゆる金剛薩埵とは、真理を求める修行者の霊格を指します。いつどこにおいても、時代が変わっても、この師資の観念は変わりません。

密教とは秘密仏教の略です。それ故、秘密とは、仏さまの方にて秘密にしていることも当然あります。それはまだ用意が十分できていない修行者に、いきなり多くの真理を伝えることはできません。また弟子、あるいは一般人においても、秘密が存在しています。それは自分自身（自心）の持つ無限の可能性を自覚していないこと、それが秘密とされるのです。それ故に自分はダメだ、とか私には無理だ、といった自身の可能性を頭から否定することは、極めて尊い己の存在を否定していることになります。

自身の発達については、自身の型を破るということも必要です。従来の自身よりも、より一歩新しい自分へ踏みだすには、まずファイトを燃やし、そこに工夫が必要です。そこに師の存在があれば、話は別です。師が得ている深い理を順序よく得られるなら、到達点へ向って実に迷いなく歩むことが可能です。それを密教では師の面授を受ける、と申します。すなわち面授とは、直接師から法を授かることを言います。これは芸術等においても同じことが言えます。人生の師の存在は絶大です。

（浅井證善）

双林に滅を告げて終《つい》に仏性を顕わせども　しかも聴衆あって果に羅漢を成ず（十住心第四）

【仏陀となるべく教えを説いた釈尊ではあったが、その涅槃の場に居合わせた弟子の悟りは阿羅漢果の位でしかない】

◉双林に法の華ひらく　忙しい毎日を送る中で、ふと「私は何のために生まれて来たのだろう?」と思ったことはないでしょうか。仏教の祖師である釈尊も人の生死を目の当たりにして同じことを思ったと伝えられています。人はなぜ生まれて来たのでしょうか。

「双林に滅を告げて」とは、釈尊が沙羅双樹の木の下に横たわり、仏弟子に見守られながら涅槃を迎えようとしている場面です。「涅槃」は釈尊の入滅と、悟りの世界に到るという二つの意味を持ちます。涅槃図には仏弟子の周りに多くの野生動物が描かれていますが、それは釈尊もかつて輪廻の中で兎として生まれ自らの命を以って菩薩行という善行を行ったように、仏弟子を始め生きとし生けるすべてのものが輪廻の中で何度も生まれ変わり、善行を積むことでついには涅槃という悟りに到り、成仏することを示しているともとらえることができます。このような成仏を「三劫成仏」といいます。成仏するまで三劫という時間を有するということですが、一説には一劫は天女の衣で岩が擦り切れて無くなるまでに有する時間といわれているので三劫はそれが三回、とても一生のうちには成仏できないことになります。この名言はそのような悟りは「阿羅漢の悟り」でしかないと結んでいます。五百羅漢などで知られる阿羅漢は仏教において最高の悟りを得た修行者です。それ以上の悟りがあるでしょうか。

その長い時間の菩薩行によって成仏できるのは修行者本人のみです。自らの成仏のみに目を向けていては法は途絶えてしまいます。「終に仏性を顕せども」の意味するところは、生きとし生けるものすべてが成仏できるのならば、すべてのものに仏となるための「仏性」がすでに備わっていることになり、それを生かせば、生まれ変わらずともこの身このままで仏と成ることができるということです。それが「即身成仏」です。仏となり他者の仏性に触れ、新たな仏性が華開き、そしてこの世が仏で満たされたとき、生まれて来た意義が見えてくるのではないでしょうか。

（中村光教）

伝法

諸仏の師はいわゆる法なり　法常なるを以ての故に諸仏もまた常なり（宗秘論）

【諸仏の師は真理である。真理は永遠であるから諸仏もまた永遠である】

◉真理は仏の現れ　戦後、市場経済主義を取り入れた日本は急速な経済成長の道を選び飛躍的な発展を遂げました。この著しい戦後復興のさなかに東京大学経済学部の宇沢弘文博士がひとり「市場経済主義は人を苦しめる」と異論を発していました。しかし当時の一般社会からみれば到底受け入れ難い変節漢と揶揄《やゆ》され無視されました。博士の非市場経済主義論は大学時代の夏季休暇中に滞在した山寺で悟ったと伝えられ、揺るぎない持論はそのままずっと眠り続けていました。

戦争による海戦や海難の犠牲者は大海原の果てに忘却の御霊《みたま》となっていることに憤慨する僧侶がいます。毎年、自ら企画、ひとりで全国各地の海岸または船上で犠牲者慰霊供養を厳修する僧はひたすら陸、海、空の曼荼羅界の真理を信じて海岸、船上それぞれに設けた護摩《ごま》檀へ登檀することを常としています。この行法僧にとっての心がけは、ほとけの真理は永遠で深いと自ら固く信じていることです。

海上供養、船上供養の際は決まっていつものように大海原や船周辺が魚の群で波立ち犠牲者の歓喜を知る想いだと僧侶は証言します。喜びにむせぶ諸聖霊とおぼしき不思議な現象は永遠の真理に生かされた人をゆり動かす、この世のほとけの永遠の真理そのものと僧侶は受け止めています。

あの反古扱いだった「市場経済主義は人を苦しめる」論は、近年にわかに経済界等から見直されています。仏の真理に導かれて得た宇沢博士の持論は、こころ優先の仏さまの永遠なる真理に突き動かされた思想だからです。

人はそれぞれに秘められた仏性があり、その仏性に目覚めて仏さまに出会います。仏さまに突き動かされた思想や行動は、宇宙をつかさどる永遠の真理「大日如来」さまが物や金の第一経済主義を払拭したといえましょう。戦争犠牲者を船上から供養する僧の眼下には、亡き戦士の歓喜として魚が飛び跳ねるわけです。真理は仏さまによって現わされ、不思議な真理は凡人には理解できません。

（湯浅宗生）

まさに法宝を紹《つ》いで　仏の在世と更に異なること無かるべし　即ち是れ仏の真の子なり（秘密仏戒儀）

【仏法の宝をそのまま受け継げば、仏陀在世の時代と同じである。この心得が誠の仏弟子となる】

◉仏法は不易　思想は流行　お釈迦さまの法は二千五百年前の教えですが、真理であるがゆえに今日も語り継がれて実践されています。

仏教の基本的な教えは「諸行無常」「諸法無我」「涅槃寂静《ねはんじゃくじょう》」の三宝印《さんぼういん》です。つまり、「すべてのものごとは刻々と変化し、因縁によって生じたもので実体性のないことが自覚できれば、静かな安らぎが得られる」という真理に基づいて、八万四千の法門が派生しているといえましょう。

仏法は人生の道しるべです。もしも仏さまのことばが真理ではなく、その時代の流行であれば既に消滅していましょう。仏法はいかなる時代や国家も納得ができる真理だからこそ人々に信奉され続けているわけです。

さて、憲法や法律はどうでしょうか？　法律は国家の思想や慣習などによって考案された表現ですから、時代とともに内容も変わります。かつて日本国民は「御名御璽」によって世界戦争に挑《いど》みました。しかし、戦後七十五年を経た日本人はこの言葉を忘れてしまいました。「御名御璽」は「ぎょめいぎょじ」と読み、天皇の名前と公印を指します。この語彙を敗戦国の日本国民は、読むことも、書くことも、意味も、忘れさせられてしまったようです。時代の思想は流行なのです。

仏法は不易です。現在の私たちは、仏弟子たちと一緒にお釈迦さまの目前に坐って声を聴聞し、お姿を拝見していることと同じだとお大師さまは述べておられます。ゆえに、本堂でお経を読んだり、聞いたりすることによって、ご本尊の慈光に包まれて今の自分の生き様に気づくことができるわけです。

首題の名言は『秘密三昧耶仏戒儀《ひみつさんまやぶつかいぎ》』の最後に述べられています。曼荼羅の灌頂壇に入る心得として、大阿闍梨の前で菩提《さとり》の決意を捨てないことが誓われます。仏法僧の三宝を尊重し、成仏を願うことが仏教徒の姿勢です。成仏への願いがなければ仏教とはいえません。成仏を願うことは、今も、昔も、未来も、仏陀在世の時代と全く変わることがありません。

（近藤堯寛）

伝法

蜉命《ふみよう》を長途に忘れ　泡身を驚波に捐《す》て　国恩に酬い奉らんが為に本朝に還《げん》帰《き》す（平城灌頂文）

【はかない命であることも、長く苦しい旅であることも忘れ、泡のようなこの身を荒波にゆだね、国の恩に報いるために日本へ帰ってきた】

◉今この時、感謝を忘れずに　令和の幕開けと共に私のお寺では世代交代となり、先代である父が引退し私が第三十九世として今の時代を担う事となりました。三十八名もの住職が、それぞれの時代を担いお大師さまの教えを守り、お寺としての役割を全うし、現在まで法燈を繋ぎ続けてきたのです。

私のお寺には由緒書や歴代住職の業績を記した書物が残されています。それを見ますと、記載の多い住職の項では数枚にわたり、記載の少ない住職の項では数行で終わるという様になっています。しかし、きっとどの時代の住職も担った時代を精一杯務めあげてきたのでしょう。そうでなければ、今日まで皆様の心の拠り所としてお寺が続いていることは無いのですから。

長い歴史の中から見ますと、担った時代を精一杯務めても業績は数行となるのかも知れません。でも、時代の波間に必死に守り継ぎ、今を生き、未来を託してきた姿は、どの住職も一緒であるように感じます。

そして、この話はお寺に限ったことではありません。皆さんが現在この世に存在するという事は、多くのご先祖さまが繋いでこられた縁によって、今の「私」があるのです。きっと、大変な時代も多くあったでしょう。きっと、今を精一杯生き、未来に希望を託し、その時代を全うしてこられたのでしょう。そうでなければ、今を生きる「私」は存在しないのです。

その事に想いを馳せる時、今の自分に気が付きます。多くのご先祖さまの努力に報いることは出来ているのか。今の時代を担うにふさわしい事をしているのだろうか。

今までの多くの方から頂いたご縁とご恩に感謝をし、今を精一杯生き、未来に想いを繋げることが、今を生きる私たちの使命なのかもしれません。お大師さまが、生涯を捧げて国や人々のために唐に渡り密教を学んで、今の私たちに生きる道しるべを伝えてくれたように。

（岩崎宥全）

伝法

幸いに諸仏の応化 金輪運啓の朝に遭うて 大同元年を以て新曼荼羅ならびに経等を奉献す 爾《しか》しよりこのかた愚忠感なく忽ちに一十七年を経たり

（平城灌頂文）

【幸いに諸仏の願いに応じられる平城天皇の御世に遭遇し、大同元年（八〇六）に新しいマンダラや経典などが献上できた。それ以来、菲才にして忠誠を尽くせぬまま十七年が経過した】

◉汚れは洗えばなくなる お大師様が唐から帰国されたときは、平城天皇の御代でした。やがて、次の天皇である嵯峨天皇との親交がはじまり、次々と大きな仕事を成し遂げていかれます。一方、嵯峨天皇の実兄であった平城上皇は、嵯峨天皇の意に反する行為が多く、薬子の乱など一連の政治の動きの中で出家されていました。その平城上皇に対して、お大師様は灌頂（三昧耶戒）を授けられることになりました。帰朝後すでに十七年が経っていました。冒頭の引用はその灌頂の文の一部です。上皇とはすでに立場が逆転したような状況ですが、お大師様はあくまで至誠を尽くし、真言の法門を詳細に説かれています。これらの言葉は、お大師様の、上皇に対する待機説法であると同時に、嵯峨天皇に成り代わっての諫言だとも言えるのではないでしょうか。その中身の濃さに、お大師様の本気度が伝わってきます。

広い野原を埋め尽くす無数のレンゲの花、空を渡る雁の一行、海を黒く染める魚の大群……。それらはみな平等のいのちです。ならば、地球上に住む何十億の人間もみな平等のはずです。ところが人間だけは、その「自我」ゆえに苦しみます。「自我」は、「すべてはひとつ」という根本原則に反した行いを人間に命じるからです。人間は誰も清らかな「真の私（仏心）」を持っています。丸い水晶玉だと仮定してください。これが自我や諸々の記憶や悩み、さまざまな感情によって汚れるのです。「客塵煩悩」と言われるようにそれらはすべて煩悩であり、洗い流すことができます。この煩悩も怒りなどの感情もすべて「妄想」であり、外からやって来てやがて去っていくものです。やって来て去っていくものが、「真の私」と同じであるはずがありません。お大師様は、そのことに気づき、常に身と心を美しくして、偽物に振り回されない納得のいく生き方をせよ。世のため人のために生きよと、上に立つ人にも衆生に対しても、熱く呼びかけておられます。

（友松祐也）

伝法

弘仁の帝皇　給うに東寺を以てす　歓喜に勝《た》えず　秘密の道場と成せり　努力努力《ゆめゆめ》　他人をして雑住せしむること勿れ　これ狭き心に非ず　真を護るの謀なり（御遺告）

【嵯峨天皇より東寺が下賜され、歓びに尽きない。東寺は真言密教の道場とし、決して他宗を入れないことにする。これは狭い心ではなく、純粋の真言密教を伝えるためである】

◉鳴くよ　鶯《うぐいす》　平安京　七九四年、都が京に遷された翌翌年、東寺の造営が始まりました。我らが大師はこの時まだ二十三歳、将来の進路に悩まれ出家宣言の書『三教指帰』の筆を起こされようとしていました。その後、「謎の七年」といわれる記録に残っていない時期を経、三十一歳遣唐留学僧《るがくそう》となられてからは目まぐるしく活躍されるお姿を目《ま》のあたりにすることとなります。

嵯峨帝より東寺を賜わったのは五十歳、真言宗の根本道場として他宗の混住を許さぬ一寺一宗の宣言をなさいます。この頃、東寺は創建から二十七年、漸《よう》く金堂が完成したばかりでした。当時平安京造営の為、京周辺の山々の目ぼしい大木はことごとく伐採され、講堂や五重の塔の建築用材を遠く伏見の稲荷山あたりにまで探さねばなりませんでした。そうして集められた大木は多勢の人足によりはるばる運ばれ、部材に加工され堂塔伽藍が築かれていったのでした。

講堂は完成まで十年、立体曼荼羅《まんだら》といわれる二十一軀の仏像群の開眼供養が行われたのはそれから四年後の承和六（八三九）年でした。真言密教の教えを仏像で表現しようとした講堂は、根本大日如来を中心とする五（智）如来のグループが真ん中にあって悟りの世界を説き、東側、菩薩のグループは慈悲の力でお悟りへと導き、西の不動明王を中心とした五大明王は煩悩を焼き尽くす火焰を背負い、力ずくでも仏の道へと人々を導くみ仏たちです。鮮やかな朱塗りの柱に白壁の堂内は目もあざむく極彩色に溢《あふ》れ、その圧倒的な色彩と像様に、人々は密教の新しさを衝撃的に受け容れたのでした。その後、承和十（八四三）年灌頂院《かんじょういん》が完成、東寺は漸く真言密教の根本道場として後継僧を育てる伝法灌頂《でんぽう》、結縁《けちえん》の信者を広める結縁灌頂が行えるようになりました。儀式は大師が唐で授けられたそのままに今日もなお連綿と引き継がれています。

（田中智岳）

伝法

金剛薩埵　大日の寂を扣《たた》きし後　謂《いわ》ゆる第八の析負《せきふ》たる者は吾が師これなり（性霊集序　真済）

【金剛薩埵が大日如来の真理を受けてから第八祖の継承者はわが師（空海）である】

◉道を究める　金剛薩埵は、大日如来と衆生とを結ぶ接点の役目を担う菩薩です。菩提心（悟りを求める心）の本体とされ、その菩提心の堅固なことを金剛に喩えています。金剛薩埵は、真言密教の付法第二祖であります。第七祖は、弘法大師の師恵果阿闍梨であり、弘法大師は第八祖であります。真言宗は、師資相承《ししそうしょう》と云って、師より弟子に法を伝授し伝えてきております。

私の知り合いの書道師範は、先生に師事されて四十年以上になると伺っています。その先生も九十歳を越えられても、精力的に素晴らしい作品を次々と発表されておられます。一つの作品を完成する為には、何百枚も同じ作品を習作されてるとのことです。ご自身が納得される作品を仕上げるまで、根気よく時間を掛けて習作されると思います。一流の芸術家の作品を我々が鑑賞して感激するのは、その作品を仕上げるまで、長期に亘って精神を集中して、ご本人が納得される作品を発表されたからでありのます。その芸術家の作品に対する姿勢は、やはりその方の師匠の影響が大きいと考えられます。

独学で一家を成す方もおられますが、大半の方々は、師匠に付いて研鑽されてからこそ、その方の今があると思います。如何に師匠の影響が大きいかは、多くの芸術家の伝記等を読んでも判明する点であります。これは芸術家に限らず、研究者、技術者、茶華道等あらゆる方面の方々にも通ずるものであります。

最近の若者の動向としては、海外に留学する学生の減少が続いています。そして、技術者への取り組み、伝統文化の継承への感心が薄れてきております。これでは資源の少ない日本の将来が危ぶまれます。技術を身につける大切さを日本全体で問い直さなければなりません。私たちも、何か新しい事に取り組む場合は、その道の師匠に付いて学ばれる方が、上達も早いと思われます。私は、物を創造する大切さを再認識すると同時に、我々の身近にある物の生い立ちに思いを致してほしいと思います。その上で、道を伝える事が如何に重要かと痛感致しております。

（菅智潤）

真言加持の道この日来漸《らいぜん》し　曼荼灌頂の風この時弥布《みふ》せり（性霊集序　真済）

【真言加持の教えは、空海大師が帰朝された日から日本に伝えられ、マンダラや灌頂の儀式が国内に広まった】

◉**生きとし生けるものは、皆生きる意味を持っている**　この御文は、弘法大師の高弟であった高尾山寺の真済大徳の作られたものです。大徳は、弘法大師の残された漢詩文、御手紙、碑銘、願文などが散逸したり、違うものが大師のものとして伝わったりしてはいけないとの思いから、大師の側にいてそれらを写し取っておられたものを遍照発揮性霊集（性霊集）として編集されました。この御文はその性霊集の序文を真済大徳がお書きになられた、その中の一節です。わたしたち後に残された者は、おかげでこの性霊集を読むことによって、お大師さまのさまざまな御年齢の御文にふれさせてもらうことができます。

この御文の前に「先ず大日如来が金剛薩埵に真言の法をお伝えになられた。そして、はるか長い日月をへて中国（唐の長安）の高僧・恵果阿闍梨（真言七祖）からその真言の法が弘法大師（真言八祖）に伝えられた」とあります。

そのような正統な真言の法を「真言加持の道」という御文であらわされています。この道は三密（身口意《しんくい》）加持の中にあり、加というのは如来（仏）の救いの御手であり、持とはわたしたちが如来の御手にふれ（身）、ふれたと言い（口）、これを心（意）に感じる道のことです。この法は、お大師さまが中国（唐）から帰朝される以前には日本にはなく、正にお大師さまによって日本に伝えられたものです。「この日来漸し」とはそのことです。「曼荼灌頂の風」とは、曼荼羅を拝み、灌頂を授ける真言密教の独自の教風、「この時弥布せり」とは、先の「この日来漸し」との対句になっており、正にお大師さまによって日本にひろがり、行き渡った、という意味です。

曼荼羅は三密加持の真言の法を絵に描いたものです。又、これを儀式にしたものが灌頂です。曼荼羅を見、灌頂の儀式を授かったものは、生死を越え、自他を利益《りやく》することができます。この法では、生きとし生けるものは、元は一つで皆兄弟であり、生まれるものはそこから生まれ、死ぬものはそこへ帰っていく。そのことは、宇宙の大生命（大日如来）のことです。又、それぞれの生きとし生けるものは皆それぞれに居場所を得て生きる価値、意味を持っていることが説かれています。

（畠田秀峰）

滅せざるは法なり　墜《おと》さざるは人なり（性霊集二　恵果碑）

【仏法は不滅である。これを保持するのは人である】

◉仏法を不滅ならしめる人　かの聖徳太子は、「和を以て貴しとなす」として、仏教精神たる「和」の心を大切にされ、日本の国家づくりの基本とされました。薨ぜられる前には、「財物は滅び易く、常に保つことはできない。しかし、三宝の法は絶えずして永く伝わる」として、後の舒明天皇となる田村皇子に一寺を託され、仏法を大切にするように遺言されました。天皇はその一寺を国家最初の「大寺」とされ、豪族たちも次々と氏の寺を建立し、仏教の導入が図られていったのです。

爾来、日本の仏教は、様々に進展しながら、多くのお祖師、また先師方によって今日に守り伝えられてきました。その長い歴史の中で、寺院も時に廃寺となり、また、隆盛して今日に至っています。物事の隆盛や衰退は、時の運もありましょうが、なべて人の働きによるといえます。お大師様も「物の興廃は定めて人にある」といわれます。

お大師様が長安で師の恵果阿闍梨について学ばれたのは、唐の永貞元（八〇五）年、僅か半年間ほどのことでした。その間に恵果阿闍梨は、お大師様にあらゆる密教の教えをお伝えになり、その年の十二月の満月の日に入滅されました。きっとお大師様に全てを伝え得たという安心感の中でお亡くなりになられたのでしょう。

お弟子は僧俗千人を超えたといいます。多くの人がその遷化を嘆き悲しむ中で、お大師様は弟子を代表して恵果阿闍梨への追悼文をおつくりになりました。その中で、「仏法は不滅であり、その教えを保ち伝えるのは人です」と、人の大切さ、そして、仏法を守り、伝えてくれた恵果阿闍梨の偉大さを讃えられ、そのご恩に感謝しておられます。

たとえどのような立派な教えや考え方であっても、それを伝える人や実践する人がいなければどうしょうもありません。恵果阿闍梨は正にその「人」であり、わがお大師様もまぎれもなく、その「人」であったのです。

（河野良文）

多宝の座を分ち　釈尊の法を弘めん（性霊集十　理釈経答書）

【天台と真言の仏法は、両者が譲りあって伝えていきたい】

◉ほら、やりたいことは同じじゃない　天台宗を開いた最澄と真言宗を開いた空海は、対立していたように描かれることがあります。果たしてそうだったのでしょうか。両者とも、同じ時期に唐に渡り、貴重な経典と教えを持ち帰ってきました。二人の思いは、釈尊の教えを日本に広めたいという一心です。これは、二人とも同じです。少し方法が違っただけで、決して対立していたということではないと思います。

私がお手伝いをしている企業でも、このようなことをよく見受けることがあります。社長と後継者のやり方が衝突してしまうのです。社長は今までのやり方を踏襲していくべきだと言い張ります。一方、若い後継者は、ＩＴを活用した方向転換をすべきだと主張します。両者にじっくりと話を聞くと、二人とも会社の今後の発展を考えての意見なのです。ただ、具体的なやり方が違うということです。

会社には様々な経営資源があります。社員、お金、商品、設備、ノウハウ、技術、得意先、そして一番大切なのはお客様。これを活かして、目的である会社の発展を成し遂げていくかを話し合い、譲り合っていくことが重要です。いがみ合っていては、憎悪しか生まれません。相手を尊敬しているからこそ、目的に近づくことができます。『法華経』の中に、「常不軽菩薩」という方が登場します。「彼は人をみると『私はあなた方を尊敬して決して軽くみることはしない。あなた方はみな修行して仏陀となる人々だから』といい、人々にはずかしめられ打たれると、その場を逃げ、離れた場所から再び同じ言葉を繰返したという。そこでこの名がある」(ブリタニカ国際大百科事典より)。人々を決してないがしろにせず、尊敬し続けることの大切さを説かれています。

宮沢賢治の「雨ニモマケズ」という詩の中に、「アラユルコトヲ　ジブンヲカンジヨウニ入レズニ」という一節があります。自分のことを一旦横において、まず相手のことを考える。現代人には、忘れ去られている精神かもしれません。今一度、譲り合ってこそ得るものがあることを学びたいものです。

(大咲元延)

伝法

今上《きんじょう》暦を馭《ぎょ》して恩草木に普《あまね》く　勅あって進ずる所の経仏等を返し賜い兼ねて宣ずるに真言を伝授せよということを以てす（高野雑筆三一）

【嵯峨天皇の即位は草木にまで恩恵が及び、私への勅命は、唐から請来した経典や仏像等の返却と、真言伝授の許可であった】

◉京都での布教の原点　嵯峨天皇が即位された大同四（八〇九）年は、弘法大師空海さまにとっても人生の転機となった年です。唐（中国）から帰国したものの、留学期間が二十年と定められていたのをわずか二年で帰ってきたということで、九州の太宰府に留め置かれていたのが、やっと入京が許され、高雄山寺（神護寺）に入ることができました。新天皇の徳は草木にまで及ぶと絶賛していますが、お大師さまにとっては大げさではなく、まさに天にも登る思いだったのでしょう。

天皇の命により、朝廷に差し出していた経典や仏像（曼荼羅）を返還してもらい、真言の教えを伝授することを許されたと書かれています。自らが持ち帰った真言密教を京都で布教をする原点となった出来事です。そして、東大寺の杲隣《ごうりん》、実慧《じちえ》、元興寺の泰範、大安寺の智泉らに法を授けていきました。

嵯峨天皇とお大師さまは、橘逸勢《たちばなのはやなり》と共に日本三筆に数えられる書の大家です。天皇はたびたび宮中にお大師さまを招き、書などを通じて親交を深められました。当時の中国の最先端の文化に興味を持たれ、お大師さまの話を聞くのが楽しかったのでしょう。お大師さまは中国伝来の製法で作った筆四本を天皇に贈っています。

天皇は密教への帰依も深くたびたび祈禱を受けられています。宮中で仏教の講伝もしました。そして、後に東寺や高野山を下賜されることになるのです。お大師さまはこうした天皇の庇護の下、真言密教の教えを広めていかれたのです。

『高野雑筆集』は主としてお大師さまの書簡を集めたものです。この書簡には宛名、日付がないので、はっきりとはしませんが、内容的に嵯峨天皇の徳を讃え、両相公(大臣)を持ち上げています。両部曼荼羅の転写本の完成に触れ、五十歳目前であるということを書いています。書き出しには中冬(十一月)とあります。これらのことから、弘仁十二(八二一)年十一月に、藤原冬嗣に宛てた書簡ではないかと思われます。

(柴谷宗叔)

伝法

大師伝授の法を説きたまえり　末葉伝うる者あえて三昧耶《さまや》に違越《いおつ》せざれと

（高野雑筆五二）

【世尊は伝授の法を説かれた。これを末代に伝えるには、違法がないように師資相承に授けることである】

◉学ぶということ　学ぶと言う言葉には、大きく分けて四つの意味があるようです。①勉強する。②教えを受けたり見習ったりして、知識や技芸を身につける。③経験することによって知る。④まねをする。普段何気なく使っている言葉にも実は多様な側面があることが分かります。空海の教えは、単に本を読んで勉強するだけで身に付くようなものではないと言うのは自明の理ですが、難解な仏教教理の習得に関して分かりやすい身近な例を上げてみたいと思います。

ある人が一念発起して楽器の演奏、例えばドラムを習おうと思い立ったとします。その方は、石原裕次郎の『嵐を呼ぶ男』の一シーンで格好良くドラムをたたく姿を思い出して、早速音楽教室のドラムクラスに入会し、基礎から始めます。最初は単純なリズムの繰り返しで非常に地道な練習が続きます。クラスの他の生徒の進捗が気になって練習に打ち込みます。やがて三年ほど経つと、なかなか上達しないのでやめて行く生徒も出てきます。このくらいの時期が一番難しく、いくらやっても進歩しない日々が続きます。しかし地道に続けて行くとある日突然視界が大きく開けたように出来なかったことが出来るようになるのです。複雑に絡み合った麻縄が一気にほどけて行くような感覚です。先生は、生徒が出来るようになるまで何度も模範的な演奏を繰り返し、生徒はそれに合わせてたどたどしいながらも、ついて行くということを繰り返した結果なのです。既にレッスンを始めて五年が経過しています。才能と言うよりも先生の教えを忠実に守り、地道な努力を継続した結果なのです。しかし、本当に人前で演奏が出来るようになるには、更に十年十五年という年月が必要です。

難解な仏教教義を、初めから理解できる人は少ないでしょう。言葉だけでは伝える事が出来ない法を正確に師資相伝に伝えるためには、師と弟子の間で幾度も問答が繰り返され、修行を通じで自己研鑽を積み、自分自身の器を大きくすることによって初めて到達できる境地なのではないかと思います。

（花畑謙治）

伝法

与奪《よだつ》は我が志に非ず　得否は公《きみ》の情《こころ》に繋《かか》れり　ただし手を握りて契約し口に伝えて心に授くることを期すのみ（高野雑筆五二）

【真言の秘法が伝授するかせぬかは私（空海）の意志ではなく、伝える君の心にかかっている。対面して約束を交わし、手から手へ、口から口へ、心に授けていくことに留意してほしい】

◉心から心へ伝わる真言の秘宝　真言宗の僧侶として必ず通らざるを得ない過程の一つに「四度加行《しどけぎょう》」というものがあります。それは真言密教の基本を習得していくために必要なことではありますが、高野山の寺院での個人加行という形で私自身もその中に身を置き師僧からいろいろと伝授を受けていきました。それは今までにないただひたすら拝み、祈る日々ですが、辛くも楽しい毎日でした。そして師僧からは心でイメージしていくことの大切さをさらに教わりもしました。

百日間の一般社会とは隔絶された行の最中《さなか》、個人加行だからこそ可能な感じたことのない不思議な感覚をいくつも体験することになります。その中から二つお話ししたいと思います。

四度加行が始まり四週間目、いつもと同じように行《ぎょう》を行っておりました。そして数珠を繰りながら御真言を唱え続けていたら最初の不思議な感覚に襲われました。御真言を唱えながら延々と数珠を繰っているのですが、なぜかその手は印《いん》を結んでいるのです。もちろん実際は数珠を繰っているのですが、心の中には御真言の仏様の印を結んでいる自分自身が確かにいるのです。

また、四度加行も残りわずかに近づいた頃、別の行で満月の真ん中に曼荼羅の仏様をイメージしながら行をしておりましたがなかなか難しく、代わりに金剛杵の中の五鈷杵を想像していました。そしてこの行をするのも最後だ、という時にそれは起こりました。いつも通り五鈷杵を心の中にイメージしていたのですが、突然それが大日如来に変わったのです。その大日如来は描かれたものでも仏像などでもなく、そこに存在する一つの個のように心の中に現れてきたのです。

これらに共通することは、心のありようで密教の真髄を感じることができるか否かということです。壇に座って行う内容を習うだけなら誰でもできます。心を修養することの大切さを説いて下さった師僧に心からお礼を申し上げたいです。（千葉堯温）

頂はいわく頭頂にして大行の尊高を表す　灌はいわく灌持にして諸仏の護念を明す（付法伝第二）

【灌頂の頂は菩薩の最高位である頭を表し、灌は仏の慈悲である守護を表す】

◉身体と心で〝ほとけ〟を体感

自らの体験や経験から得た深い想いを体感することが大変重要だと私は考えています。真言宗の僧侶、阿闍梨になるのには百日あまりの加行《けぎょう》、そして灌頂壇への入壇が必須になります。

灌頂の儀式は古来のインドでの王様の即位式に四大海の水を集め、その水を即位する王様の頭の頂に灌ぎ、四海の掌握を意味する儀式から由来したそうです。日本でも明治までは天皇の即位式で灌頂の儀式が行われていたと記録されています。

灌頂には結縁《けちえん》灌頂、受明《じゆみよう》（持明）灌頂、伝法《でんぽう》灌頂、学修《がくしゆう》灌頂などがあります。結縁灌頂は在家の方々でも入壇が許されています。この結縁灌頂は高野山金剛峯寺で、春と秋の大法要の期間中に本堂に当たる金堂で毎年開催されています。受明灌頂は、これから真言密教の学習する許可をいただく仏弟子の為の灌頂です。伝法灌頂は真言宗の僧侶への登竜門。学修灌頂は十年に一度高野山で開壇され、勧学会《かんがくえ》を修了した阿闍梨にのみ入壇が許され、伝灯大阿闍梨に昇補します。学修灌頂入壇の前に根本大塔、御影堂での特別儀式、作法があります。入壇された方々は多くを語りませんが「お大師様に直接にお会いできた法悦に感激、感動した」とお聞きしました。

高野山金剛峯寺で駐在布教の時に、海外からの旅行者に声をおかけしました。フランスから二組のご夫妻の旅で一人は日本から嫁がれた奥様、三人は生粋のフランス人。今回は結縁灌頂を受けるためにフランスからの来日で、無事に入壇でき「大変、感激をして良かった。来年も入壇します」と笑顔でお話しされました。

荘厳された道場に入り、目隠しして曼荼羅への投華得仏、大日如来様とのご縁を頂き、大阿闍梨様から灌頂作法をお受けします。お大師様も中国で両部界の壇に入られ胎蔵曼陀羅と金剛界曼陀羅の全ての仏様とご縁を結ばれ、遍照金剛となられました。あなたも結縁灌頂に入壇なされ灌頂を授けられ遍昭金剛、お大師様の御加護を身体と心で体感してみませんか。

（中谷昌善）

灌頂

我れに授くるに発菩提心戒を以てし　我れに許すに灌頂道場に入るを以てす　受明灌頂に沐すること再三なり　阿闍梨位を受くること一度なり（請来目録）

【私（空海）は恵果阿闍梨から、発菩提心戒を始め、灌頂道場に入って、再三の受明灌頂と、一度の阿闍梨位を授かった】

◉不安心配　何人も許されない短期間で唐から帰国した空海が帝に許しを請うた手紙が請来目録です。遣唐使の規則を破り早期に帰国することが死を覚悟することを空海は十分知っていたはずです。請来目録にでてくる灌頂についての記述は不安な心情を抱き天皇に上奏する真摯な気持が伝わり心打たれるものがあります。

命を懸けて帰国し密教を日本に伝えたい並々ならぬ思いがこの文章には込められています。空海にはこの法を犯す行為が容認されえぬ覚悟をしていたのでしょうか。不安の中での帰国でした。許されなければ自分の命が消えるだけでなく、後の日本の在り方をも変えてしまう重大な出来事です。決死の覚悟で唐にわたり恵果阿闍梨から灌頂を受け阿闍梨位を授けられたこと、早期に帰国し国の禁を破ったこと、それらは成し遂げられなければ日本の歴史が変わる一大事でした。

唐の国力が隆盛に達した時代の中国の優秀な僧侶をさておき、空海が密教の奥義を一人授けられたことは驚くべきことです。伝統的に中国の人々は我々こそ世界に最高の学識を備えていると自負する民族です。一介の東国日本から来た青年僧が早々恵果から灌頂を授けられたこと自体不可思議で、そのことに不満を持つ僧侶が多くいたはずです。また並々ならぬ才能を見抜いた官吏が皇帝に空海の行動を報告したはずです。優秀な人物の登用を国是とした唐で空海はなぜ易々日本への帰国が許されたのでしょうか。空海が留学を切り上げ早々帰国する経緯はまだはっきりとは明かされてはないのです。

それにしても幾多の困難を乗り越えて日本に密教を伝えた空海の行動力と人間の大きさには驚かされます。しかも空海ほど自分の理想を実現できた人は日本の歴史上極めて少ないのです。これも密厳国土建立に全生涯を捧げる堅い信念と理想を持った空海だからこそ達成できたことなのです。

（長崎勝教）

灌頂

大悲胎蔵大曼荼羅に臨んで法によって花を抛《なげう》つに　偶然にして中台毗盧遮那如来の身上に着く　阿闍梨讃して曰く　不可思議不可思議なりと　再三讃歎したもう（請来目録）

【私（空海）が灌頂壇に臨んだとき、千四百六十一尊ある金剛界と、四百十四尊ある胎蔵界のどちらにも大日如来の上に華が落ちた。そこに立ち会った恵果阿闍梨は驚きを禁じ得ず、不可思議、不可思議と讃嘆なされ、阿闍梨は私に遍照金剛という灌頂名を付与《ふよ》された】

◉ただひとり密教の継承者となる　私は学芸員だった頃、いろいろなコレクションに出会いました。そのコレクションにどういう価値があるかを見出すための最初の仕事は目録作りです。根気のいる仕事ですが、一つひとつの資料にすべて目をとおしていく時が一番大事で面白いです。

私の師僧は、お大師さまの著作を読破し、魅力ある名句を拾い上げるという作業をされました。四年かかったと聞きますが、構想からではもっと費やしたと思います。とても真似はできませんが、私は密かにその時間をうらやましく思っています。

さて、ここに私たち真言宗の大切な目録があります。お大師さまは、延暦二十三（八〇四）年七月に入唐し、在唐二ヶ年にして帰国されました。その時大宰府で、朝廷に奏上するために書かれたのが『請来目録』です。この『請来目録』、名前は『目録』ですが、お大師さま入唐求法の成果そのものを記した大変貴重な著作であります。

この名句の件は、いわば入唐求法物語のクライマックスといえましょう。投華得仏のとき、金剛界、胎蔵界ともに中央の大日如来に華が落ちます。恵果阿闍梨は讃嘆し、「遍照金剛」の灌頂名を与えられました。ここに、お大師さまが積み重ねられてきたことは実を結んだのでした。この一節はお大師さまの不思議物語ではありません。

私たちがお唱えするご宝号の遍照金剛は、お大師さまが真言付法の第八祖となられたことを意味しています。恵果阿闍梨より授けられた灌頂こそすべてであったのです。

お大師さまは、大宰府に約一年半留まることになります。この時、請来品にうずもれてどのような時間をすごされたのでしょうか。『請来目録』を読むとき、私は、お大師さまの苦労をしのびながらも、ふとそんな事を思うのです。

（森堯櫻）

灌頂

灌頂の義　灌とは諸仏の大悲なり　頂とは上の義なり　菩薩初地より乃《いま》し等覚に至り　究竟じて妙覚に遷る時　諸仏大悲の水を以て頂に灌ぐ　即ち自行円満して仏果を証することを得　是れ頂の義なり（秘蔵記）

【灌頂の灌とは諸仏の大悲、頂とは頭上の意味である。菩薩が修行を積み、ついに仏になるときに諸仏から大悲の水が頭上に灌がれて悟りが証明される。これが灌頂の意味である】

◉仏の大悲と自分の行が出会う瞬間　灌頂は真言宗の最も大切な儀式です。空海さまは大唐長安で恵果阿闍梨に灌頂を授かって名実共に法を受け継ぎました。儀式の内容は諸仏大悲の水を修行者の頭頂に注ぐというものです。啐啄《そったく》同時といって雛が卵から孵化するとき親鳥と雛が同時に殻を破るようですが、ここでは弟子の修行の完成と諸仏の大いなる慈悲が時期を得て合わさることで仏果＝真の覚りを得るのです。

ですから、まず大事なのは自分自身の修行をしっかりとすることです。修行が足りなければ灌頂は成りません。修行をしっかりやっていま正に機が熟さんとする時に灌頂して最高位に昇るのです。空海さまは長安の恵果和尚のもとに到着したとき、「我、さきより汝のくるのを知り、待つこと久し」と歓待されました。中国語はもとよりサンスクリットも既に熟達し、中国の書籍や筆法も読破し、経典も読んでいないものはなく恵果阿闍梨に最後の一言を教授されれば法が完成するところまで到達して恵果和尚を訪ねたのです。

しかしその驚くべき修行だけでは最高の境地＝仏果に到ることはできません。諸仏大悲を頭頂にいただく必要があります。大悲とは生きとし生けるものがすべて幸福になるように願い行動する心です。「菩提心を因とし大悲を根とし方便を究竟す」といいます。そもそも菩提心には真の教えを体得しようとするやる気と生きるもの全ての幸福を実現するやる気が含まれています。そして仏果を得る段階になってもう一度あらためて諸仏の大悲に浴するわけです。これはどういう意味でしょうか。覚りというのは自分一人では完成しないという一味和合の意味でしょうか。縁起という重々帝網の中で人々や生類や物事と持ちつ持たれつで生きているという戒めでしょうか。大悲を出発して大悲につつまれて到達するということ。生きるもの全てを大事にし合うところに覚りがあるということでしょう。

（加藤俊生）

知らんと欲《おも》わば先ず灌頂の法に入れ　纔《わずか》に入りてすなわち持《たも》たば薩埵《さった》に同じ（性霊集一　喜雨の歌）

【自分の心を知ろうと思えば灌頂壇に入ればよい。入っただけで薩埵と同じ功徳がある】

◉菩薩になる　「薩埵」とは「菩提薩埵」の略で菩薩を表す求道者。「灌頂」とは、諸仏の智慧の水を頭に灌ぎ、密教の阿闍梨より法を受ける時の儀式です。自分の心を深く知ろうと思えば、灌頂壇の儀式に入る事によってやっと少し知ることが出来ます。また、授かった法を守り日常の生活を送るならば、菩薩と同じ功徳が得られます。

この「灌頂」の儀式に三種類あります。一つは、「伝法」、つまり密教で阿闍梨位を得ようとする者に大日如来の法を授けること。これによって真言宗の正式な僧侶となります。二つは「受明」、つまり修行して密教を深く学ぼうとする人に対して行われ、弟子たる位を印可する儀式。三つは「結縁」、つまり密教で信者に華を曼荼羅の上に投げさせて、当たった尊像と宿縁あるものとし縁を喜ばせその秘法を授ける儀式です。

高野山に於いては、毎年、春五月に胎蔵界、秋十月に金剛界の結縁灌頂があります。結縁灌頂の目的は、私たちの心には、仏さまの心や菩提の心があり、その智慧を開くことが本来そなわっています。それを自覚する目的で行われています。

以前、この結縁灌頂の儀式を受けられた方に話を聞く機会がありました。「合掌した手に仏具があてがわれ、次に鏡に映った自分の顔を見せられ、『これが仏様になった、あなたのお顔です』と偉い僧侶から言われました。自分でも驚きましたが、穏やかな普段とは違う表情になっていました。また、暗いお堂から出てきた時には、生まれ変わったような新鮮な気持ちになりました」

それを聞いて、「現在の気持ち、心をずっと忘れないで下さい。毎朝、鏡を見る時に暗いお堂で見せられた顔と一緒になるよう心掛けて下さい」と諭しました。

灌頂の儀式ではありませんが、高野山大師教会に於いて「お受戒」の儀式が毎日行われています。菩薩十善の戒法を授かる儀式で仏教修行の一番平易な教え、戒めを説いています。令和の新しい時代、もう一度自身の心を見直して、菩薩の功徳を体感して頂きたいものです。

（糸数寛宏）

灌頂

三十七の聖　足を本誓に濡《うるお》し　一乗の甘露　頂に仏種を灌《そそ》がん（性霊集八　弟子真境亡考）

【金剛界三十七尊は足を運んで衆生済度に赴き、密教の法門を頭上に灌いで仏性を開かせる】

◉三十七尊の加持力　金剛界という仏の世界には、大日如来を中心にして四波羅蜜、四如来、十六菩薩、八供養、四摂の三十七尊と呼ばれる諸尊がおられます。大日如来を供養しながら衆生を済度します。三十七尊は、円満に関係を繋ぎながらそれぞれの役割が決められており、あらゆる状況に対応できるようになっています。

大日如来と四波羅蜜によって四如来である阿閦《あしゆく》、宝生、弥陀、不空成就（釈迦）がおられますが、阿閦如来は堅固な菩提心の徳を持つ尊であり、宝生如来は修行を満たすことによって得た福徳を衆生に降り注ぐ尊であり、阿弥陀如来は衆生の苦悩や疑惑を見抜いて救済する尊であり、不空成就如来は仏の働きを円満成就する尊であります。その四如来のそれぞれ東西南北に四菩薩がおられます。この十六菩薩が様々な働きをなして衆生を済度します。

阿閦如来の四菩薩は、金剛堅固な菩提心を与え、自利利他の行を自在に、菩提心に愛着し、一切衆生に安楽と満足をもたらします。宝生如来の四菩薩は、一切衆生の諸々の功徳を施与し、衆生に光明を施し、世間出世間のあらゆる願いを満たし、成就したことを喜び微笑します。阿弥陀如来の四菩薩は、本性が蓮華の如く清浄であり、仏智が迷妄を断ち切り、説法に立ち上がる因となり、説法の働きをあらわす。不空成就の四菩薩は、あらゆる衆生済度の働きを可能にし、身体を保護し、一切の摩を摧伏《さいぶく》し、如来の誓願の堅固であることを標幟します。

香・華・燈・塗という四供養菩薩、衆生を引き入れる鈎索鎖鈴《こうさくされい》という四摂《ししょう》の菩薩がおられるのです。

この曼荼羅をよく理解して日々拝することは、大日如来への修行の道を歩んでいくことになります。菩薩の衆生済度の誓願は無量堅固であって、我々が菩薩の存在を篤く信じて歩み行くほど菩薩も我々に近づいてこられます。諸仏諸菩薩は、常に我々を見守っておられます。

（後藤瀞興）

長者ならん者は弘福寺を加え掌《つかさど》るべし　仏陀宮と称す　己が宿所となるのみに非ず　仏の修治を厳にして宗の計と為せ（御遺告）

【東寺の住職は弘福寺を兼任するべきである。弘福寺を仏陀宮と称し、個人の宿泊所にするのではなく、修行を厳格にして真言宗を運営すべきである】

◉修行と修業　よく混同してしまうのが修行と修業の使い方です。僧侶の修行は、「行」。花嫁修業は「業」です。花嫁修業は、結婚するまでの限定期間であって、僧侶の修行は生涯続けるもので期間に限りがないからです。しかし、僧侶の修行であっても作法を学ぶためや真言や印契の形式だけを覚えたりして、その奥にある行法瞑想中、仏神との交渉の観想を疎かにして、住職資格を得るためだけの「修業」に陥りやすいのが現状です。

二十年ほど前にスリランカの人里離れた寺院に併設されているメディテーションセンターで数日間修行したことがあります。一日二食。昼からは、食事は取れません。

日課は、五時に起床。身の回りの整理をし、掃除をしてウォーキングメディテーションを行い、ときに座って瞑想を行いました。原生林の中、きれいな小川のせせらぎや、動物や鳥の鳴き声。熱帯の植物の花々が咲く素晴らしい自然の環境の下でした。

禅宗で言う「経行」であるウォーキングメディテーションを行う場所のひとつには骸骨を吊しているものがありました。古い修行書には、夜間に墓所で瞑想する記述があり、恐怖心を除き人生の儚さを実感するために設置されたものなのでしょう。

スリランカの仏教は「テーラワーダ」と言われます。「上座部仏教」と訳されます。タイやミャンマーなどの東南アジア、スリランカの地域に広がっています。テーラワーダは釈尊当時の教えや修行体系を色濃く残しています。しかし、それらの国々でも過去に密教化の痕跡が残り、意図的にテーラワーダへと回帰していったことを知ることが出来ます。それらは自然環境や国内の統治制度によるもだと考えられます。日本の仏教は、国内の宗教事情に最適化しており、他の仏教国とその趣を大変異にしています。妻帯肉食が顕著なものですが、これも明治初期の仏教を排斥する政府からの太政官符として発令されたことによるのです。それ故、日本の寺院の僧侶は、修行と修業を取り違えることなく深く実践することがとくに求められるのです。

（瀬尾光昌）

摩《ま》竭《か》の鷲峰《じゆうぶう》は釈迦の居《こ》　支那の台嶽は曼殊《まんじゆ》の廬《ろ》なり（性霊集一　山中に何の楽）

【インドのマカダ国にある霊鷲山は釈尊の居住地であり、中国の五台山は文殊菩薩の聖地である】

◉一を聞いて十を知る　題額は、「山中に何の楽があるのか」との問いに答えた一節です。私も高野山に九年近くおりましたが、今の時代ですから何不自由なく快適な生活をさせていただきました。朝六時本堂にて勤行、七時宿泊者の食事給仕、八時見送りながら布団上げ部屋廊下掃除、九時頃朝食後大学の授業へ。昼に帰り昼食、宿泊部屋の準備、また大学へ。四時すぎ戻り宿泊者のお出迎え、お茶くみ、食事給仕、布団引き、ご供養受付、朝勤行準備。早くても九時遅ければ十二時に風呂就寝。宿泊数次第、または、宿泊者の要望内容によって毎日がめまぐるしく過ぎ去ります。

しかし、僧侶を目指す者にとっては師僧のみならず様々な人との出会いや出来事を通じて心を成長させていただけます。されど、高野山に来られる方はほとんどが大師信仰を旨にして来られますから世間から見れば偏った世界といえます。これこそが人の心を育てる条件なのです。

私は十九歳まで福井で育ち、仏縁にて高野山に上り、ご縁にて名古屋で住職になりました。名古屋、即ち世間に出てきてさらに様々な出会いと出来事を味わいました。より複雑なこの現象に対応するための基盤が高野山での経験でした。

私の母の口癖が「一を聞いたら十を知れ」でした。「一」も身に付いていない私にはとても理解できませんでしたが、高野山での出会い出来事を、「一」として組み立てることで「十」を予測出来るようになりました。まだまだその予測は多々はずれますが、はずれたからこそ学びにつながるのです。その「一」とのご縁をいただけたのが、母であり高野山でした。

ひとつの厳しい、一方向に向った環境を体感することで人の生活の基礎が練かれ、だからこそ対応能力が増すのです。一方向に向った環境は、心が成長する方向に限らなければならず、偏りすぎてはならない。千二百年の歴史が高野山をかくあらしめているのです。

（大塚清心）

滝水《ろうすい》は鼙鼓《へいこ》のごとく　伐木は柷敔《しゅくぎょ》のごとし　経唄《けいばい》長く諷じて　鐘磬《しょうけい》間《ま》に響く（性霊集三　中寿詩）

【滝は太鼓のように轟き、木の伐採が打楽器のように響く。経典が長く読まれていて、鐘や磬がときどき響く】

◉寺院は聖なる空間　山野にたたずむ寺院の様子が目に浮かびます。古来寺院は、修行の道場であり、学問の場であり、土木技術や薬学を学ぶ場であり、結構な頻度で格闘技の道場でもありました。

もっとも、私たち真言僧にとって、寺院は宗教活動の場だけではなく、加持祈禱を行う聖なる空間であることを忘れてはならないと思います。私的な経験談で恐縮ですが、前号で大日如来を目撃した神秘体験を書きましたので、同様な事を続けます。

一九八一年七月下旬、たぶん二十六日だったと思うのですが、午後八時に、いきなり窓の外から大音響が鳴り響きました。よく聞いてみると夜空に鳴り響いているのは般若心経なのです。窓の外をのぞいてびっくり。この年の三月に落慶法要が終わって、建て直されたばかりの我が寺の本堂が、金色に光り輝いており、窓や屋根の瓦の継ぎ目から、強烈な金の光が放たれているのです。般若心経は、このお堂の中から聞こえてきます。私は理系出身の学生だったので、いかにも理系らしく、急いで記録をすることにしました。夜景が撮れる高性能のカメラを持っていたのでレンズを本堂に向けても、暗闇しか写りません。テープレコーダーで録音もしましたが、耳には大音響が聞こえるのに、何も録れませんでした。

仕方がないので、この現象が何分続くのかだけでも記録することにしました。二十分経過した頃、お経の声が次第に小さくなり、黄金の光が弱くなってきたと思っていると、二、三分で声も光も消え、普通のお堂の姿に戻ったのです。たぶん、本堂の落慶法要をお祝いして、周辺の寺院の神仏が集まっておられたのでしょう。家の者にあとで聞いても、お経を聞いた者も金の光を見た者もいませんでした。機械であの現象が記録できない以上、これは予想された反応でした。ともかく、聖なる現象をこの目で実際に見られたのは、千載一遇の幸運でした。寺院は聖なる空間であり、神仏の住まう場所なのです。

（佐々木琳慧）

精舎《しょうじゃ》を厳飾《ごんしょく》して名僧を延屈《えんくつ》して　八箇日の間　太上御札の金字の法華を講演す（性霊集六　桓武達嚫）

【西寺を荘厳して名僧を招き、嵯峨上皇書写の紺紙金泥の法華経を八ヶ日間にわたり講演する】

◉三宝顕現の場　平安京（現在の京都市）の右京九条一坊にあった官寺が西寺《さいじ》で、今京都駅から見える五重の塔で有名な東寺《とうじ》と平安時代には対をなして存在していました。現在、西寺は廃寺跡の石碑が残る公園になっています。東寺の空海（お大師さま）、西寺の守敏と言われた祈雨の伝説で、二人の明暗がお寺の現状を物語っています。

弘仁年間、桓武天皇御筆になる経典が西寺に納められていたのが、落雷のため堂宇もろとも焼尽しました。そののち、お大師さまとともに平安時代の三筆のお一人と称えられた嵯峨天皇が写経された「法華経」を、再び西寺に納めこの度は高僧を招集して、お大師さまが護国経典の一つである「法華経」を講義されたわけです。

当時最澄上人の死後、天台法華宗が国の許可を得て南都六宗に並ぶ宗派として認められ衆目を集めていた時機と想像されます。皆の関心が「法華経」に向いているタイムリーな場面で、お大師さまは真言密教から法華経の真髄を引き出す手法で講演を成功させます。

現在残るお大師さまの著作である「法華経開題」の一つは「天長六年七月十八日平城京西寺会」の奥書きがあり、そのときの内容が想像されます。

仏と法と僧の三宝が集う場が精舎（寺）、施主は天皇を代表とする国家、目的は鎮護国家と先帝の追福菩提のため。

ここにいう三宝の仏は、写経の「法華経」に顕現する久遠常住の釈迦如来で、密教の法身大日如来の先蹤《せんしょう》を飾る仏さま。お大師さまによって講演された法は、法華経の教えを中心とした法華三昧と真言密教とのコラボレーション講釈。僧はその場に臨席された当時の名立たる南都北嶺の高僧たち、というシチュエーション。否が応でも、当時の仏教界の盛り上りが想像されます。

（山田弘徳）

台嶺の五寺には禅客肩を比《なら》べ　天山の一院には定侶袂《そで》を連ぬることあり是れ則ち国の宝　民の梁《はし》なり（性霊集九　高野入定処）

【中国の五台山には禅の修行者が肩を比べ、天台山でも多くの僧侶が集まっている。これらの寺院は国の宝であり、民衆を救う橋渡しである】

◉寺院の役割　日本には、たくさんの寺院があります。檀家寺、信者寺、祈禱寺、かけこみ寺、観光寺……。そもそもお寺は修行する所です。江戸時代は、寺子屋と言って、読み・書き・そろばんを勉強する所でした。お寺のお坊さんは学識が高く、教養がある事が求められました。

弘法大師は、四十二歳にして四国八十八ヶ所の霊場を開かれました。徳島県・高知県・愛媛県・香川県の順で、発心・修行・菩提・涅槃の道場としています。

私は、自坊から四国巡拝の参拝者を募集しまして、二十四歳、二十六歳、二十八歳、三十歳、三十二歳、三十四歳の春に、当時師匠であった故薫田義教尼と共に計六回十三泊十四日の二週間をかけて四国をバスで巡拝させて頂きました。本当に素晴らしい体験でした。

本堂では、般若心経三巻と各札所の本尊様の御詠歌、大師堂では心経三巻あげさせて頂きました。満願の大窪寺では、感激で涙される方もみえました。

現在私は、五十八歳ですので二十四年前になります。当時をふり返りまして一番変わった点は、求道心が強くなったことです。一刹那、一刹那を大切にしようという気持ちが強くなりました。師匠である祖母を九十一歳で亡くし、父親を八十六歳で亡くし現在住職です。住職となって責任が大きくなり、気持ちも引き締めなくてはなりません。四国巡拝も行ってみたいのですが、今は、環境的に無理ですので、本堂でしっかりと御詠歌を中心に拝んでおります。気持ちは、以心伝心で伝わると思います。私の理想は「一日一生」です。今日という日は二度とやってこないという言葉が師匠の口ぐせでした。私もその言葉にあやかり「今」を大切にして精進してゆきたいと思います。

（堀部明圓）

閑房に攝念して無明断じ　蘭室に香を焚《た》いて讃の響き暢《の》ぶ（性霊集十　十喩を詠ず）

【静かな室内にて仏に集中すれば心の闇が払われる。寺院にて香を焚いて仏を讃嘆すれば心がのびやかになる】

◉耳を澄ませずとも　亡き父は山を愛する人でした。車で五時間、更に徒歩で二時間をかけて那智山の奥へと参ります。そして登山する事、十回に一度位の割合でうっすらと見える御山が、富士の御山です。誰が最初に見付けたのでしょうか、和歌山県の奥地から富士山を拝する事が出来るのです。静かに般若心経を唱え始めると木々が風に揺れる音、小鳥達が囀る声、遠くからは滴り落ちる水の音も聞こえてくるようだと話しておりました。軽く眼を閉じて祈りを捧げていると、昨今の悩みなど飛び去り大地と一体になれる、この言葉が口癖でした。祈りを捧げ終わると、数人の登山仲間が同じように頭を垂れているという事もあったようです。富士山こそが秘仏であり、今日は御開帳頂けたと嬉しそうに回想する父親でした。那智山の奥山こそが自然の中に湧き出た伽藍であり、富士山を拝する遥拝所であり、登山仲間が均しく頂ける慈悲のお姿という事になりましょう。たとえ耳を澄ませずとも大自然が私達を包み込んで下さり、四季折々の鳥の声を聴きながら草木の香りにも敏感に触れる我という小さき人間に対峙して下さる事は、とても意味深い事であります。

さて我々は何処から現れ、何処に逝くのでしょうか。

弥山という御山に帰るのだという信仰が古来よりあります。古事記で言う処の「黄泉国」です。黄泉国こそ大自然の中に存在し、言い替えれば我が胸中にあります。

年間約三万人の方々が自殺をします。小さな抵抗かも知れませんが、拙僧は毎年自殺志願者と共に大山に登ります。その山頂から大声を出していると毎年同じような台詞が最後に出ます。

「やっぱり生きるぞ。死なないぞ」

大自然は我々に生きる勇気を与え、明日へ向かう活力も与えて下さいます。本来寺院のあるべき姿は生きる者達へ活力を与える道場であります。只この道場で静かに瞑想・観法《かんぼう》を指導される僧侶が大変少ない事に憂いを感じる昨今です。

（宮地賢剛）

東寺

右の院は未だ造り畢らずと雖も且つ伝灯の志を始む　この間思うところ千廻なりと雖も早々に山に入ってこの志を遂げず（御遺告）

【東寺の灌頂院はまだ完成していないけれども、東寺は密教の法灯を伝える本拠である。どこを本拠にするかは幾度も考えていたけれども、早々に高野山に入ってこの意向を決定することはできなかった】

◉東寺は法を伝える大切なお寺

この名言の後に、「しかればすなわち実恵《じちえ》大徳、一向に造功しおわんぬべし」と続き、実恵大徳に整備せよと命じられました。

新幹線が京都駅のホームへ入ると、上り線では右側に、下り線では左側に五重塔の屋根が見えてきます。京都東寺です。平安京の昔には右の院とも呼ばれていましたが本名は教王護国寺《きょうおうごこくじ》、お大師さまが嵯峨天皇さまから鎮護国家の道場としていただいたお寺です。現在は修学旅行の生徒さんをはじめ連日多くの観光客が訪れ、毎月二十一日には弘法市（古道具市）で賑わうお寺として有名です。毎年お正月には後七日御修法《ごしちにちみしほ》と言って一月八日から十四日までの一週間、真言宗の各本山から管長様や門跡様をはじめ高僧方が集い、国家の安泰と天皇陛下の玉体安穏を御祈願しています。

実恵大徳の手により東寺の境内に建てられた灌頂院の名前の由来である灌頂《かんじょう》とは、密教の修行を終えた者に仏様との御縁結びの儀式であり、お大師さまも唐の都、長安青龍寺で恵果阿闍梨から直々にお受けになりました。灌頂を行うお寺は法を伝えるのに重要なお寺だということです。灌頂院だけでなく他のお堂に祀られた仏様も素晴らしく、特に講堂の立体曼荼羅は仏様の世界を多くの仏像で表現した画期的なものです。創建当時から現代までお参りした人々は寺域の広さや建物の重厚感だけでなく、立体曼荼羅を構成している諸仏の迫力に圧倒され続けています。

さて、お寺を訪ねる時の心構えを考えてみましょう。是非心を落ち着けて手を合わせて下さい。お大師さまが命懸けで伝えられた密教の世界をお感じいただけるでしょう。仏様は常に語りかけて下さっています。私達の心の持ち方次第で仏様との距離が縮まり、悩みもあっさり解決するかも知れません。仏様を敬うお気持ちでお参りされますと仏様からおかげをいただき、心安らかに日々を送れるようになってまいります。お大師さまが密教を伝える本拠として大切にお祀りされたお寺です。お大師さまのお気持ちにふれながらどうぞごゆっくりお参り下さい。

（亀山伯仁）

東寺

東寺は先帝の御願《ごがん》なり　帝《みかど》四朝を経　年三十に逾《こ》えたりと雖も　然れどもなお紹構《じょうこう》未だ畢《おわ》らず　道俗観る者ことごとく早く成らんことを願う　いかに況んや先聖なんぞ御願速かに畢ることを願いたまわざらん（性霊集九　東寺塔勧進）

【東寺は桓武天皇の発願である。先帝から四朝三十年を過ぎた今も未完成で、人々は早い竣工を願っている。桓武天皇も落成を渇仰しておられよう】

◉鎮守さまの贈り物

「住職さん。山門の梁が完全に折れた。どうする？」「お寺にはお金がないし、崩れるまで待ちますか」。思い切りのつかない住職と総代長の会話です。平成十四年より住職をさせていただいております図勝寺は、老朽化が激しく、山門も十年しか保たないと宣告され、つっかえ棒をして様子を見ていました。

境内に「光助霊神宮」という吉備真備公王母のご遺骨をご神体とした鎮守さまがあります。ある時、鎮守さまの見える縁側に座って総代長と日向ぼっこをしておりますと、鎮守さまの社殿の底が抜けていることに気がつきました。「改築には八百万円じゃな」「どうもなぁ」。その時です。突然ひとりの男性が「この鎮守さんの信者です。直してください。一千万円寄付します」と、現金を差し出すではありませんか。「いやいや、ちょっと待って。現金の顔を見るのはややこしくなるから、好きに修繕してもらえませんか。宮大工も知らないし」「なら、社殿は町の文化財なので、許可だけ取っておいてください」と、トントン拍子。その男性は、隣の寺院の檀家さんで、改築を任せた棟梁も隣寺の檀家さん。社殿を解体すると、出てきた棟札の末席に、棟梁の師匠のお名前があり、意気に感じた棟梁は、渾身の丁寧さで取り組んでくださいました。完成間近、足場を外すタイミングで、社殿のすぐ側の檜が、見る見る色を変えていきます。虫が入って檜が傷んでいると、台風などで倒れる可能性があります。社殿を守るためにも、足場のあるうちに伐採しました。四メートルと六メートルに伐った見事な木材が手に入り、「これは、鎮守さまの贈り物じゃ。社殿には一文も掛からんし、檀家も頑張らにゃ」と、総代長が奮起し、山門の新築につながりました。正しければ、その方向に向かうはずです。時を待ち、人を待っているように感じました。その折に、正しい判断ができるよう精進せねばと思う出来事でした。（吉田宥禪）

金剛峯寺

空地一処　伊都郡以南に在り　四至の東西南北は高山　東は丹生川上峯を限り　南は当川《あてがわ》の南の長峯を限り　西は応神谷を限り　北は紀伊川を限る

（太政官符案並遺言）

【高野山の盆地は、伊都郡の南に所在し、東西南北に高い山が囲んでいる。その境界は、東は丹生川の上流の峯、南は当川の南の長い峯、西は応神谷、北は紀ノ川までとする】

◉未来に成仏すること　お大師さまは不動明王に見送られ、東寺の蓮華門を出て、高野山で入定しました。高野山は四方を高い山が囲み、峯や谷や川を境界とする山奥の山上の盆地です。お大師さまが投じた飛行三鈷杵が示した真言密教の修禅の道場であり、弥勒浄土です。

私たちが悟りを開くために必要なことは、まず仏に知られることです。本書の第四巻の拙稿「悟りへの道」で、仏の前に行き、仏を拝むことが修行ですと書かせていただきました。理由は、仏に知られ、認められて、悟りを開くことや成仏することができると考えるからです。真言密教においては、第一巻の拙稿「仏が私たちを見る心」に書かせていただきましたように、菩提心を発すことで仏が私たちを知ります。

真言宗の引導作法は、兜率天の内院に往生するよう行います。兜率天という天界の内院という場所で弥勒菩薩が説法しているからです。内院はお釈迦さまが成仏する前に説法していた場所です。弥勒菩薩はお釈迦さまから未来に成仏すると授記《じゅき》を受けた未来仏です。授記とは成仏することを確約されることです。笈摺《おいずり》の「南無大師遍照金剛」の上に書かれる「ユ」の梵字は弥勒菩薩の種子です。お大師さまも高野山に身を留めながら内院におられ、よって、お大師さまが入定している高野山は弥勒浄土です。

私は恩師に真言密教の修法で修行したいことを話した時に、弥勒法、大師法をよく修法すべきだと言われました。弥勒菩薩への親しみがなかった私は、なぜ弥勒法であるのかわかりませんでしたが、その後、数年を経て、弥勒法を修法すべき重要性を学ぶ機縁を得ました。私はまだ具体的に言えませんが、成仏、弥勒菩薩、弘法大師、真言密教、高野山、弥勒浄土は繋がった一つであると思います。私たちも未来に成仏する弥勒菩薩となるべきです。

（細川敬真）

金剛峯寺

東は大日本《やまと》の国を限り　南は南海を限り　西は応神山の谷を限り　北は日本川を限る　冀《ねがわ》くは永世に献じて信仰の情を表す（太政官符案並遺言）

【高野山の範囲は、東は奈良の国境、南は南の海岸、西は応神山の谷、北は紀ノ川とする。願わくは末永く信仰の霊地として活用されたい】

◉曼荼羅世界の現出　日本には古くから山岳を信仰の対象とし、修行の場とする山岳仏教という一系譜が存在します。若き日の弘法大師もそのような修行者の一人であり、初めて高野山に足を踏み入れたのも山岳修行者としてでした。

その後、入唐して真言密教第八祖として帰国した弘法大師は、四十三歳の時に嵯峨天皇より高野山を下賜《かし》されます。高野山は根本大塔を取り囲むように八つの峰々（内《うち》八葉《はちよう》）が屹立し、胎蔵界曼荼羅《たいぞうかいまんだら》の中台八葉院《ちゅうだいはちよういん》の八葉蓮弁《はちようれんべん》の如き形状をなしています。

また、その外周にも同じく八つの峰々（外八葉《そとはちよう》）が立ち並び、この内外十六葉のそれぞれに金剛界曼荼羅《こんごうかいまんだら》の十六大菩薩を配することもできます。曼荼羅世界を地上に顕現するかの如き地勢は、まさしく信仰の霊地となるべき条件を十分に有していたのです。

もっとも、弘法大師が下賜されたのは七里（約三・八キロ〜約四・六キロ）四方の土地であり、ここに挙げられているような広大な地域ではありません。これについては次のような逸話が伝えられています。

在唐中の弘法大師は帰国の際、密教弘通の拠点となる霊地を求め、三鈷杵《さんこしょ》を日本に向けて放り投げます。帰国して後、巡錫行脚《じゅんしゃくあんぎゃ》していると、狩場明神《かりばみょうじん》が白黒二匹の犬をつれて現れ、二匹の犬について行くように指示します。言われるままついて行くと、地主神の丹生明神《にうみょうじん》より広大な神領を寄進されたのです。さらに不思議なことに、かつて弘法大師が唐より投じた三鈷杵が、寄進された高野山の松の枝にかかっていました。

今日、その場所には御影堂が建立され、丹生明神と狩場明神の二柱も壇上伽藍《だんじょうがらん》に勧請《かんじょう》されています。弘法大師の密教弘通は、日本古来の神々も応援していたのです。

（愛宕邦康）

金剛峯寺

宗分度者はすべからく初めに思うが如く東寺に試度すべし　然れども山家を荒らさしめざれと欲《おも》うて　更に改めて奏して官符を金剛峯寺《こんごうぶうじ》に申し下さんと欲う者なり　敢て東寺を厭いて南岳を汲《ひ》かん（御遺告）

【真言宗の年分度者は、当初から考えていたように東寺にて得度試験を行なうことである。しかし、高野山を衰微させないために、更に官符を金剛峯寺にも別に与えてほしい。これは東寺を嫌って高野山を待遇するのではない】

◉視野を広く　一つのことがらだけを見ていると、それしか見えなくなることはありませんか？

目の前のことばかりに気をとられていると、少し考えればわかるはずのことが見えなくなってしまいます。そういった時、一度自身の考えを整理してみましょう。その時に必要なのは、一つは全体を俯瞰して見るということ、もう一つは、未来のことを考察するということです。

今はこの状態でよいとしても、一年後、五年後、十年後にはどうなっているのか？

そうした想像力を働かせて、視野を広く持ちましょう。

この名言における意味合いというのは、日本で初めてともいえる私寺である金剛峯寺、修禅の道場として開いた高野山が廃れるのではないかという想像を働かせるとともに、都で繁栄が約束されたような発展を続けるであろう東寺との格差をも鑑みて、年分度者（朝廷に定められた得度の人数）を金剛峯寺にも与えてほしいという申し出です。同時に、元々の東寺に対しての配慮も行っています。

こういった、いくつもの事柄を複合的に考え、さらに未来の行く末にも想像を働かせ、その対策を事前に行う。こういった思慮の深さと、広い視野を持った考えは、仕事の上でも、生活の上でもきっと役に立つことだと思います。

（中村光観）

三朝の国師（さんちょうのこくし）
弘法大師の師僧恵果和尚は、九歳にして志を立て、不空三蔵に諸経を学び灌頂を受け法力を備え、やがて青龍寺東塔院国師と呼称されます。時の帝、代宗は宮中に召して法門を学び、後の徳宗、順宗も国の師範として尊崇しました。
（野條）

金峯《きんぷ》高く聳えて安明の培塿《ほうろう》を下し晛《み》　玉毫光《ぎよくごう》を放って忽ちに梵釈《ぼんしやく》の赫日《かくじつ》を滅《け》さん（性霊集八　万灯会願文）

【金剛峯寺は高く聳え、須弥山を蟻塚のように見下ろす。仏の白毫からは、梵天や帝釈天の光を消してしまうほどの光明が放たれている】

◉一度参詣高野山　無始罪障道中滅　父母から生れた今の身をもって高野山で真言密教の修行をする功徳は、弘法大師が弘仁七（八一六）年に高野山を修禅入定の場所として開かれた時から、世に知られてきたことです。また、弘法大師が生身のまま高野山に入定留身《にゆうじようるしん》して衆生を救いつづけておられることが世に知られるようになると、高野山浄土の功徳も世に広まりました。やがて自らの身をもって一度でも高野山に参詣するならば、今生以前から為してきた罪障すら登る道中において消滅するという功徳が有名となり、生前の逆修《ぎやくしゆ》や亡き人の供養のためにと供養塔がたくさん作られました。こうした功徳が真実であることは、今も昔も知ると知らざるとにかかわらず、参拝した人や、心を祖山にめぐらせた人が、おかげをうけていることから明らかです。

さて、密教のお経には、清浄な法界と等しい仏身である法身《ほっしん》大日如来が、その法界と等しい蓮華の上に座すといいます。その法界の広さは、いわゆる虚空に等しいとされています。現代では、法界は宇宙とも訳され、空間的にひろがる世界と考えられがちです。子どもたちの教科書に掲載する宇宙モデル図は、観測や理論的算出結果に基づいて、光の速度をもとに可視化した宇宙の果てを境界に、卵の殻の内外を分けるような図です。しかし、虚空には果てなどありません。密教では、果ての無い虚空と等しい法界が、五峯八柱の宝楼閣といった宮殿であったり、大日如来そのものであったり、仏の智慧であったり、光であったり、様々に説かれています。ちょっと想像するだけでも日常の常識を超えていて、不思議なことばかりですね。

こうしたことを世間的常識や理屈で判断しようとする人の中には、あらゆる場が法界や仏と説くのなら、高野山だけが殊更に尊いわけではないはずだと主張する人もあるかもしれません。しかし、仏や即身成仏した聖者が印づけた場こそが、特別な場となることも真実であり、そうした場に参詣する功徳は格別です。高野山参詣や四国遍路など寺院・修行地に詣でて、それを実感していただければ幸いです。（中原慈良）

金剛峯寺

この勝地に託《つ》いて聊《いささ》か伽藍を建てて金剛峯寺《こんごうぶうじ》と名づく　ここに住して道を修し四上《しじょう》持念す　華蔵《けぞう》を心海に観じ実相をこの山に念ず　以て神威を崇《あが》めて国皇《こっこう》の福を饒《ゆたか》にせん（性霊集九　高野四至啓白）

【高野山に伽藍を建立して金剛峯寺と名付け、日に四度の祈りを捧げる。海のような蓮華世界や仏の智慧をこの山にて念じ続け、神々の威光を崇め、国家の福徳を豊かにしたい】

◉熱き想いを貫いた聖地・高野山　現在の高野山の街が、標高八〇〇メートルを超える地に開けていることは、ご存じの方も多いと思います。高野山を開創した当時、お大師さまご自身の活動の中心は京の都にありました。そこから遠く南に離れた深山幽谷の地を、真言密教の根本道場と定めたのは、なぜでしょうか。しかも千二百年前の平安時代ですから、当時四十歳を過ぎていたお大師さまのご年齢は、現在と違って、決して若くはありません。そこで私たちが一般に考えるのは、「もう活動の地が定まったのだし、若くもないのだから、これから大変な思いをして広大なお山を開かなくても」というところでしょう。

では何がお大師さまを動かし続けたのでしょうか。それは、どれだけ活躍の場が広がり、名声が高まっても、ご自身の修行の集大成として入定留身（この世に身を留め、永遠の禅定の境地に入ること）の地を求め続けていた、熱い想いが貫かれていたこと、そして何よりも「実践」の行を重んじ、自然と一体となる大切さを貫かれたからに他なりません。

そのためには、人々の様々な想いが交錯する都市ではなく、若い頃の山岳修行の折に既に発見されていた、深山幽谷にして水の豊かな、高野山の地でなければいけなかったのです。

「国家の福徳を豊かにしたい」のお言葉は、単なる政治単位での国家が、ではなく、この国に住まうすべてのいのちが輝かんことを願っています。そして今もなお、お大師さまのいのちの灯は尽きることなく、私たちすべてのいのちとともにあるのです。

（小野崎裕宣）

金剛峯寺は堂舎幽寂にして尊容堂に満ち　禅客房に溢れる（性霊集九　高野寺鐘知識）

【金剛峯寺の諸堂は幽玄にして仏像が堂内に満ち、修行の客僧であふれている】

◉求めるものは違えども　性霊集九には、左記の聖語も収められています。

「この勝地に託いて聊か伽藍を建てて金剛峯寺と名づく　ここに住して道を修し四上持念す　華蔵を心海に観じ実相をこの山に念ず　以て神威を崇めて　国皇の福を饒にせん」

この頃の高野山は勿論、女人禁制の御山です。この御山に登ってこられる方々は故人の菩提を願われる方、或いは出家を強く希望される方が殆どでした。観光の為に来られる方は先ず居られない状況の中で、大師の御慈悲にすがりたいと願望される方が跡を絶たない状況だった様子が手に取るように判ります。大師は只管国家の福徳を豊かにしたいとの一心でお祈りを捧げるに対し、その大師の下に次から次へと修行を求める客僧が絶えない状況です。何故大師を慕い、これだけ多くの修行者が高野山を目指されたのでしょうか。

それは今までの南都六宗の教えとは大きく違い、即身成佛なる教えであったからに他なりません。加えて己以外に施しを喜んで与えていくことでこれが利他行となり、やがてこの世が御佛の世界だと実体験出来る今までに無い教えだからこそです。それ故に建てたばかりの堂塔にも御佛を念じる禅客が溢れ、荘厳された境内はまさしく曼荼羅世界そのものであった事でしょう。

一心に国家安寧を祈る大師、一心に我が不徳を反省し自己の修行の完成を願う客僧。大きく願う処は違うように感じますが、我が修行の完成は利他行抜きでは到底成立いたしません。また大師は密教という教えを、それまでの閉鎖的宗教から解放された第一人者でありました。その果実が綜芸種智院の開設、伊呂波文字の提唱、満濃池の再構築等々であった事は何ら疑いがありません。庶民は今までに無い、身近な宗教到来に喜び勇んだ事でありましょう。その根本が祈り続ける御山、高野山にあります。

今日の高野山があるのは、こうした先人達の篤い祈りの賜物があったからこそであります。

（宮地賢剛）

金剛峯寺

空海大唐より還る時　数々《しばしば》漂蕩《ひょうとう》に遇《あ》って聊《いささ》か一の少願を発す　帰朝の日必ず諸天の威光を増益《ぞうやく》し　国界を擁護《ようご》し　衆生を利済せんが為に一の禅院を建立し　法によって修行せん　願わくは善神護念して早く本岸に達せしめよと　神明昧《くら》からず　平《たい》らかに本朝に帰る　日月流るるが如くにして忽ち一紀を経たり　もしこの願を遂げずんば恐らくは神祇《しんぎ》に誑《あざむ》かん（高野雑筆一六）

【空海、唐より帰るときにも荒波にあって誓願を立てた。無事に帰国できれば、諸天威光、国家守護、衆生救済のために密教寺院を建立して修行したい。願わくは神々よ、無事に帰国させたまえと祈願して日本に到達できた。帰国から既に十二年が経過している。この約束を果たさなければ神を欺くことになる】

◉今日もがんばるよ　看護師になったばかりの女性が初心を忘れない大切さについて語ってくれました。

希望していた病院に勤務してまだ一年目で、先輩看護師の後を追いかける緊張の日々でした。瞬時の判断を要求され、モタモタしていると邪魔者扱いです。何とか患者さんの役に立ちたいと思っても、悔しさに唇をかみしめながら必死の毎日でした。

ある日のことです。勤務する病棟で高齢の肺ガン患者さんが声を掛けてくれました。

「看護師さん、あんたが来てくれると救われるよ。何でもその笑顔がいい。元気で明るい声で挨拶されると、みんな元気が出るんだよ」

さらにつづけます。

「今日、わたしは手術を受ける。でも晴れやかな気分だな。こんな気持ちにさせてくれたのは看護師さん、あんたのお陰だよ」

この言葉に彼女は目頭が熱くなりました。そして亡くなったおばあちゃんとの約束を思い出すのです。

「ひとつだけ、私からお願いがあるの。患者さんにはね、あなたの笑顔と明るい声が病気を治すのよ。覚えておいてね」

おばあちゃんと約束した初心を思い出し、誓いを新たにするのです。

お大師さまは中国から困難を乗りこえて帰国され、日本に密教寺院を建てることを決意されました。時が経っても最後まで成し遂げる心を持ちたいものです。


（中村一善）

金剛峯寺

今　法によって修禅の一院を建立せんと思欲《おも》う　彼の国高野の原もっとも教旨《きょうし》に允《かな》えり　故に表を修めて情を陳ぶ　天恩允許《いんきょ》して符を下したまい訖《おわ》んぬ　これを以て一両の草庵を造立せんが為に　しばらく弟子の僧泰範《たいはん》実慧《じちえ》等を差して彼の処に発向せしむ（高野雑筆一七）

【真言の法に従って修禅の道場を建立したく、かの高野山の平原が大日経の教えに最もふさわしく、朝廷に申請したところ、天皇の恩沢を得た。これによって一二の草庵を造るために、弟子の泰範や実慧等を派遣させせた】

◉描いた夢はいつか叶う　八葉の蓮華に囲まれた大地、それが若き祖師の目に映った高野山でした。祖師が夢に見た大日経の世界は、高野山だけでなく山麓の広域と七つの路も含まれていたことでしょう。修禅の道場を作りたいという若き日の祖師の念願は、八一六年、叶えられることになります。ひとたび誓願したら、いつか叶うのが密教の真実です。このことに、祖師が改めて深く感じ入っておられる様が目に浮かびます。弟子の泰範と実慧は、この約束の地に、師より一足先に上ってきて地元の人たちと調整を始めます。「空海は泰範に代わって最澄に書状を書いてまもなく、弘仁七年六月に高野山を修禅の道場として請う上表文を提出し、高野山の開創へと歩を進めてゆく。他方、最澄は同じ年の暮れから翌八年の春にかけて、円澄、円仁等の弟子をともなって、東国地方に法華一乗の宣揚巡錫の旅にのぼり、両者はそれぞれ独自の道を歩いていくことになる」(『空海と最澄の手紙』高木訷元)。最澄との決別が避けられない状態になったと時を同じくして、祖師は修行道場としての高野山の整備に力を入れるようになります。唐にも一緒に渡った最澄と手を取り合って密教を弘めていくというビジョンが失われた後に、高野山開山という事業に着手したことは、この物別れが祖師にとっても大きな傷跡にもなっていたことが推測できます。個の中で昇華されようとする「悲」のエネルギーは、衆生の「喜」へ一瞬にして変容することがあり、さらに弟子の泰範の心中はどのようなものであったか、人生の岐路を通り抜けた後、師へのさらなる帰依と心の微細動が折衝への意欲に変わったことは想像に難くありません。密教を活用してよりよいものへ繋げることは、法と行は当然としても、それを用いる各僧侶の心の状態が大きくものを言うことがわかります。

(佐藤妙泉)

第二章

教えを伝える

道自ら弘《ひろ》まらず　弘まること必ず人による（付法伝第一）

【どれほど仏道がすばらしくても、この教えを放置したままで、伝える人の努力がなければ広がることはない】

◉**相続**　このお大師様の聖語は『秘密曼荼羅教付法伝』という著作に記されています。題名の「秘密曼荼羅教」とはいわゆる真言密教のことであります。「付法《ふほう》」とは御教えを弟子に授けて後世に伝えさせることです。この『付法伝』において、いわゆるお釈迦様の説かれた顕教は、その付法が絶えてしまったが、真言密教は、大日如来から青龍寺の恵果阿闍梨にいたるまでの七人の阿闍梨によって、「嫡々相続」つまり絶えることなく継承されていると、お大師様はお説きになっています。

現在の「相続」の意味は、人の死亡によってその死者に属していたものが包括的に一定のものに継承されることです。以前からある財産、跡目、家督の「相続」問題はありますが、最近では「終活」という言葉が生まれ、自身の人生の終末の活動をどうするか、耳目を集めています。

本来仏教の言葉である「相続」は「相《すがた》」を続けること、つまり「みほとけのいのち」のすがたを継承していくことです。

真言宗仏前勤行次第には「みほとけのいのちを相続し奉らん」とあります。つまり、財産や跡目、家督ではなく、「みほとけのいのち」のすがたを継承すること、七人の阿闍梨様にお大師様を含めた、いわゆる「真言八祖」による密教の継承が本来の「相続」です。そして「真言八祖」それぞれの連綿と続く付法のおすがたが「みほとけのいのち」の「相続」を意味するのです。

所用で久し振りに、古くから続く近所の提灯屋に伺ったときのことです。お店の中に入り、はっとしました。四代目がもの静かに提灯を制作されている様が、亡くなった先代のすがたとまさに重なり合っているのです。その驚きを伝えますと、「親父に教わったとおりにしているだけ」と本人はおっしゃっていました。時代が移り、伝統工芸の店が消えゆく中、技に裏づけされた美しい提灯をながめて、ひとつの「相続」の有り様に触れた気がしました。

ひるがえって「みほとけのいのち」を「相続」する私は、その御教えが世の中に弘めることが出来るのか、自問した次第であります。

（小野聖護）

法は人によって弘まり　人は法を待って昇る　人法一体にして別異《べっち》なることを得ず（宝鑰第四）

【正しい教えは人の言行によって広められ、人はその教えによって成長していく。人と教えは一体であって別々のものではない】

◉イワシの群れは一つの生命体？　世のすべてのものは必ず二面性を持ち、それはお互いに深く関係し合っています。例えば、コインには必ず表と裏がありますし、スポーツで言うと勝者がいればその対極に敗者もいます。もっとシンプルに考えれば、右があれば左がある。男性がいれば女性がいる。有るがあれば無いがある。本当にすべてはそういうモノです。

最近ある方から面白い話を聞きました。イワシの群れは大きな魚からの捕食を逃れるために大きな生き物の姿を形取り、そしてその行動には一切のズレが見られないと。通常、行進などの人の集団行動には、それがどんなに上手であってもその両端には多少のズレというものがみられるものです。ところが、イワシの群れにはそれが一切見られない。つまり、一尾一尾の存在はそれぞれ別なのですが、そこには集団意識という一つの生命体としての意識が存在するのではないかということのようです。また逆に、これは電子顕微鏡でないと確認できないことですが、我々人間の身体は原子分子レベルで見ればイワシの群れと同じように実は隙間だらけで、つまりは人も同じということです。それぞれ別モノの原子分子が集積し一つの生命体としての集団意識を形成していると。

この話は本来別々に見えるモノが実は一体ではないかということ、逆に一体に見えるモノが実は別々のモノで構成されている。すべては表裏一体の二面性を持ち、お互いに絡み合っているのだということを説明するのに十分な例えになるのではないでしょうか。

み仏の教えと人も表裏一体です。お大師さまのお言葉にあるように、二つが絡み合い一体化してはじめて意味を成すもので、お互いが別々で存在することはありません。本質はその両面のバランスがしっかりと取れたところで見えてくるものなのです。

（山本海史）

大宝空しく授けず　人によって道すなわち伝う（金勝王経伽陀）

【秘法は簡単には授けられない。適任者によって真理が伝えられる】

◉師匠が弟子にできること

「技術は教えるものではない、見て盗むものだ」なんて職人の間ではよくいいます。普段、教えるという立場にある人は、教えることの必要性を感じて教えているはずです。でも、教えることがすべてではないことにも気づかないといけません。教えているつもりでも「聞いてない」「知らない」ということになりますし、教えてもらってないことを理由に逃げることもあるかもしれません。人間は探究心がある生き物です。「どうしてだろう」「なぜだろう」を考え、「こうすれば良いのか」という答えを導いていきます。

先生は生徒の状況にあわせ授業を進めます。生徒は理解すると同時にその知識を生かしながら次のステップへと進みます。最初から高いレベルの授業をしても基本的な知識がなければなりません。師匠が弟子にすべてを教えないのも、段階を踏んで少しずつ教えながら弟子が少しずつ育つ姿を見ているからです。その中でお弟子さんは技術を少しずつ自分自身で学んでいき、そういうことが育つということにつながるのです。

さて、周りを見ているとすべての人が必ずしも良い師匠ばかりではありません。師匠たる者は、あらゆることを身につけ、そして惜しみなく弟子に伝える必要があります。真言宗では「写瓶《しゃびょう》の弟子」という言葉を使います。水瓶《すいびょう》の水を一滴も残らず写し伝える様子を表すそうです。簡単に言えば伝えられてきたことをすべて伝え、次の世代にバトンを渡すということかもしれません。代々受け継がれてきたことを伝承していく責務が今生きている人の役割です。

お大師さまは「大宝空しく授けず」といっておりますが、大切にしてきたものを容易く渡してしまってはその価値はわからないでしょう。受け取る側の素質が備わってなければ貴重な指導も無意味になってしまいます。

先輩から後輩へ、学校や社会の中には代々受け継がれてきたものが多いものです。良いものと悪いものを取捨選択し、次の社会に役立つバトンを渡していきたいものですね。

（赤塚祐道）

伝道

三教《さんごう》の中　経　律　論　疏　伝記　ないし詩　賦　碑　銘　卜　医　五明所摂の教えの　以て蒙《ぼう》を発《ひら》き　物を済《すく》うべきもの多少遠方《そこばく》に流伝せしめよ

（性霊集五　越州節度使啓）

【三教に含まれる経、律、論、疏、伝記、詩賦、碑銘、占い、医学、インド学など、学問の助けとなる資料を日本に伝えたい】

◉人を動かす　人の心が動かないことには、物事が前に進まないことがよくあります。何かを成そうとするとき、スムーズに物事が進むことは少なく、貴重な反対意見もあれば、あきらかな妨害も入ります。近年、国内の政治を見ても、世界の国家間のやり取りを見ても、争いが絶えず、目の前のことで右往左往しています。しかも、その解決方法を、少なからず戦力、権力ないし財力などに頼らざるを得ないのが現状です。価値観の違いや人間の弱さから、仕方のないことなのかもしれません。

スムーズに物事が進まない。このことは、彼の空海上人とて同じこと、世の習いであります。上人が中国より日本へもたらしたものは宗教だけではなく、題目にあるように、これだけのものを運ぶだけでも、想像を絶するご苦労があったに違いありません。しかし、なぜ空海上人が、宗教に収まらない、これ程の数々の事業を成し得たのか。それは「目的・方法」を大切に考えていたからだと思います。まず目的は「世を救う」ということ、そして方法は「善を積む」ということです。

空海上人は、縁起を説き自他を分別しない仏法、そして個の能力を無限に生かすことの出来る密教は、世を救うことが出来るという強い信念を持ち、目的の実現方法を、人の心に訴えたのです。「世を救うためにあなたの力をお使いください」と。空海上人は、戦力・権力・財力などに振り回されることなく、それらの力の持つプラスの可能性を引き出していかれました。道理と人を知り、清濁併せ飲み、多くのものを善へと昇華したのでした。

地球はグローバル化して、いまや世界が一つの国のようなものです。リーダーは、広い視野と強い信念を持って、人の心に問いかけていかなくてはなりません。日本、あるいは日本人に私は期待しています。その時、仏法密教を伝える寺院や僧侶が、頼られる存在でありたいと思います。

（阿形國明）

覚の鉢曇《はつどん》を名づけて仏という　衆と達磨《たらま》とは即ち人の心なり（性霊集七　僧寿勢先師忌）

【悟りの究極を仏という。仏教教団とその教えは人の心にかかっている】

◉相互の礼拝　仏教の始まりはお釈迦さまの悟りでありますが、悟られた内容を言葉にされるとともに、聞かれた方が弟子となられたことが仏教の成立といえます。弟子は師の導きを受けて、悟りの世界に向かうことが出来ます。師は弟子によって自分の悟りを求められなければ、その悟りは消滅していくのです。どちらも欠くことのできない存在であるといえます。それは学校の先生が、生徒という存在がなければ先生として成り立つことも出来ませんし、生徒たちは先生がいなければ学びを得ることが出来ないのと同じであります。

ある僧侶が亡き師への供養に対し、お大師さまがその思いが通じるように説かれた御文章の冒頭にこのお言葉が出てきます。正しい教えを持った師との出会いは稀なことであり、その教えを受けた方の行いや心を見れば、その師の素晴らしさが表れているということを示されたのでしょう。

私がある尊敬する方に就いて勉強させて頂いた時のことです。周りの方から兄弟のようだと言われました。私が尊敬する方に近付こうとしていたことが、姿や様子にまで現れたのでしょう。私の尊敬の思いがにじみ出たと同時に、その方に近付いた気がして嬉しくなったことを忘れません。人の思いや行動は、こんなに如実に表れるものです。

みなさんには僧侶のように師という方はおられないかもしれません。しかし、ご両親はおられるでしょう。それはたとえ今は離れ離れになっていても、両親の存在がなければ私たちは生まれることは出来ません。そのご両親を思い尊敬し、既に亡くなられている方は、仏壇やお墓にお参りし、ご健在ならば感謝の気持ちを表してみましょう。その言葉や思いから互いに感謝が生まれます。そのことが不思議と日常にもあらわれて、人とのお付き合いが良い方向に進むものです。心が温くなれば、おのずと良い人生に変化する、すべては私たちの心にかかっているのです。折角頂いた素晴らしい命を、授けてくれた両親に感謝して生かそうではありませんか。

（富田向真）

伝道

人を導くものは教《きょう》なり　教を通ずるものは道なり　道は人なきときは壅《ふさ》がり　教は演《の》ぶることなきは廃《すた》る（性霊集十　勤操大徳）

【人生を正しく導くのは教えである。教えの要点は人の道である。これを実行する人がいなければ道は途絶えてしまう。教えを説かなければ荒廃してしまう】

◉**仏道を歩こう**　お釈迦様は菩提樹下に坐して覚りをひらかれましたが、成道の後般涅槃《ねはん》にいたる四十五年間は雨安居を除いて常に遊行の日々を送られました。二本の足で照りつける太陽の下インドの大地をどこまでも歩きます。それは出来るだけ多くの人々に出会うための遊行でありました。お弟子達にも遊行を勧めました。「同じ道を行くことなかれ」「犀の角のようにただ一人歩め」と。そのようにして仏教は広まっていきます。仏の道はインド中を巡りやがて東アジア全域へと伝わっていきました。もしお釈迦様が菩提樹下に坐したままで人々に会いに行くことなく留まっていたならば、仏の教えは隠れてしまっていたでしょう。そう考えると、この道こそが仏教そのものと言えます。

道を歩くとは、前に進むことです。お釈迦様の歩みには「一人でも多くの苦しみを抱えた人に、そこから抜け出し前に進む道を教えたい」という切なる願いが込められています。その願いを行動に移すため、成道の座から立ち上がり、一歩前に足を踏み出されたのです。そしてこの世界に暮らす一切の衆生に面会せんとする誓願を持ってたゆまぬ歩みを続けられました。道を歩けば来し方行く末が現れます。自らを省み、誓願を胸に刻み一歩ずつ前に進んで行く。進むごとに歩むごとに迷い顛倒の苦しみから離れ、より良い世界を作り上げていく、それが仏道なのでしょう。

田舎にいるとつい車に乗ってしまい、よく考えると「道を歩く」ということが最近少ないなと思い至りました。お釈迦様や仏弟子の方々、弘法大師、親鸞聖人、一遍上人、鉄眼《てつげん》禅師……、みんな実際に二本の足で道を歩いて仏道を行じられたと思うと、部屋で座ってパソコンをたたいている自分がもどかしく思います。いま一度、お釈迦様やお大師様が力強く歩かれたこの道を、私たちも歩いていきたいと願います。

（佐伯隆快）

伝道

人よく道を弘むという　この言は実《まこと》なるかな（性霊集十　勤操大徳）

【人によって道が広まるということは真実である】

◉人あってこそ　チベット仏教はかつて、ラマ教（ラマイズム）と呼ばれました。「ラマ」とは、チベット語で「師」を表す言葉ですが、チベットの人々が仏や菩薩以上に師僧を大切にすることから、このように称されたのです。

チベット仏教の理論によれば、いくら有り難い仏の教えがあっても、それを伝え、示してくれる師僧がいなければ、われわれは仏の教えに触れることができないとされます。そのため、師僧は仏や菩薩よりも尊いというのです。

弘法大師も、「伝える人」があってこそ仏法は広まり、その教えによって多くの衆生が救われると、しばしば述べておられます。その一つが、勤操大徳を顕彰するために大師がしたためた文章に出る「人よく道を弘むという、この言は実なるかな」（人があってこそ仏法は広まるというが、この言葉はまことに真実であることよ）という言葉です。ちなみに勤操大徳は、大師に得度を授けたともいわれる人物です。

なおこの言葉は、『論語』の中にある「子曰く、人、能く道を弘む、道、人を弘むるに非ず」という一節にヒントを得たものです。儒教の祖である孔子さまも、同じようなことを考えていたことがわかります。

仏法は、人によって伝えられるもの。私たちは、法を伝えてくれる僧侶や有縁の人々に感謝し、また、自分自身も積極的に法を伝えてゆかなくてはなりません。

仏教の修行の中で一番大切なのが、「布施」の実践です。布施といえば、自分が持っている食べ物や金銭などを他者に差し上げる行為を想起しますが、仏の教えを聞かせ、幸福になるための情報を提供することも「法施」と呼ばれる布施であり、モノを差し上げる「財施」よりもレベルの高い布施であるとされています。

仏法が人から人へ伝わり、世界中すべての人が幸福になることを望みます。


（川崎一洸）

人よく道を弘むという　これを古《いにしえ》に聞けり　道よく人を通すること今に見つ（性霊集十　元興僧正）

【人が道を弘めると論語が説くように、道を追求して出世している人は多い】

◉継続は力なり　これは、お大師様と親交のあった元興寺《がんこうじ》の護命《ごみよう》僧正に対して八十歳のお祝いに贈られた詩の一節です。生涯をかけて仏道を極めた護命僧正の素晴らしい功績を美辞麗句で讃えられていて、このお二人が深い友情で結ばれていたことが窺えます。また、お大師様からこのような詩が贈られる護命僧正というお方は、素晴らしい学識を備え、かつ立派な人格者であったことが容易に想像できるのです。

さて、精進について、よく焼香に例えられます。火をつけた線香が如何なる強風にあおられても消えることなく最後まで燃え尽きるように、一つの事を諦めずに続ける姿、これこそ精進の姿なのです。

私は少年時代より空手道を嗜んでおり、現在も道場で指導させていただいております。世間では多くの人が空手道に興味を持たれるでしょうが、そのうち実際に道場に入門する人は一割くらいでしょうか。またその中で黒帯になって指導者として生涯続ける人はそのうちほんの一部の人です。このように一つの物事を継続できるというのは素晴らしい才能だといえるでしょう。

護命僧正も生まれてすぐ僧正であったわけではありません。一から地道にコツコツと確実に経験を積んでこそ、大成し得たのです。

お釈迦様は涅槃に入られる直前、弟子たちに最後のお説教をされました。これが『遺教経《ゆいきょうぎょう》』です。この中で継続することの大切さを説いておられる言葉に、「修行を怠るということは、例えば火を熾す作業を継続していても、一度途中で手を止めてしまえば火は得ることが出来ないようなものだ」（筆者意訳）とあります。

摩擦を起こして火種を得ようとする時、あと数回擦れば火が熾るところまで努力しても、そこで諦めてしまえば、また一からやり直さなければなりません。一度やると決めたことは最後まで諦めず不断に努力していれば、必ず結果が出るというものです。

（大瀧清延）

貧道大唐に遊んで習い得たる所の真言秘蔵　その本いまだ多からざるに縁《よ》って久しく講伝に滞る　今思わく　衆機の縁力に乗じて神通の宝蔵を書写せんことを（高野雑筆三）

【唐で学んだ密教書が日本には少なく、講説するには不便である。どうか大勢の助力によって成仏経典を写していただきたい】

◉宝に触れ合う縁　「住職、一緒にお写経をしているとこの写経道場に通う仲間同士、不思議なご縁を感じるんですよね」。

私のお寺で毎月写経道場を開設してから約四年が過ぎました。一度も休まず来られる参加者の方もおり、仕事も年齢も超えて仏教やお寺、さらには各々の参加者同士でご縁が深まっていることをとても嬉しく思っています。

「今生でこの道場で出会う前にどこかで出会っていたのではないかと思うんです」。休まず参加される方のひとりからそんな言葉を聞きました。

深遠なるお経はただの文字ではないという感覚。古来よりのこされ守られてきたお経を静かに書き写していると場所も時間も超えて心が静やかに落ち着いてくる感覚。前世を信じるだとか、そういったことを超えて、時代を超えた共通の「宝」に共に触れ合っているような感覚なのではないかなと私は想像しています。そして思い出したのが写経生の存在です。写経とは現在祈願や供養を祈念して行われる行のひとつですが、奈良時代には仏教普及のための国家事業であり写経所が設けられ、写経生は厳しい試験を通った者だけが行えるものであったといいます。

弘法大師空海が活躍する平安時代には僧侶や貴族によって行われるようになりますが、印刷する機械もなく用いられた紙が貴重なものであった時代です。インターネットが当たり前に普及し、文字も画像も映像も簡単にコピーでき、一瞬で世界中を駆け回る現代において、「書写」されてきたお経の世界を想像する時、その背景には多くの人々の手と熱意があったことを感じずにはいられません。

お経とは、私たちがいかにこの人生を生きていくのかという問いに対する先人たちの智慧の結晶であり、仏さまの悟りの世界です。「写経」という「宝」に触れる体験を是非していただきたいと思います。

（伊藤聖健）

衆縁の力に乗じて　大覚の慧光を宣揚せんにはしかず（高野雑筆六）

【人々の縁の力を拝借し、大日如来の智慧を弘めるにこしたことはない】

◉大事業は大勢の智慧が必要　自分の一生において、自分なりに大きな事業（仕事）になると思うことが誰にも一度はあると思います。この時、貴方は一人で遂行できるという自信をお持ちでしょうか。みんなそれぞれに大志をもって生きています。でもそれを持ち続けられるのは、実は周囲に関わる多くの方々の力が働いて維持できているからなのです。これに気づかなければなりません。

空海さまも、真言密教という崇高な仏の教えを弘めようと、中国から沢山の資料をお持ち帰りになりました。それを書き写し、解読し、注釈し大変な作業を続けられながら、助けを求めていらっしゃるのです。

時は、高野山をお開きになる直前、弘仁五、六年頃、親しくしておられる方に、敬慕されておられる方に、あちこちにこのような依頼のたよりをお出しになっています。

この依頼のお便りは、高野雑筆集を開いてみると、七通もの多くのお方に出しておられます。その文面から、仏「大日如来」の教えを、全国に解り易く広めようとご苦心されていることがよく理解できます。

この中で注目されるのは、「衆縁の力」の他、「衆機の縁力に乗じて」とか「衆縁の功を仮りて」などの言葉を必ず述べられ、その衆縁の力に頼らなければ密教の宣布が叶わないとまで言っておられます。如何に人々の関わり、人々の力、人々の縁力が大切かを教えて下さっていることに気づきます。

ここに、「空海散歩」法話全集を企画し、一般の方々に読みやすいように、解り易いようにと考えて出版を進めているところですが、法話全集の句数二一八〇句を、一句ずつ丁寧に著作して、全十巻にまとめようとしています。すでに第四巻が完成し、第五巻を執筆中です。この大事業を考えてみましても、弘法大師ご誕生一二五〇年の記念出版とうたいながら、大変なことです。お大師さまへという報恩の志を同じくする者の力の結集と協力がなければ叶わないことです。まさしく「衆縁の力」そのものです。今、出版に関係してくださる皆様多くの方々に感謝しながら執筆をすすめているところです。

（野條泰圓）

空海大唐より将来する所の真言法門　その本いまだ多く写し得ざるに縁《よ》って　衆の為に講読すること能わず　年月徒《いたずら》に邁《ゆ》く　恐らくは風燭《ふうしょく》の奄《たちま》ちに及ばんことを　衆縁の功を仮りて金剛一乗を流布せんと思《おも》欲う（高野雑筆八）

【唐より請来した真言の書籍は、いまだ多く写し得ていないので人々が講読できないでいる。歳月がいたずらに過ぎて、法灯が消えてしまいそうである。大勢の力で真言密教を天下に流布したいと願っている】

●コンチキ号漂流記　子供の頃、大好きで何度も読んだ本の題名で、一九四〇年代にノルウェーの人類学者トール・ヘイエルダールが、筏に乗り南米のペルーから南太平洋を横断し、ポリネシア諸島へ渡ったことを記した冒険記です。ペルーからポリネシア諸島にかけての太平洋は何もない絶海で、小さな筏で漕ぎ出すにはあまりに危険ですが、彼が困難な航海に挑んだのは、ある仮説を証明したかったからです。

「南太平洋の島々のポリネシア文明と南米のインカ文明とは共通点が多い」。

「ポリネシア人の先祖は、遥か昔に南米から海を渡ってきた人々ではないか？」。

ヘイエルダールは、古代でも手に入る材料のみで「コンチキ号」を作り、古代人と同じように荒海へ漕ぎ出し、三か月余りの後、ポリネシア諸島へと到達しました。コンチキとは古代インカの神の名ですが、その名を冠した筏がこの旅を成功させた事は、インカ文明とポリネシア文明の祖先がひとつである事を実証する出来事でした。

幼な心に、ポリネシア人のご先祖が遥か遠くから来たことが印象的でした。長く自分のご先祖がどこから来たのか知らず、コンチキ号の航海で先祖の故郷を知りましたですが、これは非常に稀で幸運なケースでしょう。親子がコミュニケーションを取らなくなることが数代続けば、ご先祖のことなどすぐに忘れ去られてしまいます。

歴史は歴史家が記す難しいものだと思われるかもしれません。もちろん、それも歴史ですが、それぞれのお宅で行われる次世代へ伝える作業。細い線かもしれませんが、これが束ねられ太い線となることが歴史であり伝統だと思います。

親が自分に話してくれたことを子に話す。それが集まり積み重なって、歴史も、伝統も、そして仏様の教えも未来へ残っていくのではないでしょうか。

（亀月隆彦）

伝道

大唐より将来する所の経疏文書等　数本を写取して普ねく流伝を事とせんと思欲《おも》う　紙筆等また得がたし　また恵みを垂れんことを望む（高野雑筆二四）

【唐より請来した経疏の文書等を書写し、広く流伝したいと思っているので紙や筆を恵んでほしい】

◉法、東方に脈打つ　お大師さまの名言をもとに綴られているこの『空海散歩』になぜこの言葉が含まれたのだろうかと思われたことでしょう。高野雑筆集には恵与の依頼状や礼状、病気見舞いの書状など様々な書簡類が含まれますが、この名言も一見するとただの寄進のお願い状です。第五巻となる本冊の表題は「法を伝える」で、確かに唐より請来した法を流伝するには紙と筆が必要ではあるのですが。

お大師さまが請来された多くの経典や法具は、日本国内どこを探しても見る事の出来ないものでしたが、それは裏を返せば誰もその価値を理解できないということにもなります。事実「請来目録」を朝廷に奉呈してから数年経っても、お大師さまに入京の勅許が下ることはありませんでした。そこでこの名言が力を発揮します。

今まで日本に請来していない書物が紙や筆が足りないほど沢山あることを当時の有力者にお願いごとの形で宣伝したのです。それに加えてお大師さまは、高名な僧侶方にその請来した書物を書き写すお手伝いもお願いしています。書写した僧も初めて触れる密教の真髄に驚愕したことでしょう。名言の始めを「唐より」ではなく「大唐より」としているところを見ても、その価値の周知に心血を注いだことが見てとれます。大唐より請来したものを見たい、そして請来した人物に直接聞きたいと思ったはずです。

ついには嵯峨天皇即位後すぐに入京が許されることとなりました。もしお大師さまがただ朝廷からの沙汰を待ち、書状を送ることをされていなければ、唐で法を授けてくださった恵果和尚最後の遺願ともいえる東方の国、日本に法を伝えるという大役は成就することはなく、その後密教が日本に根付くことはなかったかもしれません。まさにこの名言なくして今日の真言宗はなかったといえます。「天才僧侶」という世間のイメージとはかけ離れた苦労に苦労を重ねながらもがく「生身の空海」が垣間見える空海散歩最高の名言といえるのではないでしょうか。

（中村光教）

願わくは共に法を弘めて生《しょう》を利し　同じく覚台に遊ばんことを悵恋《ちょうれん》に任《た》えず（高野雑筆三二）

【願わくは共に仏法を弘め、人々を救い、同じ悟りの蓮に乗って遊ばんことを愛念している】

◉仲間と共に　平成十三年四月に四国八十八ヶ所を歩き遍路させていただきました。歩き遍路となりますと一日大体三十キロ程度を歩いて札所を巡ります。すると大体似たようなペースで歩くので札所毎で顔を合わせる「遍路仲間」ができます。中でも加藤君と山中さんという二人の遍路仲間とは特に不思議な縁を感じました。

加藤君は、北陸出身の二十五歳の青年です。彼は、大学卒業後に就職した会社を退職することになり実家に帰ると、会社経営者の父親が病気になり、その父親の念願である四国遍路を、代って参拝することを決心したということでした。

山中さんは、還暦をすぎた顎髭が似合う方で、背も高くがっしりした体格で、聞けば元々某地方の山岳警備をなさっていて退職後に長年夢見ていた四国遍路の旅に来られたという事でした。

何故この二人に対して特別な縁を感じたのかと言いますと、四国霊場は四つの県が発心（阿波）・修行（土佐）・涅槃（伊予）・菩提の道場（讃岐）と定められています。道中は歩く速さや本堂・大師堂でのお勤めの長さや通るルートが当然違います。ですので普段はそれぞれバラバラに歩いていたのですが、何故かその四つの道場の締めの札所で必ず遭遇し宿も偶然同じでした。

それぞれ四国遍路の動機は異なりますが、道中それぞれが体験したことを語り合ううちに親近感と共に、益々お大師様への有難さを感じるようになりました。

大師を慕い手を合わせる心を共有できることがいかに心強いかという有難い経験でありました。是非皆様も共感し合える存在を得ていただきたいものです。（成松昇紀）

桓武天皇（かんむてんのう）
第五十代天皇。在位は天応元年～延暦二十五年（七八一～八〇六）。南都の仏教勢力の影響を受けずに政治をするために、平城京から長岡京、平安京へと二度遷都しました。最澄や空海を入唐させ、国や人々の幸せを祈る新しい仏教が広がるよう支援しました。（森）

伝道

法はこれ甘露　甞むる者は痾《やまい》を除く　道はこれ無言　人よく演暢《えんちょう》す（拾遺雑集二二）

【仏法は甘露水であるから、これを嘗めれば病が癒える。仏道そのものは無言であるから、人の演説が必要である】

◉はじまりは初転法輪　時は弘仁十四（八二三）年二月、建立されたばかりの東寺には真言宗の僧五十人を住まわせるという天皇からの勅が下され、実質的にお大師様は東寺を賜ったのでした。お大師様に東寺が託された理由は、国家の安寧を願うためにありました。お大師様は、東寺において毎年の夏安居《げあんご》には密教をはじめ仏教のすべてを含めた教えが説かれている『守護国界主陀羅尼経《しゅごこっかいしゅだらにきょう》』一部十巻を講釈していくべきことを願い求めます。そもそも仏道を広く世の中へ伝えるためには、教えを説くための人の言葉を借りなければなりません。話し伝えようという気持ちがあり、言葉という手段があって、まことの幸せへの手立てとなります。お大師様はその状況や環境、そして諸条件で一番最適な教えをどうお伝えするかを考え探して、伝道を行いました。

お釈迦様が成道をされた時、しばらくそのまま瞑想を続けられました。その理由はこの深遠な教えが世の中の人々に説いていいものであろうか、むやみに説法するよりは静観しておくべきであろうという疑念があったからです。そこで梵天の神がお釈迦様に法を説くことを勧めています。

梵天は覚りの内容を聞くためにその機縁を待っている者が大勢いるので、お釈迦様自身だけのものとせず、広く伝えるべきと励ましました。そこでお釈迦様は鹿野苑にて五比丘に苦集滅道《くじゅうめつどう》の四諦の法を説きました。思い通りにならないことがすなわち苦であり、苦には原因があり、またそれを滅する法があり、それを実現するための道のりがあることを説かれました。この初転法輪《しょてんぼうりん》があったからこそ仏様の教えが広がり、お大師様の請来された密教に親しむことができます。初めて法を説かれたお釈迦様は慈しみの心をもって丁寧に伝えていきます。人それぞれの素質を見抜き、それぞれの迷いに応じて教え導き、心の安寧を施されたのでした。

（阿部眞秀）

凡《およ》そ仏　法を説くは衆生をして仏知見を悟らしめんが為なり（雑問答八）

【仏法を説く意味は、人々に仏を自覚して悟らしめるためである】

◉人のためだからできること

ある人が話していたことを、今に至るまでおぼえています。それは「〈自分のために〉と思って、全力を尽くしてがんばってもできなかったことが、〈誰かのために〉と目的が変わった途端、今までが嘘のようにすっとやることができた。不思議だが、そういう経験を何度もした」という話でした。みなさんもそういう経験はないでしょうか？　不思議と何度も思い出す言葉です。また同じ人が、「最近は、自分が美味しい物を食べるよりも、仲のいい友人や家族に美味しい物を食べてもらうほうが、大きな喜びを感じる」ということも話されていました。

この空海の名言にも「仏法を説く意味」とは、「人々に仏を自覚して悟らしめるため」とあり、「自分だけではなく、誰かのために」という意味が含まれます。これは日本にもたらされた仏教である大乗仏教の大きな特徴でもあります。

なぜ人は、ある時には「誰かのため」のほうが力を発揮できるのでしょうか。それは道徳的な話だけではありません。「自分のため」と考えていた時に、見えなかった様々な状況が客観性をもって冷静に見えたからではないでしょうか。簡単に言えば肩の力が抜けてこそ、見えてくる様々な事実があるということです。仏教では、時に自分のための行き過ぎた思いが、目を曇らせることがあると忠告します。なにか人生の問題に直面した時、いったんいい意味で「他人事」だと視点を転換させ、まるで知人から相談を受けたように「誰かのため」の視点を持って物事に対面することも大事です。

また「やりがい」や「生きがい」も、じつは「人から頂くもの」であることも実感されている方が多いでしょう。「あなたがいてよかった」「本当にありがとう」、そういった「誰か」からの思いや言葉が、思わぬ喜びを与えてくれることを私達は経験的に知っています。そして時には私達も、喜びを「与える」側に立ちたいものです。そこにもまた大きな喜びがあるはずだからです。

この「雑問答」は古来より、弘法大師の真作を疑う見解もある書物ですが、その真偽にかかわらず、この部分をみても大きな学びもたらしてくださいます。（白川密成）

衆生愚迷にして自心に仏あることを知らず　妄想分別して徒に戯論を生ずゆえに如来　心教を垂れて心の本性を示したもう（真言二字義）

【人間は愚かに迷っていて自心に仏があることを知らない。誤った認識でいたずらに議論ばかりしているから、如来は様々な教えを説いて心の真相を示されている】

◉白いアマリリス　あるご家族のお話です。そのご家庭の、働き盛りのお父様が倒れてしまいました。突然の脳梗塞。幸いにして一命は取り留めましたが重い後遺症が残り、お仕事を退職されて自宅療養することになりました。

療養がいつまで続くかわからない日々。次第にお父様は口数も減り、気持ちは沈んでばかりです。そこで少しでも気持ちが安らぐように、娘さんが部屋から見えるベランダにアマリリスの花を植えました。お水をやりながら、お父様も花が咲くのを楽しみにされていたそうです。

そんなとき、別の病が襲いました。次は心筋梗塞。脳梗塞もやっと落ち着いてきたときのことだったそうです。残念ながら、次は助かりませんでした。お母様はショックでふさぎ込んでしまい、娘さんが葬儀、四十九日の法事を取り仕切ったそうです。

忙しく、悲しい日々の中で、ベランダに植えたアマリリスのことなど二人ともすっかり忘れていました。三回忌を迎える頃、ふとベランダを見てみるとアマリリスが芽を出しています。二年もの間、水も肥料も一切あげていません。慌てて水や肥料をあげると、どんどん育って花が咲いたそうです。真っ白い、アマリリスの花。その花を見て、お母様も娘さんも同じことを思ったのだそうです。「お父さんが帰ってきてくれた」。

大切なご家族を亡くされたとき、その悲しみから立ち直ることはとても難しくて、そのお母様も娘さんもずっと辛い気持ちを抱えていらっしゃいました。そこに咲いた白いアマリリスの花。きっと仏さまが咲かせてくださったのでしょう。お父さん、ずっと見守っているよって伝えてくださった。千の言葉より、たった一輪の花が希望となりました。白い可憐な花がお二人の心にも咲き、暖かく明るい日差しが差し込んだようでした。

（白馬秀孝）

善導

蒼生《そうせい》はなはだ狂酔して自心を覚ること能わず　大覚の慈父その帰路を指したまう（十住心第九／宝鑰第九）

【人々はひどく狂酔していて自分の心を摑めないでいるから、父たる釈尊は本来の心へ帰る方向を示されている】

●自分の心を摑み、本来の心へ帰る座禅　私たちの本来の心とは、仏と全く同じ心です。また、この心は自分の心だけでなく、全く知らない他人の心も同じです。これが真理です。仏の心とは、如実知自心と言います。自分の心を摑んだ心です。お釈迦さまが示された、自分の心を摑んで仏と同じ心へ帰る方向が仏になる道である仏道です。

私たちは何度も繰り返し生まれ変わり輪廻転生し続けています。自分の心を摑むことができず、本来の心である仏の心に帰れないために生まれ変わっています。この真実に気づくことなく今を生きています。また、この真実を否定したりします。過去生において、輪廻転生からの解脱を求め、発心し、仏道を歩んでいたならば、素直に受け入れられる教えと思います。必ず今生においても気づき直し、また仏道を歩みます。これが因果応報です。私はこれを宇宙の法則と理解しています。私たちは人生において、仏道をあらためて歩み直す何かのきっかけが必要なだけだと思っています。

私は輪廻転生を生きる癖と考えています。私はこの生きる癖を無くすことが、輪廻から解脱する仏道であると理解しています。お釈迦さまは、輪廻転生しない仏になるために、私たちに檀・戒・忍・進・禅・慧の六波羅蜜を教えています。この六度の行の布施、持戒、忍辱、精進、そして座禅によって、智慧を見出して、自分の心を摑み、本来の心に帰る方向がお釈迦さまが示されている仏道です。私はこれを正しい仏道と理解しています。人々の狂酔は、このことに気づかずに生きていることです。人間とはそういう不安定な存在です。しかし、お釈迦さまもお大師さまも人間であって、仏になりました。私たちも仏になることができます。

私は師の指示で一日一時間百日座禅を行いました。未だ自分の心を摑んではいませんが、自分の心を摑み、本来の心に帰るために座禅が必ず必要な修行だということに気づきました。

（細川敬真）

善導

正路《しょうろ》に遊ぶが故に涅槃に至る　しかのみならず経法の在る所は諸仏護念し諸天守護したもう　是くの如くの利益は勝《あげ》て計《かぞ》うべからず（宝鑰第四）

【正しい道に進めば悟りに至る。経典が説かれている所は諸仏や神々に守護される。このような利益はいくらでもある】

◉祈ることに利益はあるのか　シャクソン家のマイケルとジャネットが、ある日こんな会話を交わしていました。

マイケル「大変だ。さっきお婆ちゃんが、坊主頭の怪しい人にお金を渡してたよ。あれってオレオレ詐欺じゃない？」

ジャネット「あんた何言ってんの。あれはお坊さん。渡してたのはお布施よ」

マイケル「何も買ってないいんだよ。ただ仏壇でブツブツ言ってただけで」

ジャネット「それはお経を拝んでたの。お祈りよ」

マイケル「お祈りって、いったいどんな意味があるんだよ。何か利益があるの？」

ジャネット「なんだかまるで、憂国公子と玄関法師の会話みたいだわね」
マイケル「何それ」
ジャネット「弘法大師の『秘蔵宝鑰《ひぞうほうやく》』って文章に出てくるのよ。憂国公子が『仏法は国を損し国費を無駄遣いしている。読経したからとて何になるのだ』って怒るの。それに対して玄関法師が『人々の苦しみを救い安心を与えるんだから、国の役に立っているぞ』って答える。そして『正しい道に進めば……（冒頭の名言）』と続く」
マイケル「弘法大師にそんな文章があるんだ。なんだか憂国公子に共感するなあ」
ジャネット「憂国公子は辛辣よ。多くの僧侶は頭髪を剃っても欲を剃らず、衣を墨染にしても心を善法に染めていないじゃないか、なんてことを言い出すの」
マイケル「僕はそこまで言ってないけど、確かに、ちゃんと仏法を実践してないお坊さんに祈ってもらってもご利益は薄い気がするなあ」
ジャネット「実践は大事だけど、仏教経典自体に力があるという考え方もあるのよ」
マイケル「そうかな。実践あってこその祈りだと思うけど。まあとにかく、お婆ちゃんが本当にオレオレ詐欺に騙されないか心配だな。もう祈るしかないね」
ジャネット「あ、そこは祈るんだ」
（坂田光永）

善導

衆生癡暗にして自ら覚るに由なし　如来加持してその帰趣を示したもう（声字義）

【衆生は愚かであるから道を外してしまう。しかし、外れた道は仏の力によって修正される】

◉日常の苦しみの修正点を見出すのは……　公園の砂場でTちゃんに玩具を貸してとせがむ女の子（何故か近くに保護者の姿が見えない）の話を過去に致しましたが（第三巻三八六頁参照）、その後、長年保育施設で幼児教育に取り組まれているSさんと、この話をする機会があり、「私も、『よかったら、このTちゃんと一緒に遊ばない？』と声をかけたと思います」とご意見を頂き、続けて非常に印象深いお話を伺いました。

「前に、あるお子さん二人が、お母さんが迎えに来られて、車で帰る前に園庭で鬼ごっこを始めて、片方の子どもさんが滑り台の上から、手から下に落ちてしまって（きっと必死で逃げようとしたのでしょう）酷く手首を骨折したんです。折れた骨が皮膚から飛び出す程の大怪我だったんですが、お母さんは他の保護者さんと話をされていて全くその現場を見ていなかったんです。保育園としても子どもさんを引き渡した後の事ですし、降園後は速やかに帰るよう注意喚起しているので、対応出来ないですよね、少なくとも自分が幼少の頃、子どもが五人や六人だろうが私の周りでは、親は子どもの様子をちゃんと見ていました。あらためて有難かったと思います」

私はそのお言葉から、山口県のある校長先生の子育て四訓を思い出しました。

乳児はしっかり肌を離すな　幼児は肌を離せ　手を離すな

少年は手を離せ　目を離すな　青年は目を離せ　心を離すな

確かに私たちは愚かです。スマホなどに目が離せない用件が重なる事もあります。ならば私たちは、到らない部分がある事を、互いに謙虚に受け容れる事が肝心です。しかし現代社会では問題発生時、中心の人が周りに責任転嫁したり、周囲の人も悪意をもって、人を悪人に仕立て上げるような展開が多い気がします。それこそ愚の骨頂です。あまりに酷いと私たちが頼りにすべき存在の「心が離れて」しまいます。

この教育者の言葉のように、そんな私たちを正しい生き方に導いて下さる、有難い存在に気付くべきですし、その存在に私たちがなれればいいのです。

（村上慧照）

善導

随縁の本智は生死に流転し源に背いて時久し　もし内薫外縁の力に遇えば生死を厭いて涅槃を欣《ねが》い　始覚の日光を発し無明の闇夜を照らし　遍く本有の宝蔵を知って悉く自家の功徳を得　これを現証と名づく（金剛頂経開題）

【もとから持っている仏の智慧は、生死の迷いに流されて見失っている。しかし、仏縁に会えば生死の苦しみを嫌って悟りを願い、大日如来の光が心の闇を照らして内心の宝に気づかせ、仏の功徳を実現することができる】

◉自身仏　仏様はどこにおられるのか。多くの経典には、浄土という場所に仏様がおられると書かれております。浄土は何も阿弥陀如来様のいらっしゃるところだけではありません。悟られた仏様がおられる場所にそれぞれの浄土がございます。方角でいうなれば、十方にあるともいわれます。八方位に上下を加えての十方です。

また、浄土という場所には亡くなった後でなければたどり着くことができません。では、生きている間に仏様に会うことが出来ないのでしょうか。そんなことはありません。「この世でこの身のまま仏と成れる」というのが真言密教の教えです。仏様に会うというのではなく、自らが仏に成れるということ。これこそ密教が他の仏教と大きく異なるところです。では、どのようにすれば仏様になれるのか。またなぜ、仏様のいらっしゃる浄土ではなく、このままで仏様となれるのか。

端的に言えば、あなた自身こそが仏様の分身だからです。なぜならば、根源的に仏様のいらっしゃるところから生まれてきたからです。ただ、根源がそこであっても簡単に仏様にはなれません。なぜならば、身と口と心とが仏様からはなれているからです。日常生活では、どうしても「貪り・瞋り・恨み・辛み・嫉み」などに囚われている状態があるからです。心という思いが整っていない・身という行動行為が整っていない・口という言動が整っていない。では、どのように整えていくことがよいのか。

それは、手を合せ・心を仏様の方に向け・御真言という真実の言葉を口ずさむことです。いわば仏様の心・姿・言葉を真似る事で、まずは真摯にこれを行う事です。昨日・今日ですぐに仏様のような境地になることはできません。しかし継続していくことで、限りなく仏様となれるように近づいていけます。私たち自身が仏様であることを思い出すこと。このドロドロとした世の中で、仏様の境地に近づき、日常生活への視点の転換をしてみませんか。

（渡邉智修）

善導

大乗の理趣を摂念《しょうねん》すれば実相と相応す（金剛頂経開題）

【大乗の教えを心より念すれば真実の世界に入ることができる】

生きていれば誰しも持っているものです。

◉求めるからこそ　欲しいけれども手に入れる事が出来ない苦しみを求不得苦《ぐふとっく》という言葉でお釈迦さまはお説きになりました。欲しい欲しいという欲は私たち人間として生きていれば誰しも持っているものです。

私は高校生の頃に約二カ月間ハワイにホームステイをしました。初めての海外という事で、気持ちもワクワクしておりました。しかし、一週間ほど経ってから急に食欲がなくなってしまいました。食事が合わなかったのです。語学は自分が努力すれば勉強すれば克服できるのですが、こればかりはどうしようもありません。ホストファミリーからは冷蔵庫の好きなものを飲んでいいからと言われていましたが、ジュースにソーダばかり。「あぁ。お茶が飲みたいなぁ」そう思って、私は「I want green tea」とお願いしました。次の日ホストファミリーは Green tea を買ってきてくれました。「あぁ。お茶が飲める」と思ってグラスに注いで一口飲みますと、「…ヹェ」ビックリしました。甘いんです。私は「It's not green tea」と思わず言ってしまいました。アメリカの人はハチミツ入りの緑茶を飲むようです。せっかく買ってきてくれたのにと申し訳なかったのですが、甘い緑茶は飲めませんでした。

その次の日。学校のアクティビティでアラモアナショッピングセンターに行きました。そこで私は「お〜いお茶」と日本語で書かれている緑茶を見つけました。これこそ私の求めていた緑茶ではないか！　私は嬉しくなって十二缶買って、そのうちの一缶をすぐ開けて飲みますと私の知っている緑茶が体中に染みわたりました。「あぁ。生き返る……」。

たかが緑茶、されど緑茶。高校生の私はその時はハワイで生きる為に必死に日本の緑茶を探していたのです。今では笑い話のように話しておりますが、求めるからこそ手に入れる事が出来るのです。本当に求める物を手に入れる為には常にアンテナを張り巡らせて、見過ごさない事が大切ですね。

嗚呼。今、日本に住んでいて自動販売機やコンビニで沢山ある種類の緑茶を選べる事がどれだけ有難いことでしょうか。

（加古啓真）

善導

仏宝はすなわち一切智智を具して衆生に正路を示す　法宝はすなわち難思の功徳を具して能く持者をして世出世の楽を与えせしむ　仏と法と是くの如くの功徳ありと雖も　もし僧宝なくんば流通することを得ず（教王経開題）

【あらゆる智慧を具える仏宝は衆生に正しい道を示す。無数の功徳を秘める法宝は信ずる者に安楽を与える。しかし、仏法にすばらしい功徳があっても、僧宝がなければ仏法は世の中に伝わらない】

◉善い師に導かれて　正しい道に進むには、教えを説いて導いてくれる善い師を必要とします。人生は平坦な道ではありません。障害物で閉ざされたり、廻り道を余儀なくされたりと、苦難がつきまといます。しかし道中で人と出会い関わることにより、新たな方途に目覚め乗り越え前進していくものです。

私が僧侶になったきっかけは、お寺の住職と出会い、話をする中で私に然るべき道を示してくれたことでした。住職に進路について相談していた時、私の日頃の思いの丈を話すと「それは違うぞ」と言われ別の選択肢があることを教えてもらいました。

自分の心の中では素直に受け入れることができず、気分がもやもやしていましたが、後日その訳を聞いてようやく気が晴れました。住職がかつて私が希望していた道に進み大変苦労をしたので、二の舞はさせまいと心配してのことでした。もし、改めずに思うままの進路を選んでいたならば、今日の自分はなかったと思います。

仏宝は智慧をそなえて衆生に正しい道を示しています。法宝は仏の教えを信じる者に、仏教の世界観、人生観を説いています。そして悟りの世界へ導き、安楽を与えてくれます。しかし、その仏法の宝の功徳を伝える僧侶がいないと世に伝わりません。僧侶は仏の代理者で、衆生に仏の教えを説いて教化するので僧宝ともいいます。私も、住職に道を示して頂き、教えを説いて頂きました。人生を歩んでいく中で、迷いの苦しみから解放された時、心が安らぎ感動したことを憶えています。

人生の岐路に佇み苦しむ人々は、仏法の功徳を知り有難くも教えによって救われます。日頃から手を合わせ三宝に帰依し安楽に生きたいものです。

（天谷含光）

善導

もっぱら衆生の根鈍にして生れて　劫濁《こうじよく》の時に逢い　三毒の峰高く業海涯《かぎ》りなく　無明熾盛《しじよう》にして慧日耀《ひかり》を潜《かく》すがために　如来大悲をもってこの勝妙を演べて　諸子が邪山に塡墜《てんつい》せんことを恐れたもう（宗秘論）

【衆生の心根は鈍く、時間に縛られ、悪を積み重ね、業の苦悩も深く、無知蒙昧にして智慧の光を遮っている。それゆえに、如来は大悲の心で勝れた教えを説き、人々が断崖絶壁から転落することを守っておられる】

◉ストレス社会を抜け出したい　人々の苦しみは突き詰めていくと「三毒」と呼ばれる「貪《とん》」「瞋《じん》」「痴《ち》」の三つに分類され、この三つが生きていく上での苦しみの根源であり、お大師様の言葉でいう所の断崖絶壁から転落する原因とされています。「貪」は「貪欲《とんよく》」と言われ文字通り欲を貪ることで、ザ・ブルーハーツの「夢」の歌詞の「あれも欲しいこれも欲しいもっと欲しいもっともっと欲しい」といった状態のことであり、欲に対して貪り執着しすぎることによって自分を苦しめてしまうことであります。そして「瞋」は「瞋恚《しんに》」これは怒り、恨みといった意味です。

私自身この怒りや恨みといった感情がとても苦手で、その気持ちを持ち続けてしまうことにより自分自身が支配され、心のコントロールが効かなくなり相手を恨み続けてしまい、結果相手や周りには何も起こらず出ず、自分自身のエネルギーだけ無駄に消費し疲れ心が淀んでいきます。怒りは他人にぶつけるものではなく未熟な自分に感じるものだと思います。

最後に「痴」は「愚痴」とも言われ無知、真実を知らないままでいることです。現代ではツイッター、フェイスブック等で色々な情報が色々な方法で手に入ります。そういったもので最近よく目に入るのが批判の言葉。顔が見えないからといってニュースや他人の言葉に対して真実も知らないのに正義感の様な行き場のないストレスをぶつけて相手を制した様な気持ちに陥り、そして相手を傷つけています。そうではなく、全ての人が三毒に気をつけていく事によりお互いが助かります。

ＳＮＳや自身の思いを例に出しましたが全てがそういったものではなく日常の中での欲を貪る事、怒る事、無知でいる事は自分自身を苦しめてしまう原因の一つであります。

（松本堯円）

善導

一隅を挙げて三隅の反《ふすべき》を知り　一理を示して衆理ことごとく通ぜしめ　未だ聞かざる者には聞かしめ　未だ解せざる者には解せしめん（宗秘論）

【一角を取りあげれば他の三角が判明し、一つの理法を示せば数々の理法に理解が及び、まだ仏法を聞いていない者には聞かしめ、理解できないものには理解せしめる】

◉教師たるには　突然ですが皆さまにお聞きします。お坊さん、僧侶というのはどういう者を指すのでしょうか。私たちは世間一般ではお坊さんと呼ばれます。お寺に居て、頭を丸めていればお坊さんなのでしょうか？　それだけでは、不十分です。お坊さんとはつまりは仏さまの教えを世間一般の方々に説く「教師」なのです。

私がまだ学生の頃、国語の教員資格の勉強をしていた時期がありました。大学での教職課程は「生徒たちに教えるとは何たるか」、「何を生徒に教えるのか」を大学の先生方から教わりながら、模擬授業という形で同じ年代の学生たちに向かって講義をするという日々でした。四回生に進級した時の始めに待ち構えていたのが教育実習でした。

これには私の苦い思い出があります。まず、十代の生徒に対して授業をするというのは思っていたよりも困難なものでした。人前に立つことに、多大な緊張を持ってしまったためにしどろもどろになり、生徒に対しても反応や顔色を窺うことに終始してしまったため、実習中は大学で学んできたことを全く生かせない状態でした。また、担当の先生の授業を見学中に居眠りをしてしまい、担当の先生からお叱りを受けました。その時、「居眠りなんかをしている暇があったら、生徒一人ひとりを見なさい。そうでないと、とても教師にはなれませんよ」ということをおっしゃられました。

あれから月日が経ち、私は僧衣を着て人前に立っています。あの頃と比べても、老若男女が入り交じった中でお話をすることは、十代の若者たちを相手にするよりも困難なことがあります。聞き手の一人ひとりが私のお伝えすることを理解して下さっているか、その場では確認しようがありません。どうすれば説法を聞いて下さる方々に理解して頂けるか苦心する日々です。「仏法を聞いていない者には聞かしめ、理解できないものには理解せしめ」られるような教師が皆さまのお近くに居られるでしょうか。そのような「教師」たり得る者こそ、今の時代には必要なのです。

（伊南慈晃）

善導

衆生の苦を抜き衆生の楽を与う　抜苦の術は正行《しょうぎょう》に非ざれば得ず　与楽の道は正法に非ざれば能《あた》わず（平城灌頂文）

【人々の苦しみを解決したり安楽を与えたりするには、正しい修行方法や教えが必要である】

◉僧侶であるということ　今日の日本において、僧侶とはどのような意味を持つのでしょうか。多くの人にとって、僧侶とは「葬儀を執り行ってくれる人」以上の意味を持たないかもしれません。ここで、我々僧侶にとって根源的なこの問いかけについて考えてみようと思います。

仏教僧として、本来世間から期待されている役割に導くというものがあるように感じます。死者を極楽に導くこともそうですし、何かと思うようにはいかぬ人生に四苦八苦している方々を正しく導くこともまた、僧侶の務めだと思っています。

さて、真言宗の正式な僧侶として認められるために受けるべき儀式の一つに授戒がありまます。その儀式において十善戒を授けられます。「生命を奪わない」「盗まない」

「嘘をつかない」「むやみに怒らない」「人をねたまない」といった、十の戒めを守ることを誓うのです。導く側が堕落しきっていては、人を救うどころの話ではありません。僧侶となるにあたって、まずは自分自身の襟を正す必要があるのです。

この十善戒の中に「誤ったものの見方や考え方をしない」という項目があります。正しい見方や考え方をしなさいということです。そもそも「正しい」とは一体どういうことなのでしょうか。「正しい考え方なんて言っても、そんなもの時代や地域によっても、基準がコロコロ変わるじゃないか」と、そう見る向きもあるかもしれません。しかし、ここでいう正しさとはそういう曖昧なものではなく、絶対不変なる真理とも言うべきものであり、仏教的には法灯明と呼ばれるものです。それは時代が変わろうが、地域が変わろうが、誰にとっても不変です。たとえば、世が無常であるということ。あらゆるものは絶えず変化し続けます。生まれたものはいずれは死にます。だからと言って、むやみに厭世観に浸れというわけではありません。ただただ、無常というものをそのまま受け止め、決まった形に執着しないということを説いているのだと私は考えています。まだまだ至らぬ身ではありますが、こうした伝統的な仏教の価値観に則って、人を導けるようになりたいと常々思っています。

（髙田堯友）

善導

鈍《にび》き刀の骨を切るは必ず砥《と》の助けに由《よ》り　重き輅《くるま》の軽く走るは抑々《そもそも》また油の縁《ゆえ》なり　智なき鉄木すらなお既に是くの如し情《こころ》ある人類何ぞ仰止《ぎようし》せざらんや（三教指帰上）

【骨を切る刀が鈍ければ砥石にかけ、車が重ければ油をさす。心のない鉄や木でも修正ができるのだから、どうして情のある人間に更生ができないことがあろうか】

◉更生して、善い方へと　高校時代のある時期、私は学校をサボりました。サボってばかりなので先生からは「社会で役に立たないやつ」と言われていました。私は学校が嫌いだったのです。人よりも少し体力がなく、押しの弱かった私はいじめられる要素満載で、小中学校でよくからかわれました。高校でもまたからかわれるのではないかと思い、しかし弱いと思われるのは嫌だったので、近所のお寺の庭でぼーっと過ごしていました。授業には出ず一人で庭に坐っていました。

しかし、場所がお寺なので、話し相手はお寺の檀信徒様や僧侶の方ばかりです。通報された事はありませんが時々諭されました。また私の祖母は真言宗のお寺に勤務していたので、仏法に触れる機会が多く、次第に考え方が変わっていきました。私が出会ったお坊さん達やお年寄りの方々はみんな真っ直ぐ我が道を生き、絶えず仏菩薩を信仰し修行に励んでおられました。その方々と触れ合っているうちに、次第に私は変わっていきました。

首題の名言は『三教指帰』に出てくるお大師様のお言葉です。「切れ味の悪い刃物は研げばいい、車が重ければ油をさせばいい、無機質なものでも、少し手を加えればまたしっかりと動き出すのですから、情のある人間の更生は決して難しいものではありません」と、お大師さまは語っておられます。

何もかもが嫌になる事があります。しかし、善い方へと導いてくれる人や教えとの出会いは必ず訪れるものです。どんな人でも、生きている限りは正しい道へ進める選択肢があるのです。無理やりな事をしなくても、適した方法は幾らでもあり、更生は必ず誰でもできるものなのです。

（堀江唯心）

善導

木は縄に従って直しということはすでに昔の聴《きき》に聞けり　人は諫《いさめ》を容《い》れて聖《せい》なりということあに今彼れ空しからんや（三教指帰上）

【木は墨縄によって真っ直ぐになり、人は諫言を受け入れてまともになる】

◉諫言という名のスパイス　私たちは生きているとイヤなことや辛いことに必ず直面します。人から叱られたり厳しい言葉をかけられるといった経験は誰しも辛いものであり、イヤなことだと感じる方も少なくないはずです。しかしこういった経験は決して無駄なものではありません。

この名言に語られていますように、諫言を受け入れることが大切だと思います。生きてきた中で過ちを叱られた事が無いという方はいないと思います。人はこの叱られたという経験により真っすぐに生きることができるのです。生きていく中では嬉しいことや楽しいことだけでなく、辛いことやイヤなことも経験しなければなりません。しかしこうした経験があるからこそ嬉しさや喜びというものが味わえるのです。

「体が伸びきると人はジャンプできない。時々イヤなことがあって思いっきりヘコむとまた高く飛べる」。これはかつて一世を風靡した往年の名司会者・島田紳助さんの言葉です。ジャンプするときに体が伸びていては飛ぶことができません。ジャンプするためには体を低くしなければならないのです。嫌なことや辛いことを経験する事で、人は高く飛ぶことができるのです。

岐阜県に剣道の名門校があります。そこでは部の訓示として、「あの悔しさを忘れるな」という言葉が掲げられています。これは過去に同校が全国大会の予選で敗退した時に味わった悔しさを後の代まで引き継いでいるのです。以来その学校は全国制覇を何度も成し遂げる強豪校にまで成長しました。嬉しい経験だけでなく悔しい経験も強く味わったからこそ大きな飛躍につながったのではないかと私は思います。

辛いことや落ち込むことがあっても全てをマイナスに感じる必要はありません。雨の日があるから晴れの日もあるように、へこんでもまたジャンプできる、そうすれば前よりも高く飛べると前向きに捉えてみてはいかがでしょうか。諫言は私たちの味を引き立ててくれます。諫言があることにより人生に奥行きが出て深みが増すのです。諫言、それはあなたという味を引き出してくれるスパイスなのです。

（杉本政明）

善導

吾れもし不幸にして和上に遭わざらましかば　永く現欲に沈んで定めて三途に没しなん　今僅かに提撕《ていぜい》を蒙って身心安敞《あんしょう》なり（三教指帰下）

【私がもし不運にして和上に会わなければ、これからも様々な欲の苦しみに沈むところであった。今こうして教えを受けて身も心も安らかになった】

◉誰かが、あなたの未来を変える。あなたが、誰かの未来を変える　弘法大師空海は日本の巨人。偉大な宗教家であり文学者であるばかりではなく、芸術家であり教育者、さらには土木工事もこなし、筆の製法にも詳しい。なんともマルチな人です。

でもやはりここは、「悟った人」というスタンスでお話をいたしましょう。なぜならば仏教というのは、人間が苦しんでいること、……生老病死と言いますが、様々な苦しみがあり、しかもそれは、ただこの一生のことではなく、生まれ変わり死に変わりして、始まりのない過去から終わりのない未来まで延々と苦しみ続けている……その果てしなく続く、苦の輪廻の中から完全に脱出することが目的だからです。簡単にいうと、「悟ることが目的」なのです。それは「気持ちが少し楽になる」とかそういう単なる「気の持ちよう」の話ではありません。

さて、お大師はどうやってお悟りになったのでしょうか？　素質があったからでしょうか？　修行を頑張ったからでしょうか？　いえ、もっと決定的に重要なことがあります。

それは、先生である恵果和尚に出会ったことです。考えてみれば、先生との出会いはとても大事です。お釈迦さまは菩提樹の下で瞑想してお悟りになったのですが、それ以外の先人たちは皆、先生に出会い、それによって悟りを得て、今日まで連綿と、師から弟子へと仏教は受け継がれてきました。私もそうです。もし師僧と出会わなかったら、今この原稿を書いていないでしょう。

誰かとの出会いによって、あなたの人生が一変してしまう事があります。良い出会いがあるといいですね。それと同じように、あなたとの出会いによって、誰かの人生が一変してしまうこともあります。これは責任重大です。

人は出会いによって導き導かれ、悟りへと旅をしていくのです。

（鈴木隆蓮）

善導

吾が生の愚なる誰に憑《よ》ってか源《みなもと》に帰らん　但し法の在るあり（性霊集序　真済）

【自分の愚鈍は誰を頼りにして真理を得ることができようか。それは仏法を学ぶことである】

◉奥底に眠る光　真理を得ていない私たちは誰もが愚鈍であり、盲目です。生きる事はさながら暗闇の中を手探りで進むようなもの。一寸先に何があるのかもわからないまま、小さな石ころにつまずいたり、幻を現実と錯覚したり。今生で仏法に出会えた者は幸いです。釈尊以来、二千五百年もの間に真理を得た先人達の知恵が、脈々とその中に受け継がれているからです。

しかし、仏法に出会えなかったものは真理を得ることができないのでしょうか。そんな事はありません。

密教では、生きとし生ける全ての存在は完全なる覚りを得た仏を本性として宿していると考えます。私たちにはそれが煩悩に覆われて見えていないだけで、煩悩を取り除けば満月のように清らかな心の実体が現れてくるのだと考えます。密教の教えのユニークなところは、既存の仏教の概念を百八十度転換してしまうところです。

それまでの仏教では、覚りを得るためには三劫という気の遠くなるくらいに長い時間がかかると言われていました。一劫は、四十三億二千万年ほど。もしくは世界が生まれてから終焉を迎え、存在しなくなるまでにかかる時間です。それを三回も繰り返すほどの長い修行を積まなければ覚りを得られないというのです。

一方で密教では、覚りとは既に自分の心の中にあるものと言います。私たちは現世においてこの身体を持ったまま覚りを得て仏になる事ができるのです。それまでは覚りを阻むものと考えられていた煩悩すら否定しません。煩悩は外からやってる客人のようなもので、心についた塵＝煩悩もやがては去って消えてしまうものなのです。

さあ、あなたの心の中をそっと覗き込んでみましょう。きっと暗闇の中に一筋の光が見えることでしょう。厚い雲に覆われて見えない時だって、美しく輝く満月は確かにそこにあるのです。まばゆい光を放ちながら心の奥底であなたに気づかれるのを、ずっとずっと、待っているのです。


（小西凉瑜）

朝日と与《とも》んじて長眠を驚かし　春雷と将《とも》んじて久蟄《きゅうあつ》を抜く（性霊集二　恵果碑）

【朝日によって長い眠りから目覚め、春雷の響きによって土の中から虫が這い出てくる】

◉師弟はかくありたい　この文は恩師恵果和尚の墓碑銘に書かれているもので、和尚の弟子教育の徳をたたえたものです。お大師さまはよき師に恵まれました。十五歳で上京し、まずお目にかかったのは勤操大徳でした。大徳は奈良大安寺の住職であっただけでなく、後には東大寺の別当となり、僧綱所《そうごうしょ》の長官をつとめ、遷化の時には僧正位が贈られた三論宗の高僧で、お大師さまは度々訪問されて仏教を学ばれました。そして大学中退の時には求聞持法《ぐもんじほう》を伝授された方です。こうしたことから、お大師さまは大徳を師として得度されました。

入唐されたのは三十一歳、そこで恵果和尚に対面するのです。和尚は真言宗七代目の祖師であり、三代の天子の帰依をうけ、弟子の数も千人といわれる人物です。お大師さまが和尚を訪問されたのは三十二歳の五月末の頃でした。訪問されながら一抹の不安があったと思います。和尚は千人の弟子がありながら、「人がいない」と法の伝授を一切していないということでした。果して弟子でもない、異国の若僧の自分に伝授をして下さるであろうかと。しかし対面すると和尚は非常に喜び、「待ちつづけていたぞ。自分の命は間もなく終わろうとしている。直ちに灌頂壇に入るべし」と約束して下さいました。こうして三カ月、法の伝授と共に「遍照金剛」の密号を与えて下さいました。しかし間もなく病の床につかれ十二月十五日遷化されました。その御通夜の席、和尚はお大師さまの前に生けるが如き姿をして現れ「汝は西国唐へやって来て私の弟子となったが、今度は私は東国日本に生まれかわって汝の弟子となっていこう」と言われ、「早く日本に帰れ」と遺命されたということです。

日本に帰られたお大師さまは新仏教の法将として万人の注目を集め、多くの人が教えを受け、灌頂を授けられました。その中にはかつての恩師勤操大徳も弟子の礼をつくし、お大師さまを「師主」と呼んで学んでおられます。これに対してお大師さまは「その言葉を受けず」と返されています。師弟関係の縁の深きこと、父母の縁以上のものがあるといえましょう。

（小塩祐光）

善導

来《きた》ること我が力に非ず　帰らんこと我が志に非ず　我を招くに鉤を以てし我を引くに索を以てす（性霊集二　恵果碑）

【恵果阿闍梨の膝元に来ることができたことも、学び終えて日本に帰ることも、私の意志ではない。阿闍梨のカギに引っかけられたり、綱に引っぱられたりして私は往来ができたのである】

◉仏さまの引き合わせ　道俗の弟子二千名をもつ恵果和尚《けいかかしょう》より、空海さまはわずかの八カ月の師事で真言第八祖として帰国されます。この名言は恵果和尚最晩年の遺言を空海さまが弔辞に表白されたことばです。目には見えない深い仏縁に結ばれて、密教はインドから中国へ、中国から日本へ伝えられています。

留学二十年は桓武天皇との契約です。これを反故にして帰国すれば、流罪か死罪に処せられます。それを承知して空海さまは二年二カ月で帰国の途に就きます。この決意は、「日本から来るときも、中国を去るときも、私の意志ではなく、鉤《こう》・索《さく》・鎖《さ》・鈴《れい》による恵果和尚の強い加持力によって去来している」と、お大師さまは「大唐青龍寺故三朝国師恵果和尚碑」に述べておらます。

亡き恵果和尚は、通夜のときに宛然《えんぜん》として姿を現し、「早く日本へ帰りなさい」とお大師さまに述べられました。この「宛」という漢字は活字の大漢和辞典には所載されていない文字です。ところが、手書きの『請来目録』や『篆隷萬象名義《てんれいばんしょうめいぎ》』（空海撰述）にははっきりと「宛然」と書かれています。「宛然」は「死者が生きながらの姿を現す」という意味があります。ところが、多くの先生は夢の中の出来事として解説されます。夢ではありません。師僧の通夜の席で居眠りをする弟子がおりますか？夢ごとを「請来目録」に綴って朝廷に帰国報告をしますか？

日本から東シナ海に船を浮かべている就航中にも、しばしば恵果和尚は龍の姿を示して船を守ってくださり、今こうして日本へ帰ろうとしているときにも二人の宿縁の不思議を説いて聞かせてくださっているわけです。お大師さま在唐二年二カ月のうち、恵果和尚に師事された期間はわずか八カ月です。恵果和尚と空海さまの不思議な宗教体験が真言密教をしっかりと結びつけた法灯の伝承です。いかなる師弟関係にも深い仏縁があるものです。仏さまの引き合わせがなければ仏弟子になることはできません。仏さまの不思議を感じなければ修行は深まりません。

（近藤堯寛）

善導

巨石は重く沈み　蚊虻《ぶんぼう》は短くして飛ぶ　然りと雖も巨石舟を得つれば深海を万里に過ぎ　蚊虻　鳳《おおとり》に付きぬれば高天を九空に翔《かけ》る（性霊集四　官を求むる）

【巨大な石は沈む。蚊は飛ぶ距離が短い。しかし、重い石も舟に積めば海の遠くまで運ばれ、蚊も鳳凰に付けば天空はるかに飛ぶことができる】

◉自分を諦めるな　ここに出てくる一連の言葉は、空海さまが、藤原宗成の求めに応じて書き述べられた文章の一節です。宗成という人は、平城天皇の時、藤原仲成の謀略に利用され、桓武天皇の第三皇子、伊予親王と共に神野親王（嵯峨天皇）との勢力争いにも利用され、久しく閉門されていました。閉門は、大同二年からこの文を書かれた天長二年まで十八年におよびます。

辺地に左遷され、日常の暮らしの苦しみを細かく述べられています。そして、「大赦の恩沢に沐したい、もし、許しを得て聖人賢者の集まる宮廷に召し出されれば、瓦石のような私の望みも満たされます。どうぞ江海のような広大な仁慈の波を起こして鞭執りの仕事一つでも私にお与えください」と懇願されます。

文意はその通りですが、「遇うと遇わざると何ぞ其れ遼かなるかな」と帝の心に訴えておられます。重役をも果たすことができる宗成を巨石に喩え、海に沈んだままでは何の働きもできない。今左遷されて全く何のちからも働かない蚊虻のような宗成も鳳のような力に縋れば大空を飛ぶほどの働きもできましょう、ということです。なんと鮮やかな文構成でしょう。

このことは、私たちの日常の身辺にも見られることであります。昔は上表文と言いましたが、現代では、嘆願書などがこれにあたりましょう。利点、効果、また難題解決など助力を懇願します。事の成否は上に立つ人により、またその人をどう動かすかの判断に委ねられます。行政ばかりでなく、民間の企業においても、丁寧な技術者を成果が上がらないと離職させた例があります。その技を見込んで採用し、成果を収めている会社があります。公務員の人事異動も、民間会社の勤務移動も上司の優れた判断と、本人の苦境にあってもくじけず本分に努力する信念と行動が大切であることを学べます。

（野條泰圓）

善導

西聖《せいせい》は信じ難きを能く信ぜしむ（性霊集六　藤大使亡児）

【釈尊は真理に暗い人々を上手に導く】

◉仏教こそが最高　延暦二十三（八〇四）年、弘法大師空海さまが遣唐使船で入唐した時の遣唐大使が藤原葛野《かどの》麻呂でした。その葛野麻呂が子を亡くし、忌日法要を営むにあたって作った願文の中にある言葉です。

西聖とはお釈迦さまのことです。孔子の儒教と、老子の道教と比較して、お釈迦さまの説かれた仏教が優れているという内容の文章になっているのですが、その根本思想はお大師さまの出家宣言書ともいえる『三教指帰《さんごうしいき》』の教相判釈と同じくしており、仏教に帰依することこそが迷いの道から抜け出せる道だと言っているのです。死んだ子のことをくよくよ思い悩むより、仏・宝・僧の三宝を礼拝し、信心を以て菩薩の道に進むことこそが救われる道である、というのです。

お釈迦さまは数多くの教えを残されました。対機説法と言って、それぞれの人の能力に応じて話し方を変えられました。方便という言葉を聞いたことがあるでしょうが、その時々によって相手にわかりやすいように話されたのです。ですから真理にうとい人でも理解することができたのです。入り口はいろいろあるけれども、仏教こそが最高だと、お大師さまは言われているのです。

しかし、お大師様の指摘はそれだけにとどまりません。華厳宗や天台宗の教えでは不十分だと言っているのです。仏さまのパワーを一身に受けるには真言密教でないとだめだというのです。真言密教こそが最高のものであるということを実証した『十住心論』に書かれているがごとく、お大師様の根本思想が底流に流れているのです。身・口・意の三密が一体化してこそ、最大限の仏さまのご加護が得られる。仏さまと一体になることができるのです。

われわれ凡夫は、なかなか仏さまに近づこうとしてもできません。けれども、みなさんが日々実践できることはたくさんあります。仏さまをお祀りし、お経や真言を唱える。人を傷つけたり迷惑になることをしない。そうすることで、心が安らかになれば、おのずと悩みもなくなっていきます。それができるようになったら、お釈迦さまの教え、お大師さまの教えを勉強してみましょう。

（柴谷宗叔）

善導

巻を解けば心蓮自ら開け　紙を舒《の》ぶれば仏智たちまちに入る（性霊集八　播州和判官）

【経巻を紐解けば心にある蓮の花が開く。経文の紙を開けば仏の智慧が胸に沁みこんでくる】

◉善き人生を　密教はお釈迦さまの滅後、数百年の間、鉄の鎖で封じられて何人も開く事が出来ませんでした。南インドのキストナ河南岸のアマラバティー村にあるこの大きな鉄塔を龍猛《りゅうみょう》菩薩によって開かれました。密教経典はこうして世に出たお経です。この鉄塔は二世紀にインドの王インダラブーの妃であるゾウジョウが建立し、八世紀頃まであったと伝えられている「南天の鉄塔」と呼ばれるものです。

お経の多くは「如是我聞《にょぜがもん》」（私はお釈迦さまからこの様に聞きました）で始まります。密教の如是我聞はお釈迦さまではなく大日如来です。それではお釈迦さまの仏教と違うかと言うと、そうではありません。密教はお釈迦さまが本当に言いたかったことを解き明かし、現実生活の中でお釈迦さまのお考えを実践する教えと言えます。

この世は苦しみに満ちた穢土であり、自身は罪悪業障《ざいあくごっしょう》の凡夫であるから、自らの計らいを捨て、この世で成仏することは諦めて死後浄土に往生して成仏しようと一般仏教では説きます。しかし、密教はこの世での即身成仏を説きます。

即身成仏の最初の体現者はお釈迦さまです。密教はお釈迦さまの正統な教えです。この世は大日如来の仕事場ですから、私たちは因縁に依ってそれぞれ我となり彼となっているけれども、その元を訪ねれば皆おなじ仏の子です。これがお大師さまの密教です。密教経典もお釈迦さまが元です。これはお釈迦さまが入滅されて間もなく弟子達が集まってお経を編集したのですが、意見を異にするものも出て二派に分かれます。一つはお釈迦さまの説かれた言葉を守り通して行く形式主義。もう一つは真意を把握すれば良いと言う体験主義です。後に自分たちは一切の人を彼岸に渡す大きな乗り物で「大乗仏教」だと称して、形式主義の「小乗仏教」と区別するようになりました。大乗の教えといえども成仏するには煩雑な修行と無限に近い時間を要し、無上の教えとは言えないので大乗至極の密教経典が結集され、それが南天の鉄塔に隠されていて龍猛菩薩が現われるのを待っていたのです。この南天の鉄塔は心の中にある秘密の塔です。お大師さまの善き導きによって、自ら扉を開いてください。

（篠崎道玄）

善導

悲しいかな悲しいかな三界の子　苦しいかな苦しいかな六道の客　善知識善誘の力　大導師の大慈の功に非ずよりは何ぞ能く流転の業輪を破し　常住の仏果に登らん（性霊集八　仏経講演表白／教王経開題）

【まことに悲しいことは、この世に迷う者たちであり、あの世で苦しむ者たちである。正しい教えの力と、これを導く師の慈悲がなければ、どうして苦悩を解決し、不滅の仏の位に登ることができようか】

◉仏法とは粋なもの　私たち人間が、まことに悲しいものは、この世で迷い、あの世でも苦しみ迷う者であると述べております。釈尊は、初転法輪、即ち最初の伝道、説法で四諦を説いたのであります。この四諦《したい》は仏教思想の根本真理であります。その一つが苦諦《くたい》、人生は苦であるということであります。二つには集諦《じったい》、苦の原因は限りなく拡大する欲望にあるといわれます。その三つには滅諦《めったい》、苦をなくして心身の安らぎが得られますと説きます。その四つには道諦《どうたい》、苦を整理するには八正道という八つの正しい修行方法を示されたのであります。これらのことを修行することによって苦しみや悲しみから抜け出せると説かれたのであります。

仏法は釈尊が悟った法（真理）であります。私が子供の頃、テレビでよく一休さんを見ていました。一休さんがこんな和歌を詠んでいます。私には懐かしい和歌です。

仏法は障子の引き手、峰の松、火打ち袋に鶯《うぐいす》の声

仏法は障子の引き手という意味は、別に引き手がなくても障子やふすまは開けられますが、引き手があることによってよりスムーズに開けられます。仏法を信仰しなくても人生は送れると思いますが、信ずる方が人生において、より豊かな生活が送れると考えます。仏法は峰の松とは、山の頂上には松の木があるほうが人にとっての目標になり、人生の風景はより美しいものになります。仏法は火打ち袋とは、火打ち袋は昔の発火器の火打ち石や火打ち金を入れる携帯用の袋です。あったほうが散らばらなくて持ち運びに便利です。心の整頓にもなります。仏法は鶯の声とは、鶯のなき声がきこえなくても春であることには変わりはないと思いますが、声が聞こえてくると、梅花が一段と美しく、香り高いものに感じられます。仏法・仏教は、空気や水のように、生きるための必需品ではありませんが、一休さんが、仏法・仏教の役割を私たちにやさしく、語って聞かせてくれたのであります。

（岩佐隆昇）

善導

仏は能く我が生盲を開き険夷を導き示す　法は能く我れに甘露を沃《そそ》いで熱悩を除去す（性霊集八　梵網経講釈）

【仏は、真理に暗い眼を開かせて険悪な道から導き出し、仏の教えによって甘露水が注がれ、苦悩の熱を冷まされる】

◉心は常に清涼となる　原文は大乗仏教の戒を説く代表経典『梵網経』について、お大師さまの講釈の一文です。結論的に言えば、『梵網経』に説く戒を実践すれば、極めて清涼な道を歩むことができると述べています。

即ち戒を実践する功徳として、心は常に清涼となり、平安の日々を送ることができます。戒とは何か、それは人の道であり、礼節であります。とりたてていかめしい事柄ではありません。例えば、代表的な戒としては、不殺生（生きものをむやみに殺さない）があります。密教の生命観は、人、動物のみならず、大地、山々、河川、海等、大自然全てにおいて、尊い生命を認めています。人も大自然の生命と直結していますから、自然界を汚《けが》せば、その悪果は人間に返ってきます。

古い話になりますが、私が大学四年の時（昭和四十二年）、育英会の集いが富士山麓で催されました。その時の討論で、私は「科学・文明の発達が自然界を汚染している。今後の課題として十分に注意して生活しなければいけない」と提言しました。そうすると、議長をしていた某大学の教授が、「それは心配には及ばない。科学・文明は大いに発展すれば良いのであり、それは自然界に害を与えるものではない」と突っぱねました。何せ国立大学の教授の言葉ですので、皆黙って耳を傾けていました。ところがどうでしょう。現在省みるに、科学・文明の発達は自然界に害を与えなかったでしょうか。

前言のように、密教は自然界も一大生命と見ます。即ち地にも山にも川にも生命が宿ると見て、何かするについても祈念を致します。例えば、家を建てる折は、地神に供養します。山にトンネルを掘る時は、山の神に祈ります。それが、大生命界の摂理なのです。そこには大自然の命を尊ぶという礼儀があります。

戒とは梵語で「シーラ」と言い、「清涼」と訳します。不殺生の一箇条だけでも深く考えて実践すれば、その心は清涼感に満たされることでしょう。


（浅井證善）

善導

生死の長夜　慧日を仮って照朗し　衆生の帰《き》なきは救世《ぐぜい》に依って酬《むく》うことを得（性霊集八　有る人先舅）

【迷いの長い夜道は仏の智慧によって照らされ、その帰り道は仏の先導によって歩くことができる】

◉知恵によって道は開ける　あなたは人生という物語を冒険のようにおもしろいものにしたいですか。それともつまらないと下を向いたまま歩いて行く物語にしたいですか。

自分はつまらない存在だと下を向いて歩いていたとしても、少しの知恵で人の役に立ち自分の物語を歩いて行けるようになった話を紹介しましょう。

昔、一人の庭師が山に住んでいました。毎日谷川までおりて大きな桶に水を満たして運んでいました。ある日、庭師がいつものように水を運んでいるときに足を滑らせ、桶に穴が開いてしまいました。穴が開いてしまった桶は半分しか水を運べなくなり、何も役に立っていないと悲しくなりました。

穴の開いた桶は庭師に言いました。「私は穴が開いているので、あなたが水を満たして運んでも上に着くころには水が半分になってしまっています。穴がなければ水を一滴も漏らさずに運ぶことができるのに、今は役に立つことができません」。

庭師は桶に言いました。「本当にお前は役に立っていないのかな。私たちが通る道をよく見てみるがいい。たくさんの美しい花が咲いているね。これは、お前が毎日開いている穴から水をこぼしているから、花に水をやることができるのさ。今ではミツバチが蜜を求めてやってくるようになった。一帯が見事な花園になっているではないか。これはお前のおかげだよ」。

桶は自分が花の役に立っていることを知り、新しい知恵を授けてくれた庭師に感謝しました。

先行きの見えない人生に迷っている状態を暗闇に例えることがあります。しかし、仏の智慧のように新しい見方ができれば、暗闇に灯る一灯の光となり道は開けるものです。今は暗闇の中をさまよっていたとしても、あきらめずに仏の智慧を探してほしいものです。

（中村一善）

善導

智を得ることは仁者の処にあり　覚を成ずることは五明《ごみよう》の法による　法を求むることは必ず衆師の中に於てし　道を学ぶことは当《まさ》に衣食《いいし》の資《たすけ》にあるべし　四つのもの備ってしかして後に功あり（性霊集十　種智院式）

【知識を得るには学風の盛んな土地に住み、悟りを得るには五科目を学び、法を求めるには多くの先生に就き、学道を達成するには衣食の保障が必要である。この四つの条件が揃ってこそ学舎が運営できる】

◉日本最初の庶民学校　お大師さま五十五歳のとき、京都に「種藝種智院《しゆげいしゆちいん》」を創設なされました。学問を志す者は貧富を問わないという日本最初の庶民学校です。春宮亮《とうぐうのすけ》藤原朝臣三成卿《ただなり》は空海さまの教育理念に深く共感し、五間の家屋と二町余りの宅地を寄進しました。種智院開校の式辞に、お大師さまは藤原三成卿の惜しみもない熱い支援によって庶民の学舎が実現したことが筆頭に記されています。そして、学校の設立は「場所」と「教科」と「先生」と「衣食」の四つの条件を満たすことが大切であると述べておられます。

第一条件は場所です。種智院は都の中心地にありながら、泉が湧き、川が流れ、緑陰に鳥が囀り、四季折々の風情が楽しめる学舎です。しかも車馬が朝夕に往来する便利な場所にあります。さすが藤原三成卿の邸宅です。

第二は学科です。僧俗ともに必要な学問のカリキュラムが導入されています。僧には仏道に必要な五科目（言語学、論理学、仏教学、医学、工芸学）を、俗には人生を潤す学問（儒教、道教）を選ぶことができます。お大師さまはこのときに平仮名や片仮名を子弟に教えられたのではないでしょうか。

第三は教授陣です。僧俗の各学科に精通した一流の先生が担当しています。

第四は衣食住です。教授や学生が学問に専念できるように、先生には給料を、学生には生活の糧を提供した完全給食制です。

この学院を運営するには莫大な資金が必要ですが、この教育に共感した人々が支援の手を差し伸べました。しかし、大師入定の十年後には経営が困難になって閉校しました。お大師さま在世中の偉大な人徳が偲ばれます。この崇高な教育理念はやがて「寺小屋」として全国に波及し、江戸末期には一万五千から二万程あったようです。これによって日本の教育水準が向上したことは疑いありません。

（近藤堯寛）

法師は心を四量四摂に住して労倦を辞せざれ　貴賤を看ることなく　宜しきに随って指授すべし（性霊集十　種智院式）

【教師は、慈悲や奉仕、苦楽を共にする温情を忘れずに、人を差別することなく、平等に教えるべきである】

◉平等とは？　差別なく平等にとは、釈尊の時代から言われたり求められてきた事ですが、宗教の世界以外ではむしろ逆の事が世の通常でした。強い者が勝って弱い者を支配し、裕福な者が貧しい者を蔑《さげす》み、男は女を従属させ、暴力や権力が社会を統治してきました。一部には反発もありながら、当然と言うか、諦《あきら》めると言うか、反抗出来ずにいたため、長らく封建社会が続いて来ました。その後、近代から現代に至って改善変化はしていますが、「平等」とは難しいものだと想います。

教える事を平等にするとは、昔は全員に同じ事を教えたので良かったのでしょうが今では考え方も変わっています。教える事（内容）が平等である事だけではすみません。もし「皆が同じように成績が上がる事」を目指したなら、同じ事を教えただけでは結果は得られません。

さて物を分ける場合、人数分に分けるのは分かります。割り切れれば平等です。しかしもし余りがあればどうするでしょうか。皆で話し合って解決出来れば良いのですが、平等に収める事は難しいこともあります。誰かが我慢すればよいのでしょうか？我慢すると言ってもその場限りで、納得が出来ていなければ内心の不満は燻《くすぶ》り続けます。誰かに不満が残れば、長く尾を引くことになりかねません。

宗教的な教えとして、欲を出さないとか、人に利益を回すとか、人に喜んで貰おうとか、理屈では分かりますが、本当に納得出来たがどうかは、誰にも分かりません。お金があるから欲しくないのか、お金がないから欲しいのか、それも分かりません。物にしても、他の事柄にしても、考え方にしても、欲しがらない事は難しいものです。食べたい、飲みたい、飾りたい……、ないものが欲しい、今以上の物が欲しいと……、限りはありません。

平等は大切ですが、若し平等でない状態に至った時、自分はどう対処するのか。普段から自分の心を定めることが大切だと思います。

（佐川弘海）

善導

絳帳《こうちょう》先生　心慈悲に住し思《おもい》忠孝に存して　貴賤を論ぜず貧富を看ず　宜しきに随って提撕《ていぜい》し　人を誨《おし》えて倦まざれ（性霊集十　種智院式）

【先生は、慈悲と尊敬の思いを抱き、差別や貧富の観念もなく、指導と教授に専念すべきである】

◉自由な学びの場こそ　奈良時代は儒教と仏教が拮抗した時代であり、それに道教や雑密が加わり、複雑な様相を呈していました。このような時代背景の中で誕生されたお大師様は、当時の学問に物足りなさを感じて十九歳で大学を中退し、山林修行や求聞持法の習得などに励まれました。そして、『聾瞽《ろうこ》指帰《しいき》』で、仏教の優越性とご自身の進む方向を高らかに宣言されたのでした。時に二十四歳のことでした。理想実現の一つが私塾「綜芸種智院《しゅげいしゅちいん》」でした。お大師様には、漢籍を含む諸学問や三教を縦横無尽に学びつつも、揺れた青年期の深い憂いがその原点にあります。また、国を導く思想を持った心豊かな人材を育てたいと思われたのは、長安で多くの若い僧が自由で生き生きと学ぶ現場に接した体験も大きかったのでしょう。夏目漱石は日本や中国の古典、西欧の文学や哲学、社会思想までも想像以上に深く学んでいました。新しいものは古いものを土台にその連続性の中から創り出されます。それが真に新しいということであり、それ以前につながるもののない、〝全く新しいもの〟は厳密にはありえないと思います。

社会思想家の佐伯啓思氏は、教育学者の藤本夕衣氏との対談で「日本の学問は、明治以降、自分たちの価値を捨て西洋にしたがった」と指摘されています。特に「戦後は米国一辺倒で、日本人本来の価値観からどんどん離れて」、大学にもニーズや成果ばかりが求められるようになった。しかし一方で生きづらさを抱えている若者は多く、大学は「彼らがなぜ生きるかという問いを考える場所としてあるべきだ」と話しておられます（二〇一九年一月三一日、京都新聞朝刊）。また藤本氏は、著書『古典を失った大学』（NTT出版、二〇一二年）でも大学教育の果たすべき役割を論じておられ、「古典や偉大な文芸作品は知的好奇心を喚起し、若者に希望を与えるものだ」と書いておられます。お大師様は、今日の教育のあり方をも見通されていたかのようです。いや、日本は、今なお同じ課題を抱えていると言ってもよいでしょう。若者が未来に希望をもって生き生きと学び、活躍できる社会が望まれます。

（友松祐也）

善導

艤《いかだ》は能く済《わた》し車は能く運ぶ　然れどもなお御する人なければ遠きに致すこと能わず　柁の師なければ深きを越ゆること能わず　道もまたかくの如し

（性霊集十　勤操大徳）

【筏や車は物をよく運ぶけれども、これを操作する人がいなければ、河を渡ることも、遠くに行くこともできない。そのように、仏道にも教えや師がいなければ成仏を目指すことはできない】

◉非風非幡　これは、勤操大徳を思慕して遺弟《ゆいてい》たちが師の木像を刻んだ際、我が大師が認《したた》められた慶讃文《けいさんもん》の冒頭を飾る一節です。大徳の七十年に亘《わた》る事歴とともに、そのお説法は聞くものを魅了し、経を唱誦すればまるで浄土に住む妙音鳥の如く人々を恍惚とさせた、と記されています。大徳のもとには老若男女が競って集《つど》い、世人は仕事を忘れ大徳を招いて法会を開いた、とも……まことに僧たるものとして羨むべき天賦の資質に恵まれた方ですが、一方その外貌は「はなはだ世間の人に似たり」と語られ、かえって大師の大徳に対する深い敬愛の情が感じられます。人を導くものは「教え」

であり、教えを広め流通《るつう》するには「道」が欠かせない。しかし道といい教えと言ってもそれを導き示す「良き師」がない時は気付かず過ぎてしまいます。

さてお寺では行事を営む時、のぼり旗を立てて世間に知らせます。勢いよく風にはためくその様子を見ながら、二人の僧が議論を始めました。二人は「風」が旗をなびかせるのか、「旗」が風を呼び起こすのかと言い争っているのです。風か旗かの論は、どこまでもそれを見ている「私」の向こうに何を置くかの議論で仏教的には「我見」―「我」に捉われた見方です。その時傍《かたわ》らにいた年輩僧が静かに声をかけました。「風が動くのではない、旗が動くのでもない、おまえさんの心が動くのだ」―「その旗の動き、風の動きを止めてみよ」。若い僧は一瞬思案の後、ピタッと目を閉じて旗も風も意識から追い出そうとしました。それを見た老僧は、「ワシなら風になって、旗になって一緒になびくがのう」と言ったとか。

勤操大徳は奈良仏教を代表する仏者であり、「一切皆空《いっさいかいくう》」の空観《くうがん》に基づくそのこだわりのなさは、大徳の人格的美質の源泉かと思われます。大徳は平安京造営の当初、東寺・西寺の別当としてその建設に携わりました。彼こそ新しい時代へと大衆を導いた車を「御《ぎょ》する人」、船を操る「柁《かじ》の師」そのものであったといえます。（田中智岳）

善導

我が童蒙に提《つ》みて醍醐を灑《そそ》ぐ　余が生瞽《しょうこ》を開いて正路《しょうろ》を示す（性霊集十　秋日僧正大師）

【蒙昧な私に教えの醍醐味を与え、道の暗い私に仏への正しい道を示す】

◉寸暇を惜しんで　真言宗の大学者に、東京都台東区成就院長老、大正大学名誉教授、文学博士の福田亮成先生がおられます。昭和十二年の生まれですから、令和二年で八十三歳になります。先生は在家出身で、十六歳で寺に入られ、東洋大学文学部仏教学科を卒業、同大学院を修了されました。学部、大学院では、真言宗で常時読誦される経典『理趣経』を研究されました。

その後、真言密教及び弘法大師の思想の研究を続けられました。その成果として、『現代語訳（弘法大師に聞くシリーズ）』全九巻（ノンブル社）が発行されました。第一巻が一九八八年、別巻2が二〇一五年の刊行です。また、ちくま学芸文庫の〈空海コレクション〉3・4として『秘密曼荼羅十住心論』上・下巻が発行されました。弘法大師の主著全文の和訳・解説を文庫本での発行は画期的な成果だと思います。

先生は、住職、大正大学教授、川崎大師教学研究所長、智山専修学院長、種智院大学客員教授として、研究、後進の育成、一般人への弘法大師の思想の普及に尽力されてこられました。さらに、『空海要語辞典』全四巻を発行、Ⅰが一九九八年六月、Ⅱが二〇〇三年三月、Ⅲが二〇〇八年十一月、最終巻のⅣが二〇一八年十一月に発行されました。合計頁数は、A5版二四一八頁に及びます。発行に費やした年月は二十年に及びました。Ⅰ巻発行までの紆余曲折の時期も二十年間に及んだそうです。全四巻の発行期間は四十年になります。

福田先生は、多忙の中、寸暇を惜しんで研究を続けて来られたからこそ、これだけの成果を上げられた訳です。先生もあとがきで述べておられるように、多くの方々の支援に依って本辞典が発行できたことに感謝されております。

私達が福田先生の学恩に報いる為には、先生の著作を座右に置いて、弘法大師の教えを深め、日々の生活に生かし、周りの方々を少しでも幸せにする活動を実践することではないでしょうか。福田先生の著作は他に多数ございますので、図書館で繙かれる事を切望致します。

（菅智潤）

善導

もし龍尾《りゅうび》に付いて以て名を揚げ　鳳翼《ほうよく》に寄せて以て行を顕わさしめば　すなわち蚊蝄《ぶんもう》の質　労せずして雲漢を凌《しの》ぎ　無筋の蝖《けん》功なくして清泉を飲まん（性霊集十　泰範啓書／高野雑筆四六）

【龍の尾に付着して名声を揚げ、鳳の翼に乗じて業績をあげれば、微力な蚊のような私でも苦労をせずに天に昇り、歩けないみみずのような私でも清らかな泉に辿り着くことができる】

◉泰範は「虎の威を借る狐」の狐になることをよしとせず　この御文は、弘法大師が十大弟子の一人、泰範《たいはん》の代筆をされた手紙の一節です。泰範は天台宗の伝教大師（最澄）の一番弟子でした。伝教大師が弘法大師から真言密教の法を学ぶために、御自身は地位もあり多忙であるので、泰範を弘法大師のもとに預け、教えを学ばせていたのですが、泰範は、学ぶうちに伝教大師のもとに帰らず、弘法大師のもとに留まることを選びます。その時、伝教大師は、一番弟子の泰範が自分のもとを離れることを知って、悲しみ、帰ってくるように何度も説得します。その時、弘法大師は泰範の気持ちを代弁して、伝教大師への泰範の最後の手紙の代筆をされました。桓武天皇のもと仏教の頂点に立っていた伝教大師を、龍尾の龍、鳳翼の鳳にたとえています。

そして、泰範は、自分のことを蚊と蚯《みみず》にたとえ、「龍の尾《しっぽ》に付いて名を上げ、鳳凰の翼に身を寄せていれば、蚊のような素質のない自分でも努力せずして雲漢（天の川）を渡り、蚯のような筋力のない自分でも高い山に登って清水を飲むことができます」とあり、この御文の次には「素質のないわたしにとって、これ以上（一番弟子）を望むことは誰が考えても無理なことです。どうしてこれ以上のことがありましょうか」と、ここで感謝の意を伝教大師に表します。しかし、それからだんだんと「法華一乗（天台）と真言一乗に優劣はない」とする伝教大師への反論がはじまり、「顕教（天台）と密教（真言）には浅深があり、わたしは真言のすぐれた教えの妙味に耽って、天台の教えの薬を味わう暇がありません」ときっぱりと書いておられます。

「虎の威を借る狐」という故事があります。虎の前を歩く狐を見て、百獣は次々に逃げ去った、しかしそれは狐を見て逃げたのではなく、後ろの虎を見て逃げたのです。狐は姑息な手を使って虎をだましたのですが、泰範は「虎の威を借る狐」の故事の狐になることをよしとしなかったのです。

（畠田秀峰）

善導

内証会の中の諸の智眷属　如来の加持力を蒙って普く法界の善知識の身となって応度の人に随う（雑問答八）

【悟りの世界にいる多くの智慧者は、如来の助力によって広く仏の善知識となって人々を導いている】

◉善知識とは

善知識とはなんでしょう。物事をよく知っている人？　雑学にたけた人？　学者？　研究者？　いえいえ、ものを知っているだけでは単なる物知りです。それを働かせ、役にたてる。それも人の為だったり、社会の為だったりする。そんな人が善知識だといえましょうか。辞書には、正直、また徳のある友とあります。つまり、自分にとって、正直に諫めたり、直言して正しく導いてくれる人、善導をしてくれる友のことです。自分が困った時、思わぬ助け舟を出してくれたり、弱っている時、見知らぬ人が手助けしてくれた、というようなことがありましょう。或は反対に、自分の欠点などをずかずかと指摘してくるような嫌な奴もいるでしょう。しかし、そんな人が自分にとっての善知識だというのです。対して悪知識というのもあります。こちらは文字通り、悪知恵を働かせる人。或は人を貶めたり、悪事に誘いこんだりする人のことです。

華厳経というお経には、善財童子が五十三人の善知識を訪ねて、学んでいくということが説かれますが、それは、時に遊女であったり、富豪であったり、子供や商人、芸人など、どこにでもいる人たちなのです。そして、その人たちの生き様を自分のものとして生かしていくことで、善財童子は自分の生きる価値というのを見出していきます。

自分を助けてくれるいい人も、また、自分を否定し、傷つける嫌な人も、実は仏さまの世界から、様々な姿となって出てきた善知識なのだと思うことが、仏の世界に近づく第一歩なのでしょう。

自分本位に自己主張を優先する今日の風潮の中で、自分磨きをし、自己実現を図るためにも、周りや社会の為に良き行いをする。そして、自分を後回しにしてでも、他の為に尽くそうという心がけを持つことが、善知識への第一歩なのかもしれません。自分もまた人々にとっての善知識だといえるのです。

（河野良文）

不定性《ふじょうしょう》の者は善知識に遇うて廻心向大《えしんこうだい》して　変易身《へんにゃくしん》を受けて大行を修し終《つい》に正覚を成ず（十住心第四）

【悟る可能性がある者は、善知識に会って大乗の教えを学び、聖者の身となってさらに善を行ない、ついに悟りを得る】

◉メンターに出逢う　メンターという言葉があります。助言者とか指導者とか訳されていますが、実際にはもっと深い意味があります。事あるごとに相談でき、心の支えになる人などを指します。今身近にいる人でなくても、歴史上の人物や外国の人でも構いません。その人が語った、もしくは書いた本でもいいのです。そういう人に出逢うとことが大切です。

空手をやっている私の友人は、ブルース・リーが映画『燃えよドラゴン』の中で言っていた、「Don't think. Feel!」という言葉に心酔していました。さしずめ、ブルース・リーがメンターなのでしょう。このようなものでも、一向に構いません。信じることができる人がいるというのは、幸せなことです。

私は、読書が好きなので、本からたくさんのことを学びます。私にとって、本は善知識の宝庫です。古典からは昔の人の知識を学び、新しい本からは、自分が考えもつかなかったアイデアを得ることができます。ジャンルを特定せずに、手当たり次第に興味が湧く本に手を出します。その様子を俯瞰してみると、自分が今どういった方面に興味があるのかを知ることができます。悪いことでない限りは、行きつくところまで行きます。これもある意味、悟りということができるのかと考えます。

漫然と生きても一生、神経をすり減らすように一生懸命生きても一生。どちらがいいということはありません。でもできたら、常に、自分のアンテナをピンと立てて毎日を生きていると、自分にとって必要な情報が入ってきます。それを運んでくれ、教えてくれるのが、メンターであり善知識です。これがあると、「自分が、自分が」といった自分本位の考えから、人の言葉に耳を傾けるという、「利他」の精神を養うことができます。

あなたにとっての、善知識は何ですか？

（大咲元延）

善知識

秘号を知る者は猶し鱗角《りんかく》の如し　自心に迷える者は既に牛毛に似たり　是くの故に大慈は無量乗を説いて一切智智に入らしむ（大日経開題　衆生／十住心序）

【仏の秘密を知る者は極めて少なく、自分の心に迷っている者ばかりである。それ故に、仏は慈悲の心で無数の教えを説き、完全な智慧を授けておられる】

◉迷いの世界から抜け出す智慧　密教の教えを知る者は麒麟《きりん》の角のように少ないというのです。伝説上の動物である麒麟の角は一本です。ビールのラベルに書かれているあの動物の絵ですね。馬と鹿と龍を合わせたような奇妙な動物ですが、動物の頂点に立つ存在だといわれています。ちなみに動物園にいる実在のキリンには五本の角があります。一方、自分の心に迷っている人は牛の毛のようにたくさん居るというのです。それらの人々を救うために、仏教の教えは数多くあり、私たちを大いなる智慧の世界に導いてくれるのです。

日常生活をしていますといろんな悩み事が出てきます。家庭のこと、仕事のこと、世間との付き合いのことなど、限りがありません。どうしたらいいかわからないうちに迷いの世界に入ってしまい、抜けるに抜けられなくなってしまうのです。そこから抜け出す方法を示してくれるのが仏教です。

ただ、仏教には数多くの教えがあります。大きく分けて、自分が悟りを得ようとする小乗と、あまねく多くの人を救うことのできる大乗に分かれます。さらに何度も生まれ変わる中で膨大な時間を要して成仏できる顕教と、即身成仏を説く密教に分かれます。経典を読むだけではわからない師子相伝の秘密の部分があるので密教といいますが、それを知る人は非常に少ないというのです。

私たち人間は、本来は仏さまと同じ素質を生まれながらに持っています。それに気づかないだけなのです。正しい教えを学んで迷いの世界から抜け出しましょう。

『大日経』正式には『大毘《だいび》盧《る》遮那《しやな》成仏神変加持経』の題目について解釈した本が『大日経解題』です。お大師さまが書かれた『解題』には七種類の本があり、この文はそのうち衆生狂迷本と呼ばれる中に書かれています。仏の世界に至る私たち人間の心を十段階に分けた『十住心論』に基づき、顕教に対する密教の優位性を説いています。その序に当たる部分に書かれているのがこの文です。

（柴谷宗叔）

上上決定の真解　空空無著の心智に非ざるよりは　誰かよく難信の法を信じ難入の門に入らん（大日経開題　大毘盧）

【しっかりと心を定めた上での理解と、なににもとらわれない智慧でなければ、信じ難い密教をどうして受け入れることができようか】

◉智慧を磨き、日々精進　知識を習得すると言うことと、智慧を磨くということには、大きな隔たりがあります。単なる事実として暗記を繰り返すだけでは、本当に智慧を育んだとは言えません。

現在でも、学歴が企業の採用等の大きな要因となっています。しかし、実際人を採用している企業の立場から言うと、いくら多くの知識を蓄えている人でも、いざ実社会に船出するとあまり役に立っていないという事例が往々にして見受けられます。十八歳時点での学力、すなわち決められたカリキュラム習得率がどのくらいかという指標が、その後の人生にどの位貢献するかということは、未知数です。

会社での出世競争に明け暮れ、たとえ一定の地位を獲得したとしても、ひとたび退職すると、そのような肩書はその後の人生には何の意味もないということに、初めて気がつくのは愚かなことです。なぜならば、人生九十年の現代では多くの人々が、定年後の三十年を人生の目的を見失わずに、いかに過ごすかが、大きな課題となっているからです。学んだことを実社会にてどのように生かし、有意義で幸せな人生を過ごすかという智慧が実際には求められているのです。

人生が、一生勉強の場であるとすれば、大学を卒業する二十二歳前後までに学んだことよりも遥かに多くの事を学ぶ機会が私達にはあるのです。人生をいかに生きるか、どのようにして困難な局面に対応し、多くの人々とどのように接していくのかは、学校教育では教えられていないのが実情です。

なぜ、企業の不正が無くならないのか、それは自社の利益のみを追求し、社会的責任を果たすという智慧に欠けているからではないでしょうか。いじめがなくならないのは、生きとし生けるものに対する慈悲の心が育っていないからではないでしょうか。既に千年以上前に、弘法大師様がはるばる中国から持ち帰った智慧を心の中に大きく花開かせるのは、我々一人一人の生涯にわたる精進にかかっているのです。(花畑謙治)

善知識

如来の説法は先ず二我の執を離れしめ　無我の大我を証せしむ（大日経開題　大毘盧）

【如来の説法は、先ずものごとの執着から離れさせた上で、偉大なる真実の我を悟らしめる】

◉小さな自分から大きな自分へ変身　仏さまのお説法は、相手の年齢や性別に応じ、また相手の表情や言葉使いを観察しながら、相手の不安や苦しみを和らげたうえで、物事に対するこだわりや執着の原因を見つけ出し、絡まった糸をほどいていくように、徐々に納得のいく解決へと導いてくださいます。

「私が、私が（わたし我）」から「皆が、皆が（みんな我）」の心に変えていくことが、お大師様のみ教えに沿う生き方になるのです。「わたし我」とは小我のことで、食欲や物欲や名誉欲といった、自分が生きていくための欲を持つ利己的な自分のことです。一方、「みんな我」とは大我のことで、小我にとらわれない境地、小我を超えて生きようとする利他的な自分のことです。自分を大切にするのと同じくらい自分以外の人をも大切にする生き方をしなさいと、お大師様は私たちに勧めておられるのです。
ある檀家の高齢のお母さんは、認知症予防だとしてアクリルの毛糸玉を上手に編み、台所のスポンジ代わりになるような直径十センチほどの円盤状の食器洗いを、毎日一つ一つこつこつと作り続けておられます。赤や黄色や紫、筋の模様などをつけて、色とりどりのとても可愛い仕上がりになっています。使った後は台所に引っかけておけるようにと小さな輪までつけてあり、その心遣い優しさが伝わってきます。その毛糸食器洗いを編んで数がたまったら、友達に配るのが楽しみだそうで、皆さんにお接待として差し上げてくださいと私にくださったりします。毛糸を編むことで指を使い、色や柄を決めるのにいろいろ考え頭を使うことによって認知症予防に役立つそうです。洗剤を使わなくても汚れが落ちますと皆さんから喜ばれています。自分のことをするだけの自分で終わらないで、小我を大我に変えて人に喜んでもらえることをしていく自分になれば自分も幸せよと、教えていただいているように思えます。テレビばかり見て「ボーっと生きてんじゃねーよ！」と誰かさんに言われないようにしたいものです。

（藤本善光）

平等の法仏は能く無言説の理を証し　能く自他の眷属の為に法界体性の義を説いて自他に法楽を受けしむ（法華経開題　殑河《ごうが》女人）

【仏は、言葉では説ききれない平等の真理を明示し、自他の関係者にその本質の意味を説き、ともに悟りの楽しみを味わいあう】

◉お天道様が見てくれている　この文章は、お大師さまが法華経を真言密教の立場から解説、講義をされた一節で、仏様の智慧と徳を示されています。希望を失い、悩みや苦痛に耐えながら、妬みや僻みに満ちた弱肉強食の娑婆の世界で生きる私たちから苦を取り除き、楽を与え導いてくれる、仏様の悟り、救いを説いてくれています。

昔の人は、誰が見ていなくても〝お天道さま、み仏さま〟がお母様のような優しい慈悲の心で見守ってくれ導いてくれると固く信じ精進して信仰の日暮を送って、娑婆の生活を乗り越えてきました。

阿字観という瞑想観法の体験教室で外国人の参加者と通訳の方が受講された時の事

です。御本尊様と仏教の説明の中で、神道は日本の成り立ちなどから教えを展開する〝日本規模〟、キリスト教は地球の成り立ちなどから教えを展開する〝地球規模〟、仏教は宇宙全体を対象とした考え方で〝宇宙規模〟と、随分と荒っぽい説明をしたものですが、とてもわかりやすい説明だと通訳の方が、えらく感心された事がありました。

真言宗のお寺では曼陀羅が大切にお奉りされています。曼陀羅は宇宙の〝大いなるいのち〟仏の世界を表したもので、中央には大日如来さまが鎮座し、その周りには如来様や菩薩様、天部の神様や明王様をはじめ鬼や餓鬼までもが描かれ信仰の対象として丁重に供養されています。大日如来様がそれぞれの如来、菩薩、神に変じてお導き下されているという事になります。

私たちは一人では生きていけません。社会の多くの人たちの影なる協力、助けを頂きながら日暮らしをさせていただいています。〝お天道さま、み仏さま、大日如来さま〟の救いを信じ、良い種まきの日暮を送り、自他を超えて〝拝み合い、助け合う〟日々の信仰生活の実践を忘れてはなりません。

（中谷昌善）

善知識

如来の説法は衆生をして妄計の我を離れて無我の大我を証し　邪の因果を捨てて本性大空に入らしめんが為の故に（梵網経開題）

【如来の説法は、衆生の誤った自我の考えを離れさせて真の大我を悟らせる。これは、邪悪な原因の種を捨てさせて本来の大いなる空に入らせるためである】

◉理性智　宇宙の根本原理である大日如来は諸仏の智慧の総体であり、私たちの生きる命に輝きを照らし続けます。それなのに我々は邪な考えを持ち、悪い因縁の世界に入り自分だけでなく周りの者も不幸にしています。

空海は世の中にはびこる強欲や悪意が大嫌いでした。空海が他の道を捨て僧侶として生きようとしたのは仏教に自分の苦悩の救う方策を見出したからです。空海は幼き頃から故郷讃岐の山々を跋扈し、その行動を四国や西日本の山々に広げてゆきます。自身を鍛え仏の教えを体現するため崖を登り洞窟に籠り、命がけの修行に空海は打ち込みます。修行の過程で空海は大自然の持つ圧倒的な力と生命に驚嘆驚愕し、そこで演じられる天地の営みに確かな法則を見出します。宇宙の摂理とも言えるこの法則は空海にとって絶対的なもので、そこに真言密教の世界観曼荼羅を重ねていったと思われます。空海は彼の時代までに伝えられた主なる書物を読破し師に教えを請い、彼独特の宇宙観を徐々に体系化していきます。その集大成が空海の真言教学です。

空海の教えでは彼自身が体験した自然への驚きと畏敬が重要な要素となっています。宇宙自然と密教との融合という課題を果たした空海の教えは我々日本人が自然の神秘奥深さを神仏の霊験と感じる世界観を育み定着させてきました。高野山をはじめ山岳地帯や辺境の美しい場所に多くの真言宗寺院が創建されたことは、空海の理想世界をこの世に創ろうとした我々日本人の心の反映です。空海の教えは日本寺院特有の信仰形態と寺院景観を創りあげ今日まで残されています。これは空海が我々に残したものを育んできた日本人による美しい文化自然遺産なのです。そのことは現代日本人がもう少し高く評価すべきことです。

我々日本人は空海が全生涯をかけ築き上げようとした世界をどう捉えているのでしょうか。功利的価値が優先し開発偏重の現代、空海の自然観を再考し、生かしていくべきです。それにより世界に誇れる日本の文化伝統が保たれるのです。

（長崎勝教）

福慧を崇《あが》めんとならば須《すべか》らく明師に問うべし　菩提に趣かんと欲《おも》わば　善知識を求むべし（宗秘論）

【福徳と智慧を求めたければ勝れた先生に就くべきである。悟りを得たいと思えば高徳の指導者を求むべきである】

◉万里まさに広く尋ぬべし　私は子供の頃から伝記が好きでした。偉人に学べという事だったのでしょうか、家には子供向けの伝記のシリーズものが揃っていました。新刊がでると父が買ってきていたと思います。与えられるままにいろんな人の伝記を読みました。ものごとを成し遂げた人の話はおもしろく、毎回随分感心したのを覚えています。お大師さまは、このシリーズには入ってなくて、「おだいしさま」という絵本だったと思いますが、子供の頃に伝記をとおしてお大師さまの体験を追体験したことは、後に大変役立ったと思っています。

さて、偉人の伝記には、必ずと言っていいほど素晴らしい指導者との出会いがあります。お大師さまと恵果和尚、ヘレン・ケラーにサリバン先生、野口英世に小林栄先生があったように、その出会いがあったから、今日のその人がある。そういう出会いです。でもこればかりは、いくら伝記を読んで追体験したからといって、自分にも素晴らしい指導者があらわれるわけではありません。

善知識という言葉があります。宗派によっていろいろな解釈がなされていますが、本来の意味は、仏教の正しい道理、本質を教え、導いてくれる人のことです。

名句はずばり指摘しています。自分の財産や幸せこそがこの上ないものと思うなら、力量ある指導者につきなさい。しかし、悟りを得たいと思うなら、善知識を探しなさい。そして、近くに居なければ、万里の遠くまで探すべきだと。究極の真理を求め、中国に渡ったお大師さまの哲学です。人生で大切なことは誰と出会うかなのです。

この名句は宗秘論《しゅうひろん》の一節です。宗秘論は「五部陀羅尼問答偈讃宗秘論《ごぶだらにもんどうげさんしゅうひろん》」といいます。修真居士と秘密上人との問答形式で、金剛界曼荼羅の五部の諸尊の真言や陀羅尼の意義とその功徳などが説かれています。もちろん書名の内容が本題なのですが、修真居士と秘密上人のやりとりの中には、道を求める私たちへ向けた含蓄《がんちく》ある言葉がたくさん書かれていて見逃すことができません。この名句もその一つです。

（森堯櫻）

当処にもし智解のものなくんば　万里にまさに広く尋ぬべし　未だ学ばずして道を成し　空を談じて道を就《な》すことを見ず（宗秘論）

【近くに先生がいなければ、いかなる遠方であっても尋ねて学ぶべきである。学ばずして大成した人も、うわのそらで道を得た人もいない】

◉覚りはひらめきではない　修行は学問ではないと思っていたかもしれません。滝行をしたり何度も何度も礼拝を繰り返したり、四六時中座禅をしたりと、修行とは一筋に何かを行うことかと思いがちではないでしょうか。それに対してここでは空海様は二つのことを注意されています。一つは、広く学ぶこと。広くとは一つには仏教以外の学問もせよということ。もう一つは仏教においてもいろいろな考え方を広く学べということ。綜芸種智院をつくられたときに空海様は一般教養を学ばせました。仏教だけでなく世の中の種々の学問を学んで基礎的な素養を培えというのです。あらゆる学問の必要性を説いています。次には三摩耶戒序で菩提心を詳説しているように、勝義心の大切さを言われています。勝義とは自分が得た仏果＝修行の成果が最高のものなのか途上のものなのかを問うことです。もっともっと上の真理があるという反省力です。幅広く且つ奥行きを持って勉学せよというのです。

学問をすることに加えてもう一つ大事なことは書物だけではなく人に会えということです。智解のものと会いなさいと書かれています。書を読み学問しても意味が分からなくては意味はありません。深く意味を心得ている人物に会えというのです。これはなかなか難しいことです。空海様は幼少より学問を始めて三十一歳まで勉学を重ねて一般教養から仏教の伝来する全ての経典を読みました。その上で不明なところを長安の恵果和尚にはるばる聞きに行くわけです。

また空を論ずるべからずと言われます。内容のないことをあれこれ言うなということ。学んで後に実のないことは意味がないということでしょうか。そうすると実際に仏果を得た人物の議論に肉薄せよということ。良く学び、次にはその学んだ内容が意味のあることかをそれを体現している人物に照合せよというのです。学び証明せよということでしょうか。人に会うことの大切さを改めて感じる次第です。且つその人物は良く学び良く理解し良く仏果を得た人でなければなりません。

（加藤俊生）

物の情《こころ》一つならず　飛沈《ひちん》性異《せい》なり　この故に聖者人を駆《か》るに教網《こうもう》三種なり　いわゆる釈李孔なり　浅深隔てありと雖も並びにみな聖説なり（三教指帰上）

【物の性質は飛んだり沈んだりして異なるように、仏教、道教、儒教の教えにも浅い深いの違いがある。しかし、これらはすべて聖人の教えである】

◉御朱印に思う　この文は、お大師さまが「三教指帰」の初めの方で自分の考えを述べられているものです。

この世の生き物には、空を飛ぶ鳥や水中に棲む魚等色々な生物がいます。それぞれの生活や心が異なると同じように人間も同様です。昔から聖人たちは、仏の教え、人の人たる道を私達に説いています。それには、仏教、道教、儒教の三種の教えがあります。それぞれに浅い、深いの違いはありますが、これらはすべて聖人の教えです。

最近、御朱印を集めるためにお寺や神社に参拝する人が増えています。特に女性が多く「御朱印ガール」と呼ぶほどブームになっています。宗教離れと言われているこの時代に浅深の差はどうあれ、お寺や神社に参拝される事は大変喜ばしいことです。しかし、この流れによって寺社では御朱印のイラスト化等が見られ、また参拝者の方は「スタンプラリー」と呼ばれたりして変化や問題が生じています。

本来「御朱印」は、お寺や神社に参拝された証しとして、「奉拝」つまり参詣日を記し、中央にお寺の御本尊様、神社の場合は神社名を記し朱印を押します。寺名、神社名を記し、印を押してお渡ししています。「御朱印」を多数集めることから「御集印帳」ともいわれます。「四国八十八ヶ所霊場」や「西国三十三ヶ所観音霊場」では「納経帳」と言います。納経帳とは、札所にて写経を納め、或は、お経を唱え終えた証しに「御朱印」を頂くための帳面です。一般的なお寺や神社とは異なりますのでご配慮をお願い致します。

御朱印には、お寺、神社側の、「参拝者に喜んで頂き、御加護がありますように」との思いが添えられています。御朱印を通して信仰の喜びを少しでも感じて欲しいです。

（糸数寛宏）

善知識

教えに従うこと円かなるが如きは則ち庸夫の子も三公に登るべし（三教指帰上）

【すなおに教えに従って学習を全うすれば、平凡な子であっても三公という最高位に就くことができる】

◉良き師に巡り会う　お大師様は、中国で恵果和尚より密教の法を授かり教わったことが全てであるようなことを述べておられます。

学ぶということの大切さは、今更言うまでもありません。人は、学問を学び人間関係を学び、社会の秩序を学んで成長し人格が形成されます。しかし如何に学ぶかということは、結果に大きな違いが出ます。良き師に巡り会うことができるかどうかが問題です。すべからく縁によるわけですが、すこしでも良き師に巡り会えるように自らも某《なにがし》かの努力をしなければなりません。

人との出逢いは突然です。良い出会いもあれば、悪い出会いもあります。その判断は自らがしなければなりません。それが人生の難しさであって、人道の成否はそれにかかっていると言えます。

仏教を学ぶという場合、学校以外には先ず仏様との縁が大事だと思います。多数ある寺院の中で、幾たびかお参りをしてみることです。そんな中で必ず自分自身に合う、感覚的なものですがそのような仏様、寺院があります。できれば伝統のある大寺院の方が良いですが、その仏様を深く尊崇することです。それが仏縁の始まりになります。現代は情報社会で様々な情報や広告が飛び交い、視覚や言葉によって欺かれる場合も多々あります。本を読み、ネット情報を得ることも大事ではありますが、あまりにも不確実な世界です。自らの感覚で判断する方が後悔しないと思えます。

よく神社仏閣の聖地にお参りされた方は、何かしら心が清々しくなったと感想を述べられます。あらゆる人の心の中には、本能的に清浄なものに対して順応する知恵があるのです。そうして得られた縁をもとにして学習を始めれば、必ず又良い縁に恵まれ人に恵まれます。良い人だと判断できれば、教えを請いましょう。僧でなくても仏徳のある人はおられます。そして学びましょう。無駄な人生にはなりません。

（後藤瀞興）

上天子に達し下凡童に及ぶまで　未だ学ばずして能く覚り　教えに乖《そむ》いて自ら通ずるものはあらじ（三教指帰上）

【教師から児童に及ぶまで、学ばずして自覚し、教えに背いて道を得た人は古今にいない】

◉ほおづえをつく　小学生のとき、夏休みの国語の宿題で自分の癖をテーマにして作文を書くという課題がありました。本を読むペースはあまり速くもなく、集中力も散漫な私でしたがSFや推理もの、歴史叙事詩的な『レ・ミゼラブル』やヘルマン・ヘッセの『シッダールタ』、夏目漱石の『草枕』や『こゝろ』、三島由紀夫の『潮騒』など多岐にわたるジャンルを少しずつ読み耽っておりました。

そんな中で、自分の癖について、「ほおとアゴの中間あたりに右の拳を押し当てて授業を聞いたり、考え事をすること」とたとえを挙げて書き記しました。

夏休みが終わり、なんとか期日までに課題を提出し、国語の授業で夏休みの宿題のその課題のいくつかを先生が読み上げ講評されました。その中に私の作文もあり、読み上げられたあと、「これはほおづえのことでしょうね」と補足して説明して下さったのです。私は自分の語彙の少なさを恥じながらも「ほおづえ」という新鮮なことばの響きに何か心躍る昂揚を感じたことをいまでも憶えています。

時は移り二十二歳のとき、はじめに入った大学を辞めて、高野山大学へ僧侶になる希望をもって再入学しました。大学の仏教や密教の概論の授業に出席し、「菩提心」や「悟り」といった仏教要語。そして、経典に書かれている「真理の言葉」に触れたとき、小学生のあの「ほおづえ」をはじめて聞き知ったときのような心躍る昂揚を憶えました。

釈尊から連綿と発展展開した仏教経典や修行体系は、ひとりの人生では到底到達できない経験や修行体験の蓄積、つまり人類の長い歴史の叡智の結晶が経典や次第として現在に伝承されているのです。

それは科学や経済も同様です。日々進化する科学技術。日々発展する経済状況。すべて過去の叡智の蓄積を礎としてその上に築き上げていくのです。私たちにとって古き叡智を新しき世代へ継承させることが大切な責務のひとつなのです。

（瀬尾光昌）

善知識

余も前《さき》には汝が如く迷い疑いき　但し頃日《このごろ》の間　適々《たまたま》良師の教えに遇うて既に前世の酔いを醒《さま》せり（三教指帰下）

【私も以前は君のように迷い疑っていた。しかし最近、良師の教えに会って、これまでの迷いが晴れた】

◉**仏との対話**　ご神仏はどちらにいらっしゃるのでしょうか。遠くの極楽でしょうか。その遠くを求めてひたすらに祈りを奉げるのでしょう。野球の神様、サッカーの神様はどちらに居られますか。そう問われると迷ってしまいますよね。また、疑いの心を起こす事もあります。探し求める信仰の道もあります。

されど、お大師様は、たまたま良師の教えに遭遇できて目が覚めたと言われました。遠くにあると思っていた天堂や地獄は、実は自身の心の中にあることに気付かされて前世の迷いまですっきり覚めたと。しかれども、ご神仏はやはり存在しています。その御心はご自身に厳しくあられます。そして、私たちが学ぶべき道筋を示して下さっているのです。決してすがる為だけの存在ではありません。さらに、その慈悲深さゆえに頑張っている者には手を差し伸べて道を示して下さるのです。

さて、何を頑張ればよいのでしょうか。まわりの期待を一身に背負うような立派なことを誰もが出来るわけではありません。ごくごく日常の生活を粛々と行うことです。ただし、ご自身の心の中のご神仏との会話を忘れないでください。私は常にお大師様と会話をしています。このことでさらに日常生活の大事さに気付くのです。この気付きが本当に大事です。

最近、何か特別なことをしなければ人に認めてもらえないと思っているような行動をとる方が多いように思います。たとえ誰が見ていなくても、誰も認めてくれなくても、頑張っていることを自分だけは必ず見ていますし認めています。この目線が仏そのものなのです。そこに気付くと心が安定し、益々頑張れるようになります。

仕事を通して、食事作りを通して、掃除をしながら、洗濯をしながら、交友の中でも、遊びの中でも、それこそお風呂やトイレの中でも、行住座臥常に仏とともにある事を忘れずに。

（大塚清心）

善知識

九流六芸は代を済《すく》う舟梁　十蔵五明は人を利するのこれ宝なり　故に能く三世の如来兼学して大覚を成じ　十方の賢聖綜通して遍知を証す（性霊集十種智院式）

【あらゆる学芸は人々の目的に達する舟や橋であり、仏法のすべては人を救う宝である。三世の諸仏もこれを学んで悟りを開き、諸菩薩もこの教えを理解して智慧を得られた】

◉問題を起こすのも、解決するのも科学技術　お大師さまはすべての学芸、仏法が価値あるものとされています。私は、現代にこそこの考えが尊重されるべきだと思います。平安時代の学芸が分野別に追究され、分類されて発展したのが現代の科学技術などのテクノロジーにあたりますが、科学技術は宗教の世界では扱いがよろしくありません。

「技術の進歩で生活は便利になり、物質的には豊かになったが、心はどんどん貧しくなり、世の中はむしろ悪くなっている」

寺院におけるお説教の定番展開ですが、本当にそうでしょうか。この理屈には大きな矛盾があります。科学技術の進歩につれて人心が荒廃し、世の中が悪くなっていくのですから、科学の進歩が未熟な時代ほど平和で満ち足りた時代だということになります。となると、現代よりも科学技術の劣っていた江戸時代のほうが暮らしやすい時代ということになりますが、士農工商の身分社会でした。もっと前にさかのぼって古墳時代になると、科学技術など稚拙なものですが、大君《おおきみ》（帝）が死んだら臣下はみな殉死させられ、一緒に古墳に入る時期も、ごく初期にはありました。

実際には、現在地球環境を危機にさらしているのは確かに暴走した科学技術ですが、その解決も、やはり科学技術の進歩に頼るしかないのです。一例として化学肥料の是非については、有機栽培のみの作物に切り替えると、一見体に良さそうに思いますが、栽培コストが数倍に跳ね上がる心配が残ります。

広く学問をおさめられたお大師さまは、学問は仏法に通じ、そしてすべては人々の幸せにつながることを理解しておられたのだと思います。技芸、学問、技術の習得や研究にたずさわる人は、人々の幸せのために邁進するのが本来です。

（佐々木琳慧）

善知識

身を立つるの要　国を治むるの道　生死を伊陀《いだ》に断じ　涅槃を蜜多《みった》に証すること　ここを棄てて誰ぞ（性霊集十　種智院式）

【出世への筋道、国を治める道理、この世の苦しみを断じて悟りを得る方法は、広く学ぶことである。学問を放棄しては何も得られない】

◉**「学ぶ」姿勢の大切さ**　在家の世界と出家の世界、いずれに進んでも基本にあるのが「学ぶ」という姿勢にあるのではないでしょうか。

私たちは生まれ落ちた環境のなかで、家族や近親の人たちから会話を通じてその国の言葉をはじめとして、風俗や文化も身につけ、精神的にもその国民として自覚が芽生え、だんだんと成長していくのだと考えます。

ところで、日本の義務教育は世界でも十分に整った環境も備え、教科書の無料化など制度の面では優秀な国のひとつに上げられるのではないかと思います。ところが半面、教師の不足や親のネグレクトによる就学率の低下などがあります。この間テレビでこれから増えるであろう外国人労働者の子どもたちが日本語を話せない、あるいは理解できない理由から高等教育への進学を諦めてしまうという気の毒な現状をリポートしていました。

お大師さまはご自分の生家一族の再起を一身に担い、都の大学に入られました。ところが、当時出世の近道は親の七光りであって、学生自身の成績優秀さは問題とされなかったという事実です。大師の悲嘆は想像するに余りあったでしょう。ただ「学ぶ」という姿勢はすでに叔父との猛勉強の生活から身につけておられたため、仏教の世界に進む道を選ばれてからも身心の修行を通じて体得された内面の整理を、内典（仏教の典籍）や外典（一般の典籍）を駆使して多くの著作を残されています。お大師さまはご自身の生涯で出会われた人たち、あるいはその人を通して得られた知識や学問、それに宗教をも大事にされました。

真言密教が持っています総合性は、お大師さまのその性格とものの見方・価値観と、まさにベストマッチングの歴史的邂逅であったとともに、私たちも「学ぶ」姿勢をお大師さまの足跡に多く学びたいものです。

（山田弘徳）

第三章

仏道を歩む

驚覚

群眠の自心に迷えるを驚覚して　平等に本四曼の入我我入の荘厳《しょうごん》の徳を顕證せしめん（十住心序）

【自分の心の迷いを驚き覚まし、大日如来の世界と平等になる徳を明らかに示す】

◉目を覚ますこと　自分の心が迷っていると正しくものが見えません。迷いが解けると、正しい判断が出来ます。迷悟は、自分自身の心が決めます。唯、人生は迷悟の連続です。迷い道に入りますと、中々出て来られません。もしも、自分が迷い道に入ったとわかったならば、まず冷静になる事です。それから、一心に御宝号「南無大師遍照金剛」と心の中で何度も唱えてみて下さい。必ず効果は出ると思います。

大日如来の世界とは、光あふれ、優雅で、神々しい世界であります。命あるものは皆大日如来のあらわれです。大日如来様は、宇宙の真理を人格化した仏様です。弘法大師様も大日如来様と縁が深く、大日如来様と一体です。

大日如来の世界は「即身成仏」の世界です。一刹那、一刹那が大切な世界です。この一刹那が、キーワードで「今」の心境で「即身成仏」と「三劫成仏」とに分かれます。「三劫成仏」の「劫」とは、「時間の単位」で非常に長い時間の事をさします。成仏するのに非常に長い時間を有するのが三劫成仏であります。それに対して「即身成仏」は、この肉身を持ったまま成仏できるというのです。

今とは、未来と過去の中間です。一刹那先が未来です。一刹那前が過去です。この未来と過去の間の瞬間が現在です。今をどう思うかによって歴史は作られていきます。弘法大師様も、室戸岬で御修行の時、悉地を得られました。何らかのきっかけで人間は大きく変わることがあります。ある一定のレベルに達しますと、心境が変化します。

大日如来様の「いのち」を授かった私達は皆目に見えない力に守られて生きていま す。人間は誰しも無限の可能性を秘めています。自分という存在は、三千世界どこを探しても同じ人は、二人といません。オンリーワンの自分を大切にしたいものです。

今、生きとし生けるすべての人が幸多き人生を歩まれる事をお祈り致します。

（堀部明圓）

鷩覚

これによって如智の法王　大悲の輿《こし》に乗って法界宮より出でて　五蔵の法鼓を打ち五智の己に在ることを驚覚せしめ　三密の明鏡を懸けて三点の他に非ざることを徹視せしむ（大日経略開題）

【仏は慈悲の車に乗って宮殿より出でて、仏法の太鼓を打ちながら仏の智慧が人々の心中にあることを警鐘し、仏の鏡を向けて悟りは他所にはないことを自覚せしめる】

◉我は、我によって育つ　「自らの考えで行動をされる方、誰かの指図によりやっと腰を上げる方、前者を責任者、後者を自由者と呼ぶならば貴方はどちらですか」。このような質問を受けました。

「責任者でありたいです。しかし好き嫌いという壁が、時に責任者となりません」。このようにお話ししますと、その方は言われました。

「そうした言葉をお話しになる方を、無責任者と言うのです」。全くその通りかも知れません。

「善人なおもて往生す。況んや悪人をば」。これは有名な歎異抄の一節です。抑も人間は煩悩の塊、いろんな方便で成仏できると信じている善人とは違って、何も知らない煩悩に塗れた人間であります。只一心にお念仏を捧げれば阿弥陀の本願により死後の世界さえも、私達を包み込んで下さいます、この教えが親鸞様の教えであります。

対して真言宗の教えは「即身成仏」。この身このままが御佛であり、利他行を楽しむ方が一人、又一人と増えることによって、この世は密厳仏国と変わりますという教えです。只やはり、この世は御佛世界なのだと絶えず口ずさむ方が居ればこそ、そこに気付く方々が次第に現れてきます。古来より伝わっている経典がある、経典を護持している僧侶がいる、ならば御佛は何処に居られるのやらという時代が現在です。それでは御佛なる御方を探そうとしても所詮大師が示されているように、「仏法遥かにあらず。心中にして即ち近し」です。ならば我を驚愕させ、我の心中にこそ御佛が宿っているとの警笛を鳴らし続けている御方こそ、吾自身ではではないでしょうか。

最近の科学文明の発展は、実に目覚ましいものです。しかし何もかもが科学で割り切れる事はありません。古来より大切に伝えてきた真実の言葉を護持していく心を、今一度育てていきましょう。

（宮地賢剛）

本有の仏性ありと雖も　必ず仏の驚覚を待って乃《いま》し能くこれを悟る（大日経開題 大毗盧）

【我々には本来仏性があるけれども、これに気づいていない。眼を覚ませるために、仏は驚かして悟りへ向わしめる】

◉悟りへのスイッチ　私にも尊敬するお坊さんが居ます。その方との出会いは高野山大学でした。とても楽しい先輩だったので話が弾みましたが、一度だけ真剣に、どうして高野山へ来られたのかを聞いてみました。すると「家がお寺だから仕方なくね。でも大学を卒業したらお寺には帰らず自分のやりたい事をやるんだ」との答えでした。私の実家もお寺なのでこの意見は分かる気がしました。先輩が卒業して一年程経ったある日、高野山の講習会で見かけたのです。お坊さんをしていないはずの先輩が講習会に来ていたので不思議に思い声を掛けると、「お坊さんをやりたくなってね」と応えてくれました。「祖父が臨終の時、かっと目を見開き手を伸ばし、『お大師さま、私は……少しはお役にたてたでしょうか』と言って息を引き取ったのよ。祖父の僧侶としての最後に驚かされたんよ。格好良くって、俺もああなりたいと思ってね。勉強のやり直しにと講習会に出たり巡拝したりしてるんよ。ほんと衝撃的だったな。僧侶として生きる覚悟が固まったよ。スイッチが入ったのかな」と。お坊さんになる決心をした先輩が尚更素敵に思え、私も真似をしようと団体参拝を積極的に行いました。

それから数年を経て、檀信徒の皆さんと一緒に高野山へ参拝した冬の寒い朝、お寺の駐車場でバスに荷物を積み込んでいたときのこと。運転手さんに「寒いですね、今朝は何度位でしょうね？」と尋ねると、「車載温度計では零下八度ですけど、運転席に置いたペットボトルの水は凍ってないのでバスの中はそんなに冷えてないでしょ。ほら」と差し出されたペットボトルが目の前で一気に凍りつきました。理科の時間に勉強した過冷却現象でした。ゆっくり冷却された水は零度になっても凍らず液体のままですが、外から刺激を与えると急激に結晶して氷へ変わるのです。

祖父の臨終体験が刺激となり僧侶として生きる覚悟が固まった青年僧と、過冷却水が一瞬にして固まった事は似ているように思えてなりません。この二つの出来事は間違いなく私へ向けられた仏さまの驚覚だと思っております。

（亀山伯仁）

驚覚

法仏の如来　大悲大定よりよく難思の事業を作《な》して聾瞽《ろうちつ》の耳目を驚覚したもう（大日経開題　法界）

【仏は慈悲と瞑想によって思いもよらぬことを起こし、人々の耳目を驚かして眠りから目覚めさせる】

◉人智を超えた仏の力　事務局からこの聖句の原稿依頼を頂き、今度も自らの神秘体験を書かざるを得ないなと観念いたしました。お大師様が書かれているのはたとえ話ではなく、ご自身が本当に経験されたことなのだと思います。

私の寺はいわゆる祈禱寺で、本尊のお不動様は飛鳥時代にまでさかのぼり、古来より霊験あらたかで知られており、病気平癒や相談事の依頼が多くありました。とはいえ、若い頃の私は近代科学の発想にどっぷりつかり、それどころか理系に在籍していたので、信用するのはデータのみでした。

二十九歳の時です。私と同い年の人が末期癌の宣告を受け、嘆き悲しんだご両親が当院に祈禱に来られました。左足膝の骨肉腫で、足は当然切断せねばならず、全身にも転移して余命三カ月の診断でした。本人は集中治療室でほとんど虫の息で、結婚したばかりの奥さんのお腹には子供がいます。

どう考えても祈禱して助かるわけがないのですが、あまりに気の毒なので、必死に護摩を焚きました。今でもなぜあんなことを言ってしまったのか自分でも不思議ですが、ご両親に、「息子さんは必ず助かります」ときっぱり告げてしまいました。護摩を焚いたときの感触で、なぜかそう思ったのです。その夜から息子さんは劇的に回復しだし、抗がん剤が急に効くようになり、現在でもお元気で毎年お礼参りにいらっしゃいます。膝の関節だけは人工関節になりましたが、足は無事についており、娘さんを二人お授かりになりました。どんな病気も拝めば治るとか、そんなことはないのですが、人智を超えた仏様の力というのは、本当に存在します。この体験で私はやっと、僧侶として人のために尽くそうという方向を定めることができました。仏様の力に驚き、眠りの状態から目覚めさせられたのは、他ならぬ私自身なのでした。おかげで癌とうつ病は私の得意分野です。

（佐々木琳慧）

驚覚

法電は永蟄《えいちつ》の仏性を驚し　甘露は樹王の根葉に灑《そそ》がん（大日経開題　衆生／性霊集八　笠左衛佐亡室）

【仏の警鐘は、永く眠っている仏性を驚し、教えの甘露水が樹木の根や葉に注がれる】

◉ペットも仏になれるのか　仏性とは仏になる可能性のことです。すべての人に仏性があるかについては宗派によって見解が異なっており、天台宗の伝教大師《でんぎょうだいし》の悉有仏性《しつうぶっしょう》説《せつ》と法相宗の徳一菩薩《とくいちぼさつ》の五性各別説《ごしょうかくべつせつ》の論争は特に有名です。悉有仏性は生きとし生けるものには仏性があるとする見解であり、五性各別は人間には絶対的な五種の分類があり、仏性を持たない者も存在するという見解です。真言宗では森羅万象がすべて大日如来の現れであるとするため、生類のみならず山川草木などにも仏性が存在するとしています。

ところで、私のお気に入りの一冊に晴著『くぅとしの――認知症の犬しのと介護猫くぅ』（辰巳出版）があります。これは認知症のおばあちゃん犬〈しの〉と、しのが亡くなるまで介護を続けた猫〈くぅ〉の写真集です。歩行や食事にも支障が生じるようになったたしのを、飼い主の晴さんが介護していると、いつしかくぅも手伝うようになります。てんかんの発作をなだめたり、歩行するのを支えたりするのはくぅの仕事です。その献身ぶりを示すスナップの数々は、本当に何度見ても胸が熱くなります。

中国南宋時代の公案集《こうあんしゅう》『無門関《むもんかん》』に「趙州狗子《じょうしゅうくし》」という禅問答が挙げられています。ある僧侶が趙州禅師に「犬にも仏性はありますか」と質問したところ、趙州禅師は「無」と答えます。その意味について考えるという公案です。これは有無という二元論的な価値基準の否定がテーマであり、難問中の難問とされています。

私も「無」の回答は犬の仏性とは別次元のものとして出題されたと理解しています。なぜなら、前述の写真集には二匹の仏様の素敵な笑顔が見て取れるからです。冒頭の一句には続きがあり、魚や獣や鳥なども含め、共に覚りの宮殿に入ろうではないかとの言葉でまとめられています。弘法大師もペットの仏性を容認されているのです。弘法大師の仏性観を指し示す素敵な一句だと思います。

（愛宕邦康）

春雷を秘することなかれ（三教指帰中）

【虫が冬眠から目覚めるように啓発される】

◉閃く　「三人寄れば文殊の知恵」という言葉があります。一人ではなかなか進まない考えも、三人で考えたら今まで思いもよらなかったいいアイデアが生まれたりします。それはなぜでしょうか？

人の視点というものは、なかなかにやっかいで、そういった訓練を積まないと別方向からの視点という考えにすら至らないものです。

一人ひとりの視点は狭いとしても、ほかの人の視点は自分とは違います。

思考を重ね、議論を戦わせ、アイデアを出し合ううちに、ふと今まで気づかなかったことに気づいたり、ほかの人の指摘を受け入れたときに考えの転換や、視点が移動して、最初の視点とは違うものが見えてきたりすることがあります。こうしたことが重なって、新しい発見が生まれたことは、誰しも経験があることではないでしょうか。

仏教においても、釈尊が悟りを開いた時は、もしかしたらそうした閃きともいえるきっかけがあったのかもしれません。

その釈尊が悟りを開いたその瞬間、その刹那の状況を描いたのが曼荼羅であり、それを説いているのが、所依《しょえ》の経典である大日経や金剛頂経なのです。

さて、そうした悟りは難しいのでパスという方には、こういった考えはいかがでしょうか？

日々の暮らしの中で、気分が晴れやかになること、今まで知らなかったことを知った時の喜び、手助けをして感謝された時の気持ち、笑顔で挨拶をしたときの気分、きれいなものやかわいいものを見たときのうれしさ、人に助けられてうれしいという感情、悩み事は誰にでもありますが、そうしたことを少しでも和らげてくれたり、癒やしてくれたり、楽にしてくれたり、軽くしてくれたり。そうしたことも「悟り」の一つかもしれません。

（中村光観）

彼の金剛薩埵の悲願に乗じて　待雨《たいう》の種子を扣勧《こうかん》せんことを（高野雑筆三）

【かの金剛薩埵の願いに叶うように、密教を求める人々に真言を伝える】

◉仏さまも大変よ　「仏さまも大変よ」、こう言って先達さんは笑顔を浮かべられました。同行の信者さんたちは、きっかけや年数こそ違いますが、大なり小なりお大師さまにたすけていただいたと実感した経験から、感謝と今の願いを心に、日々のお勤めや年中行事に参加されています。また、講に入って先達のそばで体験する利点として、悩み事や苦しみや不満は決して自分の家にだけあるのではないと知り、他人の苦境を興味本位でなく思いやりや寛容の心で共感し、助力します。そうした信者さんは、各自にもともと具わる仏心《ほとけごころ》に素直になれる場があると知り、お大師さまの教えや功徳譚を聴き、仏の心にかなう言動を選んで日々を過ごしています。

しかし、こうした信者さんであっても、因縁が和合すると、仏さまに導かれている道を自らはずれ、苦しくなると助けてくださいと求め、一息つくと再び迷いを自らひきよせてしまうという繰り返しです。それを粘り強く導き続けるのが先達さんです。先達さんだからこそ、多くの人の悩みを救い続けておられる仏さまの大悲心に気づき、一方でそれに気づかぬ者を思い、冒頭の言葉がでたのでしょう。

日常で、大人が子どもに対して予定の未達成や約束破りを注意すると、「今やろうと思ったのに」といった「すべきことをわかっているよ」の反応もあれば、「やり方がわからなかったから」「言ってくれないから」といった「できない理由」が返ってくることもあります。論理的な言葉でなく、感情の起伏のままの言動で表現する子どももいます。子どもは子どもなりに、反発しつつもその生きる小さな世界の中で失敗体験や成功体験や煩悶などを繰り返しながら、考えを深め理想を求めているのです。大人はその子どもに適切な言動を選んで、その反対に喜びや後悔を繰り返します。

私たちはこの子どもと同じです。仏さまにとって私たちは仏子です。やがて仏になりうる子どもであり、仏の大悲心によって今育まれている子どもです。教えを渇望する子どももいれば、眠っていることにすら気づいていない子どももいます。仏さまは、どんな状況の子どもも、それぞれの個性を認めて、等しく目覚めさせようとしておられます。その働きかけを観じて歩んでいきましょう。

（中原慈良）

鷩覚

直諫《ちょっかん》の貴ぶ所は　蓋しその悪を変じてその善に順《したが》うに於けるか（高野雑筆七二）

【正直な忠告は、その悪行を善に変えることができる】

◉「図星」を指されて怒る哀しさ

右のお言葉の出典である『高野雑筆集』は、お大師様から他の方へと送られた、いわば「お手紙」を集めたものです。ですから、かしこまった内容の上表文等とは異なり、お大師様の日常のお気持ち、お考えを知ることができる、興味深く、学ぶことの多い書物です。

このお言葉の最初に書かれている「直諫」とは、目下の者から目上に対して、「こういうことはよくないと思います」といさめる言葉を意味します。この前後を少々書きますと、「昔から、主君の為を思って諫言した者が栄達したためしはない」とあり、「それでも悪いことは悪いと言わねばならぬのです」とあります。お大師様の正義感ぶりが窺えます。しかし、言いっぱなしにはしません。「もし諫言してもうるさがったり、それどころか相手が敵意を持つようなら、双方にとって益はないので、距離を取りましょう。距離の取り方もよくよく考えて行動しましょう」と具体的におっしゃっています。ここで大切なのは、訳文のとおり、「正直な忠告は、悪行を善に変えることができる」と理解することです。

私たち自身を振り返ってみましょう。注意をされて、逆に怒りに任せて言い返す、人間間のトラブルが多い昨今です。「逆ギレ」などと言われたりもしています。「怖くて注意もできない」の言葉もよく耳にします。

これを他人事とは思わないでください。私たちも冷静な時は対岸の火事として見ていますが、いつ頭に血がのぼってしまうかわかりません。身近な、例えば家族の間で多少の言い合いになってお互いに謝っていればまだよいのですが、他人同士だと、取り返しのつかない事態に発展することがすぐ間近にあるかもしれないのです。そこで、普段からのアンガーマネジメント（怒りのコントロール）です。「正直な忠告は、悪行を善に変えることができる」、この言葉を頭の中でいつも反復しましょう。結果は、平素の「お人柄」に表れてきます。心が痛むニュースが溢れています。穏やかな心持を保っていきたいものです。

（小野崎裕宣）

嬰童《ようどう》は初心によって名を得　無畏は脱縛に約して称を樹《た》つ（十住心第三）

【心が発展する十段階のうち、第三段階の「子供に恐れがない」とは、束縛から離れるという意味である】

◉しんぽっち

私の息子は小学校五年生です。昨年、高野山の大師教会に於きまして得度式を受け、出家しました。新たに悟りを求めてお坊さんになる者を「新発意《しんぽっち》」と呼びます。響きを聞きますと、なんだか可愛らしく思えます。私の息子も「しんぽっち」となったのです。

昨年の春、私は息子に言いました。「高野山に行って、お坊さんになるための最初の儀式を受けてみないかな」すると、息子は「別にいいよ」と。抵抗に遭うかと思っていた私には、なんだか呆気ない了解の返事でした。

私は出家するという事は、いずれお坊さんとしてお寺の後継者へと考えていました。しかし、息子の想いは、お坊さんの第一歩は踏み出すけれど、その先は特に考えず、今目の前にある儀式を経験してみるというものでした。

私たち大人は、今までの経験などにより物事の先を考えて、今の行動をしてしまいます。目標があり、それを達成するためには今これをしなければならないと。もちろん、成功するためには最短距離であるのかもしれません。しかし、そこには「しなければならない」という固定観念やそれに向かうある種の束縛などが生まれます。私もまさしく息子の将来に「お寺の後継者に」という束縛を与えてしまっていたのです。

先を見据えて行動することも、もちろん重要であるかと思いますが、まずは目の前にある物事に全力で取り組むという姿勢も大切であると気付かされました。囚われのない心で目の前の物事に取り組むと、その先に道が開けていく事でしょう。道の先を決めてしまうのではなく、今に全力を注ぐ事によりその先の道を選ぶ。可能性は無限です。特に子供のうちはそれが大切なのかもしれません。

「新発意＝しんぽっち」新しく（新）心に起きた想い（発意）を大切に、何事にも囚われず無限の可能性で道を切り開いて行くことができるのではないでしょうか。

（岩崎宥全）

初発心の時に便《すなわ》ち正覚を成ず（十住心第九／宝鑰第九／吽字義）

【悟りを開こうと決意することが悟りである】

◉悟りとは何ですか

「悟りとは何ですか？」と聞かれてあなたはうまく答えることができるでしょうか。ある方から四国八十八カ所霊場を三回廻ったけれど悟りを得られず、どのようにすれば悟りを開くことができるのかと問われ、私は質問者が納得するような答えを出すことができませんでした。このことがずっと心に残っていました。お釈迦さまが菩提樹の下で瞑想し悟りを開き心静かな境地を手に入れたように、どうしたら私たちは悟りを開くことができるのでしょうか。

お大師さまは、長時間の修行をして悟りを開くよりも決意することこそが悟りであると説きます。決意するにはどのような心構えが必要なのでしょうか。

次のような寓話《ぐうわ》があります。ある禅の高僧が弟子の一人を自宅に招きました。「教えを得てさとりを開くにはどうしたらよいか」という弟子の悩みについて話し合うちに、「さすれば……」と高僧はお茶を用意しました。そして師は弟子の茶碗にお茶を注ぎ始めました。でも、お茶碗が一杯になっても高僧はお茶を注ぎ続けました。やがてお茶は茶碗からあふれて卓へとこぼれ、床にまでこぼれてしまいました。

とうとう弟子は言いました。

「もうおやめください。お茶はあふれております。もう茶碗にお茶は入りません」

師は言いました。

「よくぞ見て取ったな。お前について同じことが言えるのだ。私の教えを得て悟りを開こうと思うならば、まず頭の茶碗を空にしなさい」

寓話に出てくる空の茶碗は「素直な心」、お茶で一杯になった茶碗は「素直でない心」のたとえです。素直な心で仏道を志せば悟りが見えるのです。いつまでも悟りを探し続けて仏道をさまようなら、いつまでたっても悟りを開くというゴールは見えません。素直な心で仏道を見て、悟りを開こうと決意することこそが悟りなのです。悟りというゴールが見えた時点で、すでにあなたは悟りを開いているのです。あとは仏道を迷わず歩いて行くだけであるとお大師さまは道を指し示しておられるのです。

（中村一善）

初心を仏は成仏の因と説く（十住心第九）

【成仏の原因は初心の決意にあると仏は説く】

◉行者のすべては発心に帰する　ダライ・ラマ法王十四世が高野山大学で灌頂を授けられたとき、「発心したらすでに菩薩である」というお話をされました。仏教徒のめざす一つの大門が「さとり」とするなら、そこを目指して歩き始めたとき、すでに行者は菩薩の位にいるというわけです。これは密教の門に当てはまります。密教は真言乗と言われ、喩えれば超特急の乗り物です。ひとたび乗り込めば、遅かれ早かれさとりに向かうことができる、つまり生きたまま仏になることができる、「即身成仏」が大きな特徴です。

私たちの日常の行動の動機となっているものは、たとえば仕事なら食い扶持《ぶち》、金銭を得ること（家族を養わなければという矜持《きょうじ》も含む）や人からの評価・賞賛を得ることが多いのではないでしょうか。ここでは煩悩に動かされていますので、当然ながら打算や駆け引き、ときに嘘や他人を踏み台にしてのし上がるといったことが、意識するしないにかかわらず行われます。しかし仏道の「発心」はそうではありません。それは機縁に応じて、抗《あらが》えない強い決意が自らの心に芽生え、何物か（仏）に引っ張られた結果起こってくるものです。そこに行こうと思ってもみなかったのに、気づいたらその列車に乗っていた、という感じです。その列車が向かう終着は「さとり」駅。乗り込んだが最後、窓から飛び降りでもしない限り、発心した者はやがてさとりを得る（成仏）ので「初心（発心）に結果はない」といえるでしょう。

国民栄誉賞の冒険家・植村直己は、北極点到達やエベレスト登頂など人から賞賛されるための成果を残そうとして行動したのではなく、自らの中から沸き起こる情熱のままに行動し続けていたら、「冒険家の植村直己」となり、他者に勇気を与えることのできる伝説の人になっていました。因は最初の一歩に、つまり自分の中にあったのです。

密教という列車に乗った行者は決して降りることなく、何があっても成仏目指して精進し続けることが強く求められます。真言乗が何より厳しい道とはこのような理由からです。

（佐藤妙泉）

初心の仏その徳不思議なり　万徳はじめて顕われ　一心やや現ず（宝鑰第九）

【初めて成仏へ心を向けたその徳は実に不思議である。多くの徳が現れ初め、絢爛たる仏の世界が少し覗かれるからである】

◉ふたつの「心」

冒頭の聖語には、ふたつの「心」が挙げられています。「初心」と「一心」であります。「うぶ」とも読む「初心」は学び初めや未熟、世なれていないことをとされます。また「ひとつこころ」とも読む「一心」は、集中すること、人々の心を一つにすることなどを意味します。しかし元来の仏教の御教えとしての「初心」「一心」は若干異なります。

この聖語の前に先んじて、「初めて発心する時、便《すなわ》ち正覚を成《じよう》ず。宜しくそれ然るべし」と、お大師様は『華厳経』の御教えを挙げておられます。仏様になろう、仏様の教えを学ぼうとする初めての心を発《おこ》した時に、さとりが約束されます。続けて冒頭の名言「初心の仏様の徳は、言葉や思いではかることのできない不思議であります。すべてのものがお徳として、初めてあらわれ、さらに比べることのない不二、一心の優れた御教えがようやくあらわれます」と、お説きになっています。

お大師様の「初心」とは、初めて仏様になろう、仏様の御教えを学ぼうとする心であり、「一心」とはあらゆるものと一体である、ふたつとない、不二の心、つまりお大師様の説かれる密教の心であります。

けふ彼岸菩提の種を蒔《ま》く日かな（松尾芭蕉）

という一句があります。春のおひがんに菩提の種を蒔いて発心し、その蒔かれた種は秋のおひがんにそのさとりの実を結ぶのです。

種を蒔く「初心」は、すでにその実を結ぶことである「正覚」が約束されています。その「初心」の仏様は、言葉で計り知れないほどの徳があります。

さらに大師様は、その「初心」の仏様に留まることなく、あらゆるものすべてと自らの心身が一体となる「一心」へと私たちをお導きくださいます。

（小野聖護）

迷悟我に在れば　発心すれば即ち到る（心経秘鍵）

【迷いも悟りも私自身のことであるから、悟りを開こうと決意をすれば必ず到達することができる】

◉本当の幸せを掴むために　全ての思いは自分自身が作り出しているものと、お大師さまは般若心経秘鍵にて言われます。特に苦しい時、我々はその思いの原因をつい自身の外側に求めてしまいがちで、かつ同じ事象であっても人によって受け止め方・考え方は大きく変わります。悲しいと感じることも嬉しいと感じることも、本来それは全て自分次第です。

人の世は全て、その時代その時代の人々の思いから作られています。その思いが強いものほど、この世でそれは実現されていきます。もちろん一人一人のプライベートな部分では実現できないことも多々あるため、それは感覚的に納得しにくいですが、大局的に時代を俯瞰するとシンクロナイズした人々の思いというのは往々にして実現されております。例えばそれは科学技術の発展であったり、民主主義・資本主義等の社会システムや法律・文化であったりということです。つまり、人々はより良い人生を過せるようにする為、常に多くの工夫を凝らしているわけです。

思いというのは強烈です。例えば愛するというのも一つの思い＝念です。いとおしい気持ち、せつない気持ち、恨めしい気持ちと愛にも色々ありますが、ポジティブな念であれば自分も周りも皆が幸せになります。しかし、独りよがりのネガティブな念は自分も周りもすべて不幸にします。異性を強く愛し愛され、それが時に強烈な恨みにも変わる。その素晴らしさ、そして恐ろしさは私自身もこれまでの人生で痛感してきました。

密教における「発心する」とは本当の幸せを求めてこれから仏道に邁進しようとする積極的でポジティブな思いを表した言葉です。右記の通り、思いは強ければ強いほどそれは実現します。その強い思いを密教の教えに即した方向に向けるのであれば、お大師さまのお言葉通り、必ずやその先で自分の求める本当の幸せをこの現世で手にすることが出来るものだと私も考えます。まずは自身の心を日頃からよく観察し、精進して参りましょう。

（山本海史）

覚眼を除蓋に開き　心月を定観に朗かにす（大日経開題　衆生／性霊集八　笠左衛佐亡室）

【悟りの眼を開いて闇を見通し、心の輝きを瞑想によって磨く】

◉**本当の姿を見ずして物事は判断できない**　商店街で買い物をしていると、いろいろな人から声をかけられます。「いらっしゃい」「おはよう」「よっ」、そんなかけ声の中で人と人との結びつきを感じます。人間社会は人と人とのつながりです。最近では外国人観光客も増え、コミュニケーションをとろうと考える人も少なくありません。我が家では中華料理を食べに行くと、中国語で注文することがあります。時として通じないこともありますが、子供といっしょに中国語で注文するとお店の人もかまってくれるようになり楽しいものです。どちらかが歩み寄ると案外わかり合えるものです。

さて、江戸時代はどうだったでしょうか。日本という国は海に囲まれていますから入国するには船以外ありませんでした。アメリカから開国を迫られたときには黒船が来たと恐れたように、日本と諸外国を結ぶものは限られたものでした。それから時間が過ぎ現在の人たちはさまざまな国の人と接する機会が多くなっております。言葉が通じなくてもお互いの気持ちが存在するのです。ペリー来航、開国からわずか百六、七十年でありますが、今となっては信じられないほどの外国人旅行者が来日しております。海外の人たちへの考え方も大きく変化しています。

今や国境を越えないと世界経済がうまく回らない時代です。閉じこもった世界では周りが見えてきません。それは個人でも同じです。身の回りの世界は限られたものです。社会も自分を中心としては限られたものになってしまいます。個人個人のつながりが社会を築き、社会が国を作り、そして世界が成り立ち地球に生きているのです。

グローバルな時代だからこそお互いの理解が必要とされます。宗教的にいえば「悟り」なのかもしれませんが、「そうだったのか」と気づくことは相手を理解することにつながります。宗教的にいえば「瞑想」なのかもしれませんが、「ひと呼吸おいてしっかり見つめる」こともお互いの気持ち整える意味で必要です。私たちが生きていく中で、正しいことを見極めることは大切なことです。心を落ち着かせてひと呼吸おくと、物事を違った見方で判断できることがあるかもしれません。

（赤塚祐道）

仏道遠からず　廻《え》心《しん》即ち是れなり（一切経開題）

【悟りへの道は難しいものではない。心をひたすら仏に向ければいいのである】

◉イメージが生み出すもの　私たちが仏さまをイメージすると、とても遠い存在のように思われます。日本の仏教には浄土信仰がとても盛んで、仏さま（阿弥陀さま）は西のはるか彼方にある極楽浄土におられると考えられています。ですから仏さまはみんなはるか遠くにあるものと思ってしまっても仕方がありません。

では、どういった存在を仏さまというのでしょう。仏さまは特別な存在なのでしょうか。真言宗では即身成仏と言いまして、私たちも仏になることが出来るし、その性質を持っていると考えます。

野球の世界ではイチロー選手は仏さまのように尊敬されています。しかし、誰もがイチロー選手となるような可能性を持っています。突然良い成績を手に入れて脚光を浴びたのではなく、野球という世界で頂点に居続けるための大変な苦労と努力の連続であったでしょう。私たちは、世界で脚光を浴びている人と自分とは違う世界の人だと思ってみていませんか。確かに急に思い立ってイチロー選手のようになれるわけではありません。根本的に違うと言われたらそうかもしれません。しかし、野球でなくてもその他の分野では誰にも負けないという境地を手に入れることは出来るはずです。なのにチャレンジする前から諦めているのが世の常であります。それは自分たちには「無理だ」という決めつけが、出来ないものにしているのです。

そこで、一番手っ取り早いのは自分にしかできないことを見つけることです。そのためにそれぞれが自分のことをどれだけ知っているかが問われます。と言いましてもあまり解かっていないのが現実です。そんな時、自分がときめく姿、目指したい姿を常にイメージして心に感じながら行動するのです。イチロー選手が大リーガーになるなんて思ってもいなかった時から、イチロー選手は大リーグで活躍する自分をイメージしていたといいます。梅干をイメージしただけで頬が酸っぱくなってくるのは、梅干を食べていない身体が梅干を食べたイメージだけで食べた身体になっているのです。仏をイメージしたら、その時すでにあなたはイメージした仏になっているのです。

（富田向真）

発心

能求の心とは　譬えば人あって善と悪とをなさんと欲せば　必ず先ずその心を標して而して後にその行を行ずるが如し云々　求菩提の人も亦また是くの如し（三昧耶戒序）

【まず心を起こすことから始まる。心が動いてから善悪の形が表れる。悟りへの道もこれと同じである】

◉菩提心を起こせ　僧侶となる修行をする専門道場の高野山専修学院で、高野山大学教授田中千秋先生の「菩提心論」の授業を受けました。先生はそのころ（平成七年）目を病んでおられ、教場までの階段を壁を触りながら上がって来られ、静かに教場に入り記憶をたどるように話をされる姿を覚えております。当時八十人の学院生が授業を受けていましたが、先生の目が悪いことをいいことに居眠りをする人が多く、かく言う私も教本に頭を下げて睡魔に身をゆだねていました。しかし今思い起こしてみると、先生は非常に重要なお話をされていたのです。

菩提心、悟りを求める心を起こし、片時も忘れない。そのことを記した菩提心論の講義です。毎回の授業では先生の様々な経験が語られ、高野山の先徳のお話などを紹介しつつ、その時果たして菩提心は持っていたか？　自問するように空中を見つめる田中先生の小柄な姿に、求道の厳しさを感じてハッとしたものでした。本当はその問いは私たちに向けておられたのだと思います。今まさに修行を始めた私たちに、君たちはさとりを求める心を掲げているのかどうか、と。

当時私たちは十八歳から六十歳まで様々な境遇から真言僧をめざす人々が集まっていました。最も多いのがお寺の後継者となるため（私もその口です）、また高野山やお大師様に興味を持ってとか、あるいは大きな挫折から立ち直るためなど、それぞれに理由はありました。中にはお金のため、出世のためという人もあったかも知れません。機縁はどうであれこうして頭を丸め三衣をいただき仏門に入ろうとする私たちに、菩提心を起こせよと、心を標せよと、静かながらも情熱のこもった授業をされていたのです。それなのに、その大事な瞬間に惰眠を貪っていた自分が情けない。ありがたくもこの文章を書くにあたり、講義を通しての先生の願いが、響きのようによみがえって来ました。

（佐伯隆快）

発心

諸仏如来　昔　因地に在して本法身に迷うこと我れと異なること無し　然るに大精進を発《おこ》し　正行を勤修してすでに正覚を成じたまえり　我れ今《いま》いかんが淤泥《おでい》に貪恋《どんれん》して正行を起さざらん　故に是くの心を発す（秘密仏戒儀）

【あらゆる如来も、修行のときは真理に迷うことは自分と同じであった。しかるに、大いに精進を起こして修行に励んで悟りを得た。だから今、煩悩のぬかるみから抜け出して正しい行を決意するのである。このために心を発奮させるのである】

◉まずは「やる気」から　およそ二千五百年前のインドに生まれたお釈迦さまは、裕福な生活を送る一国の王子でしたが、病気や老い、死など、苦しみに満ちた現実の世界を目の当たりにし、「その苦しみから抜け出したい」「人々をその苦しみから救ってあげたい」という一心で、出家を決意なさいました。このときの決意がなければ、お釈迦さまがそののち悟りを開かれることも、仏教が興ることもなかったのです。何かを成し遂げるためには、まず、やる気を起こす必要があります。志や情熱がなくては、行動することはできません。

仏教では「悟りを求めて修行しよう」「人々の幸福のために何か役立つことをしよう」とやる気を起すことを「発心」といいますが、弘法大師は『般若心経秘鍵』という書物の中で、「発心即到」すなわち「発心さえしてしまえば、悟りの境地に到ったのと変わりない」と大胆な意見を述べておられます。それだけ、やる気を起すことが大事なのです。なお真言密教では、仏道修行においてやる気をなくしてしまうことが最も重い罪とされ、やる気を持続させることこそが守るべき戒とされます。そのような密教の戒について説明したのが、『秘密三昧耶仏戒儀』という書物です。

人間は社会生活を営んでいると、どうしても小さな罪を犯してしまうものです。たまには嘘もつきますし、しばしば怒りや嫉妬の感情も抱きます。しかし、「少しでもよい人間になって、必ず悟りの境地にたどり着いてやろう」「少しでも良い世の中を実現させ、一人でも多くの人が幸せになれるように尽力しよう」というやる気さえ心に宿していれば、仏さまは小さな罪には目をつむってくれるのです。もちろん、小さな罪も犯さないように努力しなければなりませんが。

さあ、あなたはどんなやる気を起すでしょうか。

（川崎一洸）

石淵《いわぶち》の贈僧正　召し率いて和泉の国槇尾山寺に発向し　ここに於て髻髪《けいはつ》を剃除して沙弥《しゃみ》の十戒七十二の威儀を授け　名を教海と称し　後に改めて如空と称しき（御遺告）

【石淵の勤操僧正に導かれて和泉の槇尾山寺に登り、ここで剃髪して少年僧としての十戒と七十二の作法が授かり、名前を教海と称し、後に如空と改名した】

◉戒名のはなし　戒名というと「死後の名前」と思われるかもしれませんが、本来は仏弟子となる際に「授戒」という儀式に臨んだ証として授かる名前のことです。僧侶は出家得度する際に「僧名」を授かりますが、これが戒名なのです。

お大師様は俗のお名前を「真魚」と申され、剃髪されて「空海」と名乗られる以前に、戒を受けられて「教海」また「如空」と称されたのであります。

真言宗僧侶は「仮名《けみょう》」と「実名《じつみょう》」という二つの名前を持つことがあります。仮名は一般に通用するための名前、実名は師匠と弟子にのみ伝える本当の名前です。つまり本名は大切に扱い、限られた人にしか教えないのです。

　真言宗の戒名の一例を示しますと、「○○院△△□□居士」などと授与するのですが、このうち最も大切な戒名は□□の部分です。前述の僧名の話になぞらえますと、実名にあたります。△△は道号といい同じく仮名にあたるのがこれです。○○は院号で、元々は譲位された天皇（上皇）に対する尊称として用いられたものです。時代が下るにつれ広く一般にも付与されるようになりました。

　最近、インターネットなどで安易に戒名が販売されているものを見かけたことがありますが、戒名とは、日々親しくお付き合いされている有縁の檀那寺の住職より直接戒を受けて授与されるべきものです。住職も、日々付き合いをしていく中でその人の人格を鑑みて、その人にふさわしい文字をイメージして厳重に文字を選ぶのです。戒名授与に関しては各寺院でそれぞれ方針がありますから、詳しくは直接ご自身の檀那寺に相談されるのがよいでしょう。

（大瀧清延）

勝心を因の夕《ゆうべ》に発《おこ》し　最報を果の晨《あした》に仰ぐに非ずよりんば　誰かよく淼《びょう》淼《びょう》たる海底を抜いて　蕩蕩《とうとう》たる法身に昇らん（三教指帰下）

【求道心から出発し、悟りを目的としなければ、広々とした生死の海底から抜き出て、広大なる仏の位にどうして昇ることができようか】

◉大切なことは出発すること

「大切なことは、出発すること」。

写真家であり名随筆家でもある星野道夫さんのことばです。たった一行のこの短い言葉に、私は何度も勇気をもらいました。思っていてもなかなか行動に移せないこと、やるべきこと、求められていること、先延ばしにしていること。誰にでもあると思います。しかしやはり大切なことは出発することなのです。ドアを開けて目的地へ向かうことなのです。

弘法大師空海さまは、仏道の悟りの道を歩んでいくにはまずそれを求める心を持たなければならないといいます。悟りを求める心をおこすことを「発心」（発菩提心）

といいますが、真実の世界である悟りを求めるには、まず求める心が出発点であるといいます。世間を深い海になぞらえ、横たわる生死の苦しみを抜け出して、広大なさとりの世界へつながる道を昇って行きなさいといいます。

生と死にまたがる苦しみ（淼淼たる海底）も、光が届かなければ迷い沈むだけです。そこに一筋の光を差し込み、海底から抜け出すきっかけもまた、私たちの心（蕩蕩たる法身）にあります。

私たちの心についてしっかりと観察をし、その奥深さと可能性を伝え続けているのが仏教であり、空海さまのみ教えであると思います。

「旅は旅すること自体が目的である」。

詩人であり哲学者であるゲーテの言葉です。私は目的地にたどり着くのだけが旅ではなく、目的地を目指す行動そのものが本来の目的なのだ、と解しています。出発し、様々な人と出会い、そこでしか感じえないひとつひとつが旅を旅たらしめるのだと思います。

本当の目的地は私たちの心の中です。臆することなく人生という旅に出発しましょう。

（伊藤聖健）

浮雲何れの処よりか出づる　本これ浄虚空　一心の趣《おもむき》を談ぜんと欲すれば三曜天中に朗《ほが》らかなり（性霊集三　中寿詩）

【浮雲はどこから出てくるのか。清らかな天空からやってくる。心はどこから起こるのか。光がやく所から湧いてくる】

◉**浮雲のかなた**　雲は季節によって変化します。夏は入道雲（積乱雲）がわきあがり、わた雲（積雲）がゆっくりと流れます。秋はすじ雲（巻雲）やうろこ雲（巻積雲）がひときわ高く浮かびます。高野山から東へ流れていく雲を眺めていると、ふるさとの名古屋に思いが馳せます。人の顔や動物の姿に見える雲が、徐々に変容しながら空へ溶けていく様子を眺めているのは楽しいものです。高野山の住職就任から十年、私は高野と名古屋を浮雲のように毎月往来しています。

お大師さまも高野山から雲を仰ぎ、いろいろ思い浮かべておられます。お大師さまが中寿（四十歳）のときに作られた漢詩の一部がこの名言です。三曜とは、太陽、月、星を指します。

煩悩は雲のように次々とわきあがって休むことがありません。その浮雲はどこからやってくるのでしょうか？　それは清らかな空から現れてきます。心はどこから生まれてくるのでしょうか？　それは光かがやく天空からやってきます。次々とわいてくる妄想に、私たちは自分で悩み苦しんでいます。しかし、雑念はもともと清らかな虚空から現れた雲であると、お大師さまは浮雲をスケッチしておられます。

心の起伏は空からわいてくる雲と同じです。感情の風に流されながら喜怒哀楽の雲が生滅変化しています。雲が風にそよがれて去っていき、また新しい雲が生まれてくる様子は、ころころ変る私のこころそのものです。

煩悩の雲はやがて消えてなくなります。しかし、その雲は大地の乾きに潤いをそそぐ慈雨になります。星は雲に隠れても、雲の上では燦然と輝いています。もとより雲は天地からわき出てきたものです。欠点と思われる癖も、仏の眼から眺めれば、ものごとを活かす個性的な特色になります。弘法大師は、「煩悩はそのまま悟りの種になる」と諭しておられます。渋を甘味に変え、悪い癖をそのまま特徴として生かしてしまう人間づくりがお大師さまの密教です。

（近藤堯寛）

空性に憩って軷祖《ばっそ》し　重如に秣《まぐさか》って以て脂轄《しかつ》す（性霊集七　奉為四恩）

【空に安住し、さらに真言密教の境地を目指して発心する】

◉おーい、お茶　飲料メーカーさんの飲み物の宣伝ではありません。夏の暑さ厳しい折、屋外での作業を終えて帰ってくると思わず口をついて出る言葉で、お茶で一服し、喉を潤すと生き返るような気がします。

お茶は元々仏教と同じく中国より伝わったもので、遣唐使で海を渡ったお大師様も、帰国した時、朝廷に舶来のお茶を献上されたそうです。

伝来初期は高級品で、あくまで上流階級の嗜好品でしたが、その後、時代が下るとお寺が経営する茶畑が各地にでき、広く栽培されるようになったようです。仏教の教えには苦しみから解き放たれ、心を落ち着かせるということがありますから、精神を安定させる効用があるお茶が寺の茶畑で作られ、修行を助けるものとして寺で好まれ、やがては一般にも普及するようになっていきました。

ですがお茶はいつの時代も心の安定剤としてばかり、用いられたわけではありません。室町時代、闘茶《とうちゃ》という遊びが盛んになります。簡単に言うと茶の銘柄を当てるゲームですが、やがてそれに賭博の要素が加わり、金品、家屋敷など莫大な富を賭けて行われるようになりました。そうなると破産する者が続出し、闘茶は風紀を乱すものと見なされ、時の為政者により禁止され、廃れていったそうです。

最盛期の闘茶は、何十種類もの微妙な違いを感じる、繊細な感覚が必要だったと言われます。しかし、そこに全財産を賭けていただくお茶は違いこそわかっても、心の底から味わうことなどできるはずもなく、ましてや「おーい、お茶」などと気安く求めることなどできなかったはずです。

素晴らしいお茶の産地、銘柄がこの国にはたくさんあります。私にはその違いを述べられるだけの繊細な感覚はありませんが、素晴らしさを感じ、違いを見分けることは機械的に飲み干すことでは得られないものだということは何となく理解できます。「このお茶はおいしい！」。「今、お茶をいただける瞬間がありがたい」。一息つき、「おーい、お茶」と、茶を求め、無心で味わったその先に、お茶の良し悪しを談じる世界があるように思います。

（穐月隆彦）

悪を制する時即ち善を成す　是の故に煩悩なければまた菩提なし（異本即身義三）

【悪を止めようとするときは善の心が湧く。これと同じように、煩悩があるから悟りへの心が起きる】

◉煩悩の取扱説明書　煩悩はお持ちですか？　私は持っています。持っているのか担いでいるのかわかりませんが、なぜかいつもそばにいます。

よく百八煩悩といいますが、真言僧侶が左腕に掛けている念珠は玉の数が百八個で同じ数なので、これを擦り合わせることで煩悩を消し去ると言われることもありますが、僧侶となっていくら念珠を擦ってみたところで己の煩悩はなくなりません。

本来念珠は真言をお唱えするときに数を取るもので、法要の始めと終りになぜ念珠を擦っているのかというと、難しい言葉でいえば「利他行」であることの確認です。「利他行」とは他を利するための行で、檀信徒の方々のために祈願をしたり、亡くなられた方々のために回向したりすることです。世界平和を祈念することなども利他行です。

これとは逆に「自利行」というものがあります。僧侶になるために修行することは「自利行」です。法要では「他・自・他」と擦ります。まず念珠を押し出すように擦ることで「人のため」と思うことが他です。そして「情けは人の為ならず」という言葉通り人のためにする善行は自らに帰ってきます。それが次に念珠を引くように擦る「自」です。戻って来たら幸せのお福分け、また人のために「他」と押すように擦るのです。先に申しました通り、念珠を擦ることはただ「利他行」の確認です。擦ることでは何も変わりません。実際に行動しなくてはなりません。

そこでこの名言です。煩悩なければまた菩提なし。煩悩は身近にあるのでわかりやすいですが、菩提とは何でしょうか？　煩悩のない悟りの境地といわれますが、名言との間に矛盾が生じます。私の解釈ではそれは悟った状態のことで、煩悩がなくなったのではなく、悪を止めるときに善の心が湧くように煩悩が利他のための材料として減っていき、使い切った状態を菩提といい、沸き立つ煩悩を常に使い切っている状態が悟りなのだと思います。煩悩はお持ちですか？　幸せのお福分け続けてみませんか？

（中村光教）

初発心の時に速疾神通を起し　生死を動ぜずして即ち涅槃に至る（雑問答一〇）

【発心をしたその時に、たちまち不思議な力が湧き起こり、迷うことがない悟りが約束される】

◉発起と発心　平成十三年の四月に四国八十八ヶ所を行脚したいと発起して実行しました。高野山から電車を乗り継ぎ、午後に四国霊場の第一番札所霊山寺へと到着して第一歩を踏み出しました。

その日は無理をせず三番札所を打ち終えた辺りで人生初の野宿となりました。寝袋に入り見上げた満天の星空を眺めつつ、今までとこれからの人生について考えを巡らせているうちに、大師さまも空を見上げて何を思ったのかなと思いを馳せて眠りにつきました。

その後歩みをさらに進めていくうちに様々な出来事に遭遇したり、有り難いお導きを賜りました。

例えば、薄暗くなった道中、道に迷い途方に暮れていると、ふと現れた白い犬。それに導かれるようについて行くと本来の遍路道にたどり着くことができたという体験を致しました。

そして、室戸岬の第二十四番札所最御崎寺《ほつみさきじ》を打ち終えた時です。もう陽も暮れようとしていたのでお許しを得て登山口付近の求聞持堂にて野宿をさせていただきました。二度目の野宿でしたが、以前とは異なり、道中での出来事を思い返していたとき、ふと気づきました。

最初の野宿の時は自分の事にしか意識が向いてなかったのですが、ふと「あぁ日頃から自分は本当にたくさんの方々にお世話になってきたんだな」と周りの存在を省みるようになっていたのです。

その日を境に、今まで以上にこの行脚をさせていただいている時間と御縁に感謝を深く感じながら歩みを進めていくうちに身体の疲労に反して気力が満ちていくような感覚が湧き出てくるようになりました。その時、「あぁ、これが発心なのか」と確信したのです。

真の「発心」とは自らを省みて恩を知ることから始まるのです。

（成松昇紀）

初発心の時に直に心の実際に住して諸法を摂す（雑問答一〇）

【発心をしたその時に、直ちに心の本源に定まって真理を得ることができる】

◉初発心をもちつづけること　お大師様が幼い頃、命あるものすべてを救済するため、自分にはその器があるか否かを確かめるべく屛風ヶ浦の断崖絶壁にて捨身の誓願を打ち立てられました。病める衆生を救済する壮大な願いを抱かれたのです。お大師様の初発心は数多の活動の原動力となり、生涯にわたって貫かれていく心柱と考えてよいと思います。

初発心とは世間では初心という言葉と通じるところがあります。初心に立ちかえることで今の迷いが晴れ、本来目ざす目的があらためて見出されることがあります。

さて、脳神経外科のお医者さんに「神の手を持つ」とわれる上山博康先生がいます。脳動脈瘤の破裂を防ぐなど外科手術においての第一人者です。ただ、上山先生は「神の手」といわれることに対して「外科治療の技術は、師匠から怒られ泣きながら懸命に努力して会得した技なので、弟子へ伝承できる巧みの手と呼んでほしい」と謙遜されています。今でこそ誉れ高い先生ですが、若かりし頃には苦い経験をしました。その一つに、安易な妥協の末に自らの執刀によって患者さんが亡くなられた時のことです。とてつもない深い負い目を感じ、この世から消え去りたいぐらいの苦しさです。土下座で謝罪をしても悔恨がこみ上げてくるばかりです。患者さんの笑顔や家族の姿、すべての光景が胸に突き刺さる思いでした。医師として本当に自分は続けていいのだろうかと何度も問い詰めました。そのような悶々とした中で、高校生の頃「外科医になって命を助ける医者になる」という夢を胸に医師を志したことや、医師として育ててくれた厳しい師匠の「患者は命をかけて医者を信じる。お前は何で答えるんだ？」という言葉が脳裡をよぎりはっと目覚めます。上山先生は命を懸けた患者さんに己のもつすべてをかけて尽くすことが医師として生きる道と思い至り、本物の自信をもって「命を助ける医者になる」という決意をあらたにされたのでした。

初めて発した志は、実に目的を成就する力となれるものでしょう。そして初発心を持ちつづけることは、将来の自分自身の完成した姿に一歩ずつ近づいていけるものと信じています。

（阿部眞秀）

行法衆多なれども略してその四を言う　一には常座　二には常行　三には半行半座　四には非行非座なり（十住心第八）

【修行の方法は多くあるけれども、大別すれば四種類ある。座る行と、歩く行と、座ったり歩いたりする行と、生活全体の行である】

◉修行にもたくさんの種類がある　修行、と一口に申しましてもたくさんの種類があります。高野山ではお掃除も「下座行」であり、座を下りたあとの大事な修行と教えられました。お経をお唱えすることはもちろんのこと、お食事をいただくことなど生活のすべてが修行であると教えていただいたものです。

高野山で教えていただいたことの中に「阿字観」があります。真言宗の教えによる瞑想であり、「阿字」の音、形、意味を瞑想します。形を瞑想する中に、満月の月を瞑想する「月輪観」があります。この阿字観を習ったときに、夜に外で月輪観を行う時間がありました。満月の月明かりの下、この月輪観をすることができたらどんなにすばらしいだろう、そう思って外に出ましたが、残念ながらその日は曇りで、空は厚い雲に覆われていました。

お堂の縁側に座り、瞑想に入ります。昼間の喧騒が嘘のように静まりかえっており、夜の風が少し肌寒く感じられます。相変わらず、月は見えません。しかし、厚い雲の向こうに、見えないはずの、きれいな月が見えたような気がしました。月は、私達が本来持っている清らかな心の象徴です。そのことが、ふっと心に落ちたような気がしました。

なぜ厳しい修行が自分の目の前にあるのか。言葉だけでは伝えられるものではなく、自分自身の体験や修行でなければたどり着けないものがあるから。高野山での修行時代、そう思えるようになってから、生活の一つ一つに意味を感じられるようになりました。

私達の生活もまた、修行のように感じられる辛いときもあります。しかし、それを乗り越えたときに大切なことが得られると考えれば、そこに意味を見出すことができるのでしょう。何気ない日常もまた「修行」なのですから。

（白馬秀孝）

出家とは頭を剃り衣を染むる比丘比丘尼等これなり　在家とは冠を戴き纓《ひも》を絡《まと》える優婆塞《うばそく》優婆夷《うばい》等これなり　上《かみ》天子に達し下《しも》凡庶に及ぶまで五戒十善等を持て仏法に帰依する者皆これなり（宝鑰第四）

【出家とは、頭を剃って衣を染めた比丘たちである。在家とは、冠をかぶり装身具をつけている在家信者たちである。上は天子から、下は庶民に及ぶまで、五戒や十善などを守れば、すべて仏道の修行者である】

◉観音菩薩の心　仏道の修行者には出家も在家もあります。出家の比丘、比丘尼、在家の優婆塞、優婆夷を四衆と言います。僧侶だけが仏道の修行者ではありません。

お釈迦さまは晩年に霊鷲山で法華経を説きました。この法華経の中に観音菩薩について説かれている観音経があります。お大師さまは『法華経開題』のご著作において、法華経はインドの梵語で「サッダルマプンダリーカスートラム」と言い、最初の「サ」字が観音菩薩の象徴梵字であり、法華経はこの一字をもって本体とし、主要要素とするがゆえに観音菩薩の境地を表していると解釈しています。観音経を読解し、お大師さまの開題を学び、私は観音菩薩とは何かをずっと考え続けています。観音菩薩は在家信者の仏道の修行者と思います。阿弥陀如来の前身の法蔵比丘を師として修行していたと梵語の観音経には説かれています。

お釈迦さまは観音経で観音菩薩の威神力について説いています。その中で大水や漂流の難から逃れられるとあります。私はお大師さまの開題を学ぶまでは、観音経は大きく、観音菩薩の威神力について説かれた教えであると思っていましたが、今は少し変わりました。開題には、ガンジス河を渡っていた母親が、子供を助けようとして溺れ死んだ後に天上に生まれ、難船の時に大慈悲を発して人々のために身を犠牲にした勇者が、その功徳により大覚者と生まれ変わったとあります。観音菩薩のことを言っていると考えられます。

私たちも大切な人を苦しみから救いたいという心を持っています。この心と観音菩薩の心は同じです。この心を持って、実際の現実の中で活動する時、私たちは観音菩薩と同じになると私は考えるようになりました。観音菩薩とは、私たちが生きている世界から遠く離れたところにいるのではなく、また、私たちは観音菩薩になることができる同じ心を持って生きていると私は考えるようになりました。

（細川敬真）

もし外護及び内心具足することを得ざれば修すること能《あた》わず（瑜祇経行法記）

【静かな環境と内面の心構えができていなければ、修行をしても成果は得られない】

◉環境を整える　シャクソン家のマイケルが勉強について悩んでいるようです。ジャネットはどんなアドバイスをするんでしょうか。

マイケル「いざ勉強しようと思ったときに限って、お母さんが『勉強しろ』って言うんだよ。やる気なくしちゃうよね」

ジャネット「なんだ、そんなことで悩んでたの。それなら弘法大師の『もし外護及び内心……』（冒頭の言葉）が参考になるかもね。ちょっと環境を変えてみたら？」

マイケル「環境かあ」

ジャネット「弘法大師は、最初は都のあった京都を拠点に活動していたんだけど、思索にふけったり弟子を育てたりするにはもっと静かな環境がいいと思って、都から離れた高野山を修行場に選んだのよ」

マイケル「インプット（入力）の高野山、アウトプット（出力）の京都ってわけだ」
ジャネット「それで言うと、同時並行で満濃池の修築工事のような社会活動もあちこちでやってたから、高野山がなければアウトプット過多になってたかもね」
マイケル「お笑い芸人に例えると、高野山ではネタ作りに集中して、京都でお笑い番組に出演し、全国各地でライブを開催、みたいなことかな」
ジャネット「ずいぶんポップな例えになったわね」
マイケル「最近、賞レースで注目された若手芸人が、一時的にブレイクするんだけど、そのあと一気に人気が落ちることがよくあるんだ。どこか通じるところがあるよね」
ジャネット「例え話でそんなに引っ張らなくてもいいわよ。でも、ちゃんと修行をする環境を整えないとだめという点では同じかもね」
マイケル「弘法大師はちゃんと危機感を持って自分で環境を整えたんだから偉いな」
ジャネット「あんたも弘法大師を見習って環境を整えてみたら？　家で勉強に集中できないなら、図書館に行けばいいんじゃない？」
マイケル「そうなんだけど、図書館に行く途中にいろいろと誘惑があってさ」
ジャネット「はあ。環境より内面を整えるのが先だわね」

（坂田光永）

厳冬の深雪には藤衣を被《き》て精進の道を顕わし　炎夏の極熱には穀漿《こくしょう》を断絶して朝暮に懺悔すること二十年に及べり（御遺告）

【厳冬の深い雪の中では蔦の衣類を着て仏道に励み、炎天下では飲食を断って終日懺悔することを二十歳まで続けた】

◉食事も喉を通らなかった厳冬修行の中で　このお言葉を一度見れば、酷暑、厳冬の時期に修行三昧の日々を送っていた過去の自分が今の自分に重なります。

朝早く起床し、仏様を美しく荘厳し八十人の同期と共に修行道場で一心に拝ませて頂きながら、まず時代に応じた一人間、一僧侶になろう、その成就を目指し修行に精進していた十二月の頃、私は食事が突然、全く摂れなくなったのです。

食欲はあったのですが食事を口の前に運ぶと、強く催しお箸を戻してしまう状態が十日程続き、同期の友人から「どうした、酷く痩せたな」といわれ体重を量ると、当時六十二キロだった私の体重が五十六キロまで落ちていました。より過酷な修行に私は励み続けましたが、私には道場で出して頂く食事を食べられないのがつらい事でした。

そんな私の心中をいつ察したか、いつも食事の時隣に座っていた同期が、自分の分を出さぬよう根回しをしてくれました。私はこの経験から、自分になす術がない苦況に、自分に応じた救済を頂くことは何と有難い事か、自分も、もっと世間で様々な厳しい状況を経験し、そこから脱却する鍵となる事を知る必要がある、と思ったのです。

修行も人生の苦難も、最初は経験もない上、頼りにするものも解らず大変なものです。初心忘れるべからずと申しますが、この初心とは本来、初心者の頃のみっともない自分自身の姿です。あの無知で未熟な自分に戻りたくない、ならば苦境の経験を活かし世の中をより良く、また誰かの為になる行動を実践するような「人生は修行」となれば、何事も出家者でなくとも誰しもある「悟りの時」となるのではないでしょうか。

その同期の友人とは、この尊書のどこかで、法を伝えて下さっている坂田光永僧正です。坂田君、貴方は覚えていますか？　あの厳冬の頃の事を。

（村上慧照）

修行

ここに大聖《だいしょう》の誠言《じょうごん》を信じて　飛焔《ひえん》を鑽燧《さんすい》に望む　阿国大滝嶽《あこくたいりょうのたけ》に躋《のぼ》り攀《よ》じ土州室戸崎《としゅうむろとのさき》に勤念《ごんねん》す（三教指帰上）

【仏陀のことばに従って、木を擦って火をおこすような努力を続け、阿波の大滝ヶ嶽や土佐の室戸崎で修行した】

◉自己のすがた　時として「親しい人や尊敬する人の助言を素直に聞いておけばよかった」と思う事があるではないでしょうか。人生においてそう度々とは申しませんが、人生それなりに歩んでいると、それなりの経験があると思います。時には、「人の心もしらないで、なぜそのような事を言うのか」と、腹の中が煮えるような思いをされたこともあると思います。時として耳が痛い言葉であり、忠言耳に逆らうということは、日常生活においてもあるのではないかとも思います。そのものズバリと言われることが、なにも歯切れよく気持ちのよいことだけでありません。

かくいう私も多々経験がございます。幼い頃には、親の言いつけを聞かずホットプレートで火傷をしたこと。川辺ではしゃぐなと言われているにもかかわらず、はしゃいで川に落ちたりしたこともあります。いかんせん、私自身の意固地な面で損をしてきたことは多々あります。この意固地な面は、人それぞれで個人差はあります。しかし、時として何かしらの場面で出てきてしまうものではないでしょうか。意固地な面を全くなかったことにすることは不可能ですし、無くなればあなたという個性の魅力的な一面を無くすかもしれません。

逆に意固地にならず、人からの助言の全てを聞き入れて即実行することが良いという事でもありません。しかし、その助言には他者の目と心に映ったあなたの姿を分析なり比較してくださった結果の賜物です。相手は、あなたが良く受け取るか、悪く受け取るかを思いつつも発言してくれた言葉です。素直ではなく、たとえ嫌々であったとしても自己の心と行動に照らし合わすことをしたほうがよいと思います。自分には見えず、相手にしか見えない自分の姿を見つめ直す。このとき、自分で知っていたつもりで知らなかった自分像がみえます。この姿に一喜一憂するのではく、よりよい一人の人としての姿を描き実行するなか、助言という気づきに心から手を合せられるようになれます。意固地を少し素直にしてみませんか。

（渡邉智修）

霜を払って蔬《そ》を食う　遥かに仍《きゅう》が行に同じ　雪を掃って肱を枕とす　還て孔の誡《いましめ》に等し　青幕《せいばく》天に張って房屋《ぼうおく》を労せず　縞幌《こうこう》岳に懸って幃帳《いちょう》を営まず　夏はすなわち意を緩《ゆる》うし襟を披《ひら》いて太王の雄風に対い　冬はすなわち頚を縮め袂《たもと》を覆うて燧帝《すいてい》の猛火を守る（三教指帰下）

【霜を払って山菜を食べることは昔の子思の生活と同じである。雪を掃って肱を枕とすることは孔子の教訓に等しい。青空が屋根だから家を建てる必要がない。白雲が戸張になるから幕は不要である。夏は心ゆったりと襟を開いて風に向かい、冬は首を縮めて袂で囲んで大切な火を守る】

◉不思議なメガネ

青空が屋根だから家を建てなくてもいい。白雲が戸張になるから幕も要らない。自らが満足するには自らの心の研鑽や修行が必要なのでしょう。それは見方を変えるという事なのかもしれません。そこで、こんな物語を考えてみました。

ここに不思議なメガネがあります。このメガネは掛ける人によって見えるものが変わる不思議なメガネです。三教指帰に登場する五人それぞれにこのメガネを渡してみました。蛭牙公子《しつがこうし》は「何も変わらないじゃないか。このインチキ野郎」と罵声を浴びせました。兎角公《とかくこう》は「あぁ。なんと素晴らしいメガネでしょう」とメガネを褒めてくれました。亀毛《きもう》先生は「あぁ。よく見える。あなたの中に眠る素晴らしい才能が良く見えます」と私にやる気を与えてくれました。虚亡隠士《きょぶいんじ》は「あなたの中の身体と心の病が見えます。早く私の言う通りにして病を除きましょう」と言いました。そして、仮名乞児《かめいこつじ》にこの不思議なメガネを渡しますと「私は既にこの宇宙に存在する全てのものに菩提心を見ています。そのようなメガネはいりません」と答えました。あなたは、この不思議なメガネで何を見ることができるでしょうか？

毎日生活しておりますと「しんどいなぁ」とか「羨ましいなぁ」とか「なんで自分だけ」と思う事もあるでしょう。しかし、今の生活を満足にさせられるかどうかは自らの心次第なのです。「しんどいなぁ」と思った時、そこには本当にしんどい事しかないのでしょうか？　苦しみの向こうに楽しみを見つける。不思議なメガネが無くてもそのように物事を見たいものです。そうすれば苦労は苦労とならず、やがて不苦労《ふくろう》となり福労《ふくろう》となる。そう私は思ってフクロウ（梟）を御守にしています。（加古啓真）

修行

栃《とち》の飯《いい》　荼《と》の菜《な》一旬給《つ》がず　紙の袍《きぬ》　葛《かつら》の褞《ころも》二つの肩蔽《おお》わず　一枝に逍遥し　半粒に自得す　何曽《かそ》が滋《こ》き味を願わず　誰か子方《しほう》が温き裘《かわごろも》を愛せん　三楽の叟《おきな》もこれに比すれば愧《は》ずることあり　四皓《しこう》の老《おいびと》もここに対《むか》えば儔《ともがら》に非ず（三教指帰下）

【食糧のどんぐりやにが菜でさえ十日も持たない。肩を覆わない紙や葛の衣服で身を包む。枝で作った鳥小屋のような所で過ごす。半粒で満足できるから美食家の何曽のように旨いものを願わない。田子方が好んだような温かい衣服も望まない。快楽な人生観も、白髪の長老も、徹底した無欲な修行者には適わないであろう】

◉堅固な思いは道を開く　『三教指帰』は、お大師様が仏道修行に入り出家への思いを述べられています。主人公の仮名乞児は、自身をモデルとした私度僧で、三つの教えを比較しそれぞれ否定せず認めるものの、仏教が人間の理想とする教えだと説きます。

お大師様は十八歳で大学に入学し学問に専念します。この時代の教育は儒教中心で官僚を養成する機関です。人間観について悩まれるのですが解決できず、仏教に惹かれ大学を中退しました。苦悩の末に一人の僧に出会い、「虚空蔵求聞持の法」を授かり、その経文に書いてある文言を信じ、山林に入り修行者になって一心に修行を重ねます。

世間の生活を離れ修行に励むうちに、神秘体験を通して出家への思いが高まりました。出家に反対する親族の意見に、自分の仏道に対する堅固な思いを述べています。この二十年後には、お大師様は仏道に邁進する僧侶を目指す者の為に、高野山に修禅の道場を創建されました。

私達が真言宗の僧侶になる為には、世間を離れ、難行苦行の百日間行なう加行という修行をしなければなりません。私自身この加行が無事に成満できたのは、自ら選んだ目標に対し、不撓不屈の精神で、頑張りたいという思いが、原動力になったのだと思います。

私達も新たな目標に向かう時、挫けそうになっても堅固な思いが心の支えになり、未来への道が開けていくものだと思います。

（天谷含光）

父兄にも拘《かかわ》らず親戚にも近づかず　萍《うきぐさ》のごとく諸州に遊び　蓬《よもぎ》のごとく異境に転ず（三教指帰下）

【父兄や親戚から離れ、浮き草や蓬のように各地を転々として過ごす】

◉吾亦紅《われもこう》　故郷に友人や家族を残し単身高野山に向かった十九歳の私は「まだ実家にいたい。友人と遊びたい。なぜ故郷や親から離れ修行などせねばならぬのか」といった怒りにも似た憤りのような気持ちに強く後ろ髪をひかれていたのを思い出します。

僧侶になるために高野山に向かったのですが、修行の道のりは険しく厳しい毎日でふとした瞬間に「母の料理が食べたいなぁ」と思い出されたのが懐かしく思います。そうした辛い修行の日々の中で挫けそうになり修行をやめたくなったとしても「私には必ず帰れる家がある。帰らなければいけない故郷がある」。そういった想いが倒れそうになった時に心を強く支え、また前に一歩前に進めと背中を押してくれていました。

親の役割とはいったいなんなのか。最近のニュース等を見ていると石橋を叩いてあげてさらには手を繋いで一緒に渡るようなそんな親が多いような気がします。それが悪いと言うわけではありませんが、優しさをはき違えると子の可能性を殺すことになります。私は親の役割とは最後まで子供の味方、最後の砦の様な存在のことだと思います。賛否あると思いますが私の親は、「もしお前が人を殺したらお前を殺して私も死ぬ」とそういった覚悟で子育てをしていると話してくれたことがあります。

個人的な考えで出家したものとして失格なのかもしれませんが、これは私が恵まれた環境にあったからこそ思うことなのです。産んでくれた人間に感謝し、恩返し出来ない人間が赤の他人を救う事など出来はしないと。

外に出て色々な人に出会い、色々な物を見て、色々な物を食べ、様々な風習に触れ、苦しい思い嫌な思いもたくさんしました。ここには書けない様な仕打ちも受けましたが、しかしそうしたお陰で今の私があると思うと外の世界に出て良かったなと思います。もちろん家庭の状況にもよりますが、もし少しでも外の世界がみたいなと思ったらまずは実家を少し離れて一人暮らしから始めてみてもいいかもしれないですね。ちなみにタイトルは私の好きな曲のタイトルです。

（松本堯円）

松林より発して聚落《じゅらく》の京に赴き　知足の意に乗じて鉢を捧げて直《ただち》に征《い》く（三教指帰下）

【山林から出て集落の都に行き、小欲知足の精神にて托鉢に歩く】

◉「足ること」を知る

私たち現代に生きる人々は私たちの祖先よりも格段に快適で便利な環境の中で生きています。発達した交通、医療、有り余る食べ物、日々更新される刺激的な娯楽、私たちは昔より遥かに物的な要素で恵まれた日々を送っていますが、私たちの心が満たされたという話は聞きません。むしろ、心を満たすために次の快楽、次の刺激を求める余り、心をすり減らしているように思えます。

お大師さまの人生もまた、心を満たすことを求める日々であったと語られています。十代後半で都の大学に入り、国家官僚としての道を目指されました。都での暮らしの中で、地位・名誉・財産を守ることに心をすり減らす人々をお大師さまは見てこられました。そのような都の生活に嫌気がさしたお大師さまは遂には都を飛び出し、山野の中で修行をする道を歩まれました。

食べるものは少なく、世俗的な名誉は無く、貯まる財産もない、そのような厳しい暮らしの中でも、お大師さまの心は都にいた頃よりもずっと満ち足りた日々でありました。長年の山野での修行の後にお大師さまは「托鉢とは、小欲知足の精神で歩く」とお教え下さっています。托鉢とは人々から少しの施しを得る修行で、小欲知足とは「少しのもので、心を満たす精神」を表しています。欲望とは求めれば求めるほど際限なく広がっていくものですが、少しの得るもので満足することができれば、心は自然と満たされます。

現代社会に生きる私たちは、即物的な欲求を満たすことが容易に出来てしまっているがために、かえって心が満たされない状態に陥っているようです。始めは困難であるにしても、最低限のもので生活をし、少しのものを得ることに満足する。小欲知足の精神がこれからの私たちにとって必要ではないでしょうか。

（伊南慈晃）

経途《けいと》多《た》艱《かん》にして人《じん》烟《えん》夐《はるか》に絶えたり（三教指帰下）

【仏の道は多難にして、頼る人もない】

◉死ぬまでゲーム　今までの不摂生が祟り、腎臓が悲鳴をあげたようです。不惑半ばより主治医には警鐘を鳴らされてはおりましたが、当の本人はどこ吹く風。人間である以上、食欲・睡眠欲・性欲という三大欲からの逃避は難しく、長命の追求に対して否定的な考えを持っておりますので、当然「成るように成る」というところに落ち着いて、改める思考も働かない始末。「あと五年で透析になりますよ。檀家として困るんですがね」と、主治医の助言にも耳を貸さない愚か者でした。

ある時、「忠言は耳に逆らう」という言葉を目にし、「そうだよな。忠告は耳が痛いから、素直になれないよな。解ってるんだけどねって感じかな」と考えていました。

では、なぜ素直になれないのか。絶対的に信用している方から言われれば、「はい」と受け入れられるのです。ということは、忠言の発信者を信用していないのです。相手が面倒な輩だったら、返事はするけど従わないってことも多いなんて、真実を導き出したりなんかして。今やろうと思っていることを先に言われたり、解っていることを指摘されたりすると、イラッときてしまうのも事実です。だから、他人には言わないようにしています。このように自分では気を付けられますが、世の中には正義感丸出しの言いたがりも多いわけで。しかし、主治医は信用しておりますので、この件に関しては、こちら側の一方的なズボラ体質のなせる結果でしょう。

体調を崩し、とても疲れが溜まりやすくなりました。結果は、主治医の警告通り。余生にやりたいことを見つけてしまったので、まだ寝付けないと治療を始めました。腎臓は、回復はしないそうで、機能低下を起こすまでの時間を稼ぐための節制しかありません。治らない悲観より、どこまで保たせられるかというゲーム性を感じ、没頭しております。死ぬまで続けるゲームです。

お大師さまの崇高な言葉に結びつけるのは畏れ多いですが、そのようなイメージを与えてくださり、修行と捉えて精進いたします。

（吉田宥禪）

道を殉《もと》めて斗藪《とそう》し　直ちに嵯峨に入る（性霊集二　沙門勝道）

【勝道上人は、仏道を求めて草藪を払い、深く険しい二荒山に入る】

◉厳しさの先にあるもの　勝道上人は、少年の頃から山岳修行に励み、日光山を御開山された僧侶です。自ら険しい山に入り、厳しい環境の下修行を積み重ね、仏と一体になられました。

お大師様もかつては山岳修行に励んでおられました。深く険しい荒ぶった山の中で修行し、多くの仏菩薩からの御加持を頂きました。

現代の私たちに、山岳修行とはあまり馴染みがありませんが、自ら険しい場所に身を置き、己を律する事は可能です。日本の有名なオリンピック選手などが良い例です。毎日毎日、厳しい練習を積み重ね、心身共に鍛え上げた結果、素晴らしい成績を残し、自他共に歓喜を得ます。最近ではフィギュアスケートの羽生結弦選手が有名ですが、実はこの羽生選手は、子供の頃から気管支喘息を患っています。この病気は、発作が起きると歩く事もできないくらい息が苦しくなります。氷の上は埃が少ないとは言え、冷たい空気の中での練習はきついものがあります。また、彼は東北地方出身の選手であり、東日本大震災の被災者でもあります。自分の生まれ育った街が壊れ、多くの方々が犠牲になり、とても辛い感情を抱えていました。しかし彼は、地元の方のためにも自分の為にも頑張ろうと決心し、震災から復興中の厳しい環境の中でスケートを続けました。そして、多くの日本人を笑顔にし国民栄誉賞を受賞しました。

勝道上人やお大師様がかつて山岳修行に励まれたその心は、私たちの中にも生き続けています。あえて自分にとって辛い環境に身を置いてみると、必ず後から歓喜は訪れます。

先の名言は、道を殉めて斗藪し直ちに嵯峨に入るとは、一つの道を突き進み、厳しい環境へと入っていき修行する事です。仏道修行は厳しいもので、身体も心も限界を迎えそうになりますが、さらなる新しい自分を手に入れる事ができます。そしてそこで手に入れた物は一生の宝物となり、多くの人々の役に立つ事が必ずできます。辛い経験をした人は、辛い思いをしている人の心の痛みが理解できます。苦労を買って出る事もまた一つの大きな修行なのです。

（堀江唯心）

◉寒を経　暑を経れどもその苦を告げず　飢に遇い疾に遇えどもその業を退せず（性霊集二　恵果碑）

【恵果和尚は、寒かろうと暑かろうと苦痛を言わず、飢えようとも病気になろうとも、修行を怠ることはなかった】

◉何事にも動じない不動の精神　高宮敏光さんは、今から十数年前に活躍された剣道の選手です。実は高宮さんは五体満足ではありません。高宮さんは隻腕、つまり左腕一本で戦われていたのです。しかしそうした状況でも周囲の強豪選手を次々と破り、高校・大学と全国大会に出場されたのです。私は高宮さんがどのようにして壁を乗り越えることができたのか、お話を聞いてみたいと思い高宮さんに電話をかけました。後日、私は高宮さんとお会いし、お話を伺うことができました。

高宮さんは幼少の時に事故で右腕の切断を余儀なくされました。高宮さんが何よりも辛かったことは、そうした状況で周囲の方々から負い目を感じてしまうことでした。

高宮さんはそうした負い目をなくすために剣道を始められたのです。ところが左腕一本で剣道をするということは容易ではありません。高宮さんを待ち受けていたのは想像を遥かに超える厳しい稽古の日々でした。そんな時に高宮さんを支えたのは「周りからの負い目を絶対に無くしたい」、その一心でした。そうした血の滲むような努力が実を結び全国大会出場を果たされたのです。

標題の名言は、お大師さまが恵果和尚について表されたものです。恵果和尚は、たとえ暑くても寒くても、たとえ病にかかっても修行を怠らなかったといわれています。私たちは自分に不利な状況に立たされると、そのことから目を背けたくなる事があります。ですが恵果和尚は、どんな状況に置かれようとも修行を続けられたからこそ今日までの歴史に名を刻むような高僧になられたのではないでしょうか。

高宮さんもまた自身の置かれた厳しい環境と向き合って剣道の修行を続けられたからこそ全国大会で活躍されたのです。高宮さんは現在教師となり大阪府の中学校で教鞭をとられています。そして逆境を乗り越えた不屈の精神を生徒たちに伝え続けているのです。私たちもまた恵果和尚や高宮さんのように何事にも動じることなく前を向き一歩、また一歩と歩みを進めてゆくことが大切なのです。

（杉本政明）

修行

斗藪《とそう》の客ついにしかも帰らんことを忘れ　逸遊《いつゆう》の士なんぞ懐《ふところ》を闊《ひろ》くせざらん（性霊集三　中寿詩）

【山中の魅力にとりつかれて俗界に下ることを忘れ、自由を楽しんで心を開放している】

◉プチ修行で心の開放　毎日が忙しい。高野山みたいな静かなところだったら修行できるのに。でもなかなかそんな暇なくって……うんうん、その気持ち、わかります。

いやいや、心頭滅却と言うではないか、その気になったらどんな環境でも修行ができるはずだ？　……はい、それも間違いではありません。でも、やはり普通の人は木石ではないので、いろいろなものに左右され気が散り、なかなか落ち着きません。

ですから、まずお部屋の中を、片付けてみましょう。お祈りスペースだけでもいいのです。とりあえず目の前のモノを揃えてまっすぐに置くだけでも十分です。

さあ、そこに座って。目は半眼でもいいし、閉じてもいいです。呼吸を数えて。

一、二、三、四、五……、十まで数えてみてください。
少し落ち着いてきましたね。もう少し数えてみましょう。
一、二、三、四、五……、十まで数えて……。
シーンとしてきました。ブーン……遠くで冷蔵庫の音が聞こえます。もっと遠く……外の風の音、葉がそよぐ音……。限界まで遠くの音を聞いてみてください。
一、……二、……三、…………十。もっともっと遠く……風が少しひんやりとしてきた……山の風です。雲の流れる精妙な音、ゴーーーンと微《かす》かな鐘の音。読経の響き……その経文が金色の微妙《みみょう》な文字となって空に立ち昇っていく……。そして……。
さあ、もう一度呼吸に集中して。一、……二、……三、…………十。しっかりと呼吸してください。一、……二、……三、…………十。部屋の中に戻ります。
お大師さまに会えましたか？　ちょっとだけ、視線の範囲でいいのでお片づけをして、そして短い時間でいいから、毎日コンスタントに座ってみましょう。プチ修行で心を開放してみましょう。

（鈴木隆蓮）

修行

方袍《ほうほう》苦行す雲山の裏《うち》　風雪情《なさけ》なくして春夜寒し　五綴持錫《ごていじしやく》して妙法を観ず　六年蘿衣《らい》にして蔬飡《そさん》を啜《くら》う（性霊集三　恩賜百屯綿）

【苦行僧の山暮らしには風雪が容赦なく吹いて春の夜も寒い。鉢と錫杖を持って仏法を尋ねる六年間は粗末な衣食で過ごした】

◉こころを失った現代の日本　現代の日本にはお大師様のように鉢と錫杖だけを持って着の身着のまま野山を駆け巡る修行者はほとんどいなくなりましたが、仏教の生まれたインド・ネパールの一帯にはサドゥーと呼ばれるヒンドゥー教の出家修行者が四百万人以上もいるそうです。サフラン色の衣を身にまとい、ある者は衣さえなく褌ひとつか、場合によっては冬のヒマラヤ地方でも全裸で苦行の放浪生活をしています。髪の毛もひげも伸ばしっぱなしで、持ち物はサドゥーバッグといわれる小さな袋ひとつだけ。家族も、仕事も、財産も、全ての世俗的所有を放棄した人々です。人々からの僅かな喜捨によって生活の糧を得ているそうですが、時には道端や観光地で物乞いのようなことをしていたり、そうかと思うと時には寺院で人々に祝福を与えていたりと、その生活や実態は謎に包まれています。

基本的に修行者というのはほとんど経済活動をしませんし、生産性もありません。それどころか、彼らは多くの時間を精神性や霊性を高めるための修行に費やし、有形無形の施しを受け取って暮らすことの方が多いでしょう。しかし、旅の途中でサドゥーの姿を見かけるとなぜかホッとする私がいます。おそらく、彼らは社会におけるある種の「善」の象徴なのです。インドの社会には、未だにそのような人々の居場所や、彼らを受け入れ生活を支えるだけの懐の深さがあるように思えます。それは、言い換えれば社会としての余裕です。

明治のはじめには日本にも十七万人もの山伏がいたそうですが、明治五年の修験禁止令以降その数は激減し、現代において彼らの姿を見ることは非常に稀なことになりました。昨今は全国で約七万五千あるお寺のうちの約四分の一、二万ものお寺が住職のいない空き寺となっているそうです。神社の場合は、全国約八万社に対して宮司さんの数は一万人ほど。日本は精神性よりも、経済活動が優先される社会になったのでしょうか。そのことに、一抹の寂しさを感じます。

（小西涼瑜）

修行

鉢錫《はっせき》を持して以て乞を行じ　林藪《りんそう》に吟じて観に住することをのみ解《さと》れり（性霊集四　勅賜世説屏風）

【錫杖を握って托鉢を行ない、森林で経文を唱え、仏を観念することだけで過ごしている】

◉己の長を説くことなかれ　平安初期の書道の大家に三筆がおられます。三筆とはお大師さまと、嵯峨天皇と、橘逸勢で、この三人は書道に巧みであったばかりでなく、当代一流の文化人でもあったのです。嵯峨天皇は在職中に、宮殿に飾る六曲屏風を作らせ、それに世説の名言を書かせようとされました。その名言は自分の参考にもなり、人々の勉強になるものですから、達筆家というだけでなく、相応の人物に書いてもらいたいと思いました。では誰をえらぶか。そこで思い浮んだのが、師とも仰ぎ、兄とも慕うお大師さまです。お大師さまは勅命を受けると、早々にこれを仕上げ、作品と共にこの一文を陛下に呈上しています。

普通なら天皇陛下直々の御下命であり、宮殿に飾る晴れの屏風ですから、指名されたことは大変な名誉で、天にも登る思いでお受けするでしょうが、お大師さまはこの文中に「自分は林の中の枯枝のように役立たないものであり、大海に捨てられたしかばねのようなものです」と言われ、つづけて頭初の文を記されています。

お大師さまは非常に謙虚な方であられました。万能の才をもたれながら、それを人にひけらかすことなく常に自分を反省され「人の短をいうことなかれ、己の長を説くことなかれ」を座右の銘としてこられたといいます。こういうお方ですからお大師さまは宗旨宗派を越えて多くの人からあがめられてきたのです。ことに嵯峨天皇はお大師さまを評し「氷玉の顔容心うたた清し」と言っておられます。お大師さまのお顔やお姿は氷のごとく澄みきっており、玉のごとく輝いており、そのお姿を見ているだけで心はますます清まっていくというのです。何とすばらしいことでしょう。

お大師さまの人生は、この磨きの上につくり上げられたといえます。真言宗の道場を定めるとき、「高野山がほしい」と申し出られると、嵯峨天皇は直ちに七里四方の山を提供して下さいましたし、天皇を退かれる最後の年には京都で一番大事な、一番大きい寺である東寺を真言宗に下賜されています。

（小塩祐光）

修行

雪中に肱《ひじ》を枕とし　雲峰に菜を喫《くら》う（性霊集五　福州観察使入京）

【雪の中では肱を枕にして休み、山の中では野草を食べながら過ごした】

◉お大師さまの道を求められる不屈のお心　この名言は『福州の観察使に与えて入京する啓』に見えるのであります。お大師さまが入唐されたの時の一文であります。それによると、遣唐使の葛野麿の一行に加わって航海をするのに暴風雨が帆を破り、暴風が船の舵をおってしまうような荒れ狂う波濤の海に二月余も漂い、唐にたどり着かれたのは八月の初めでありました。それはまさに記憶の域を超えて、限りない死の恐怖に怯え、波に襲われる航海であったが、生きて日を仰ぐことが出来た。と書き残しておられます。しかし漂着したところは田舎の福州長渓県赤岸鎮でありました。

約二カ月に及ぶ嵐の荒れ狂う航海で、生活の糧は失われ同乗した者の中には疲労や病で苦しむ者もいたでありましょうが、お大師さまは漂流の中にあっても内憂外患にも耐えてひたすら入唐の目的に渾身の御覚悟があられたことでありましょう。そのお志は出家宣言である『三教指帰』に見えるあたりから、約七年間に及ぶ世俗の世界を捨て山野を跋渉し、飢えにもたじろかず毅然として未来を志向されたお姿に思いをはせるのであります。

漂着された赤岸鎮は昔から天然の漁港が拓け村人は半農半漁で比較的平和な暮らしをしていたらしい、しかし遣唐使船の寄港するようなところではありませんでした。その為か泊まる宿も見当たらず、それぞれ休息の場所を探し当てる有様でした。遣唐大使葛野麿は使者を役所へ赴かしめ、一行が渡来し長安への道を急ぐ事由を訴え便宜を与えられることを申しでましたが意を通ずることが無く、長渓県の役所を尋ねよと教えられたのでありました。そこでお大師さまが福州の観察使に当て認められた書状が見えるのであります。その一文を拝読する時、私はお大師さまの求道のお姿に感動を覚えずにはいられないのであります。書状には「この留滞を歎いて早く京に達せんことを貪る」と言われています。ひたすら密教を求めて長安を目指されたのでありますが、それは奇跡のような求道の旅でありました。その苦難を成満させたのは上記の表題そのままの修練のなせる業でありました。我等末徒の求道のありかたに対する厳しい警鐘でもあるのです。

（廣安俊道）

命を法帝に授けて素飯法を嗜《たしな》む（性霊集七　葛木参軍）

【我が命を仏に捧げ、粗食に甘んじて仏法を楽しむ】

◉私は生きている　空海さまは父母の恩を何ものにも代えがたい尊いものと各所に説いておられます。生前の孝養も大切ですが亡くなられた後の追善供養も大切です。葛木魚主が父君の三回忌の法要を営んだ時、魚主に代わって述べられた願文（主旨を述べて仏にお願いする文）の一節です。この父君は、平素から佛を敬い、教えを学ぶことを飯を味わうように常としておられました。またよく主君に仕え、日常は己の質素を旨としておられました。

魚主は、今は亡き父母のために、般若心経、法華経、阿弥陀経など写経して供えられました。大日如来の現れであるお経の一字一句が、輝きわたる太陽の光のように亡父を照らしてくださいと願われています。

私は、田舎の寺に生まれ育ちました。父の口癖は、「拝んでおればいい、それだけで十分じゃ」でした。夕食は、野菜を刻みこんだ雑炊を器に盛り分けて頂くのが定番でした。台所の裏口から味噌とか野菜とか届けていただき、たまに前の吉井川からあがった物が届くと大変な御馳走でした。檀家へのお勤めが主で、八十五歳になる今日まで無事に生かせてもらえているのは、間違いなく仏さまのお力によるものです。

修行、と申しますと大変苦しく厳しいことのように聞こえますが、そう意識しないで、日常の普通の暮らしも修行と考えられては如何でしょう。そうされますと一日を満足され、幸せを感じられることもできましょう。八十歳を過ぎた老婆が写経に専念しています。報恩日二十一日の他、すでに冥界入りされた両親四人、不幸にして早世された兄弟の毎月命日に、さらに孫まで家族全員の誕生日に、それぞれの追福、幸せを願って書写していますが、一向に苦痛ではなく何ともおだやかな清々しい表情です。すでに千六百巻をお大師さまに奉納し、さらに、来るご誕生千二百五十年の年までに千巻を奉納するそうです。

佛を敬い、仏の教えに学ぶ暮らしは、日常のちょっとした意識、考え方によって自然に行えるものであることがお解りいただけたでしょうか。

（野條泰圓）

修行

斗《と》藪《そう》して道に殉《したが》い　兀然《こつぜん》として独坐せば　水菜よく命を支え　薜蘿《へいら》これ吾が衣なり（高野雑筆三二）

【仏道に励むために、独り坐り続け、山菜で命をつなぎ、蔓の衣で過ごす】

◉仏道修行の目的　人は自分の心に迷いがあるとき、苦しみの世界を自ら創るのです。仏道修行の目的は、心の正体を見つけることであります。心の実体を知れば自然に心安らかな世界、心澄みわたる静かなる世界に生きることが出来ます。たとえ日夜に、殺す、盗むなどの十悪業や、父母を殺し、僧団を乱すなどの五逆罪を犯すことがあったとしても、一言半句たりとも人と仏法を誹謗してはいけません。なぜなら、仏法は我々を心安らかな世界に導いてくれ、人はその法を広めるからです。

誇ると地獄に墜ちるといいます。いさかいが起こるのはおおよそ自分が正しくて、人は間違っていると思うところに根があります。自分が正しいのだから損をするのはおかしいと欲が出てきます。お互いがそう思うので、相手の悪いところを探して詰め寄り誇り合うのです。

けれども誰の心にも善い心が必ずあります。生きるということは、命を大切に過ごすことです。心を清く保つことです。両方とも汚れず已まぬことに気をつけねばなりません。美しいもの、正しいもの、温かいもの、それは仏さんの栄養です。でもその前に私達は自分を知るという治療をします。少し痛くても、悪いところを見つめなおさなければなりません。

迷って歩く道すがら、河原に降り立ち、水の流れに磨かれた優しい形の小石に心が洗われました。物言わぬ路傍の石に教えられます。生きとし生ける物、目に見える物、見えない物、全てが私に語りかけます。

大丈夫です。毎日小さな努力を続けてさえいれば、そのうち仏さんの温かくて大きな懐にいることに気づき、仏さまの智慧と徳は、遠くにあるのではないことにも気づくことでしょう。我々は生れながらに、それらを心の中に具え持っています。

仏さまが覚られた宇宙の真理も、私達のこの身を離れた処にあるのではないのです。真実の自己発見のみであります。自分は仏さんの子であることを自覚することであります。親は子の願いを必ず叶えてくれます。


（安達堯禅）

精勤《せいごん》して修念するは僧家の本分　無得を観とするは大士の用心なり（高野雑筆三六）

【一心に仏を念じることは出家者の本分であり、無欲に徹することは菩薩の要件である】

◉だれでも菩薩になることができる　名言の意味を考える前にまずはなぜお経を読むのか、この意味を考えてみたいと思います。お経というものはお釈迦様が説かれた説法を書き残したものであり、お釈迦様の悟りの内容でもあり尊い法であります。「法」とは、いつでもどこでも変わらない不変の真理で、私たちすべての人を永遠に変わらない幸せに導く力があり、これを「仏法」といいます。この仏法を教えられたのが仏教であって、それが書き記されているものがお経です。

お経は漢文で書かれたもので内容を理解することも難しいです。ただ、理解するに越したことはないですが、お経の言葉自体が尊いものであるので理解は出来ずともそれを唱えるだけで功徳があるといわれています。

私たち僧侶はお経を読むことで供養をあげさせて頂いております。供養というのはわかりやすく言うと、「亡くなった人や仏様にお供えして、亡くなった人を縁として私の心も養われていく」という意味です。亡き人や仏様へ物品を供える、仏様を敬う、仏法を通して大切なことがわかり自分自身がどういう歩みをするのか、大事なことに気がつきその道を歩める私になるということです。

名言の意味に即すれば、私たち僧侶はご本尊を前にしてお勤めをさせて頂いており、仏様を念じることが本分であります。皆様も家庭にあるお仏壇の前でお経を唱えていらっしゃると思いますが、そのとき何を考えて唱えていらっしゃいますか？　おそらくは亡くなった親しい方に「娘に子供が生まれたよ」とか「孫が大学に合格したよ」とかいろいろな報告をしながらお経を唱えていると思います。たとえ出家者ではなくても、その瞬間が菩薩の要件を満たしている瞬間だと思います。欲望を丸出しにしてお経を唱える人はいないはずです。仏様と対峙して、その仏様に供養をあげている、その姿こそがまさに菩薩の姿であると私は思っております。皆様もお経というものを難しく考える前に、まずはお仏壇の前で手を合わせてみてはいかがでしょうか。

（千葉堯温）

もし人あってこの一の三昧に入って修行すれば　即ちこの一門より直に如来の所証に至る（雑問答八）

【大日如来の無数にある教えの一つに従って修行すれば、速やかに仏の世界に入ることができる】

◉煩悩の本質は清浄です

仏教は何宗であろうと覚りを目指し、修行する者は誓願を立てます。顕教においては、「衆生は無辺なり誓願して度せん。煩悩は無尽なり誓願して断ぜん。法門は無量なり誓願して学ばん。仏道は無上なり誓願して証せん」という四弘誓願《しぐせいがん》を立てます。

密教では、「衆生は無辺なり誓願して度せん。福智は無辺なり誓願して集めん。法門は無辺なり誓願して学ばん。如来は無辺なり誓願して仕えん。菩提は無上なり誓願して証せん」の五大願を立てます。四弘誓願の第二では、無尽に起こり来る煩悩を断じ尽くして仏道を成就しようというのですが、それにはいわゆる三劫成仏《さんこうじょうぶつ》という無限に長い時間を要します。

仏道修行の大敵として貶《おとし》められてきた性欲は、密教では大日如来の生々発展の生命力が個々に現われたものであり、それ自体は清浄なものとします。それに溺れたり、自己を中心として様々な欲望を起こすから無量無辺の煩悩が沸き起り、その一つ一つを断じていくのではその事だけで人生は終ってしまいます。

密教では、仏さまの智慧を集めて煩悩の本質を見通す力量を具えれば煩悩はそのまま覚りの肥やしとなると説きます。この世は不浄の穢土《えど》であるという否定的な態度にならずに、この世は大日如来の生命と愛の光り輝く世界であり、我はその愛児である、というところから出発しています。結論から始めるのが密教の修行です。

大日如来の説法はお経に書かれたものだけでなく、谷川のせせらぎや風の音、鳥のさえずり、夜空を飾る星々からも仏の説法を聴く事が出来ます。この有難き啓示を聴く耳を持つには、大自然は宇宙を御体とする大日如来の工作であり、全てに仏の密意が秘められていることを知識で知ろうとせずに、ありのままに信じる事からスタートします。真言密教に想いを致す者は、お大師さまの教えを信じて仰げば速やかに大乗至極の妙境に至ることが出来ます。

（篠崎道玄）

得道の者なしと雖もその道絶つべからず（宝鑰第四）

【悟りを得た者がいないからといって、仏の道を絶つべきではない】

◉星は輝いている　これは得道（道を得た者）がなくても、その道を絶ってはならないということのようであります。ある時期において、なんらかの「縁」によって、仏法に入って出家得道すれば、これを縁としてやがて迷いの世界を離れて仏の道に進み、本人や家族のみならず世の為にもなるのではないかという願いがこめられていると思うところであります。

星は遠い所にあり、何千光年といって、光ですら地球にその星の光が達するまで何千年とかかっているとのこと。弘法さまが高野山にお住まいになって居たころの光が、今ようやく私たちの目に触れていることもあるような気がいたします。何という雄大なものだろうということを感じました。

その高野山に、私たちが子供の頃、ＮＨＫなどのテレビ番組で活躍していた、落語家の柳家金語楼さんのお墓がございます。その傍らに金語楼さんが旅役者をしていた時代の一座の一人に「大石順教尼」のお墓が並んでまつられています。順教尼は、皆様ご存知のように旅役者で貧しい上に、お気の毒にも両腕がないのです。十六歳の娘盛りに、義父に両腕を切られ、突如身体障害者になったわけで、前途は真っ暗です。それからの彼女の生涯は実に苦闘の日々が続きますが、ある日の旅先で見た番《つがい》の「カナリヤ」がご縁になります。軒先にさげた籠の中の、番のカナリヤがひなに口と口で餌を食べさせているのをみたそうです。このとき彼女の胸の中で、深くうなずくものがあったとのことです。

戦争で両手両足を失った人たちに、順教尼が筆を口にくわえて、アッという間に字を書いたとのこと。「精神一到何事か成らざらん」と、順教尼さんが人によく書かれたことばです。さらに次の一句もよく認《したた》められました。

口に筆とりて書けよと教えたる　鳥こそ我が身の師にてありけれ

小鳥が教えてくれたそうです。一羽の鳥の声にも無心の耳をかたむけるそこに、「素直と謙虚」な気持ちがあり、森羅万象からいろんなことが学べるようであります。小野道風の「柳と蛙」も見る方のこころ次第のような気がいたします。

（岩佐隆昇）

仏教既に存せり弘行人《ぐぎょう》に在り　是くの故に法を知るものは出家して燈《ともしび》を伝え　道を仰ぐ者は道に入って形を改む（宝鑰第四）

【ここに仏教あり。実践するのは人間である。仏法に目覚めた人は出家して法燈を伝え、仏道を尊重する者は生活の在り方を改める】

◉信仰は人生最大の力・登山の杖である　仏の教えに順じて、出家し修道すれば、民間ではまずその家の先祖（自分からさかのぼって）七代が成仏すると伝えています。実際はそれどころか、もっと多くの先祖も成仏し、他に及ぼす善行が大きければ、一々その功徳をあげることはできません。在家の方々にしても、三宝（仏法僧）に帰依して十善を実践してゆけば、安楽の境地が自ら開けてまいります。

中国の僧、星雲師は三宝の語を以下のごとく現代風にわかり易く説いています。

大自然の三宝　日光・空気・水。人の心三宝　真実・善良・寛容。健康の三宝　歩行・少欲・和顔。処世の三宝　謙虚・礼儀・賛嘆。交友の三宝　誠信・正直・助力。

対話の三宝　どうぞ・ありがとう・どう致しまして。食事の三宝　平均・節制・感謝。職場の三宝　服従（身）・賛成（口）・忠実（意）。

また次のような名言を記しています。人生最大の修養は寛容。人生最大の病は自利のみを考えること。人生最大の勇気は己の誤りを認めること。人生最大の力は信仰。

なお、在家の方であっても、極めてすぐれた徳力をもって民衆を教化する御仁もいます。例えば、昭和の菩薩の一人と思われる橋本徹馬氏は、大生命の倫理を悟り、その修行体験から多くの著作を残しました。代表的著作の『般若心経講話』は驚くことに五十版以上、『観音経講話』は四十版以上を重ねました。氏は一週間乃至三週間の断食行を七回、その他命をかけた滝行及び四国遍路、西国巡礼等の巡拝の修行をしています。また、氏の説法の中心に「万人繁栄の道」があります。その祈りとして「万物を創造しかつ万物を繁栄せしめ給う、大生命の神に帰依致します。地球も一つの生命体であり、私の環境にある一切のものも、私と生命的につながりを持つものであることを知ります。そうして既に存在する処の全てのものが、生命的につながりのあるものである以上は、すべて他を繁栄せしめる者は、自らも繁栄し、他を繁栄せしめない者は、自らも繁栄しないことを信じます」等々。

（浅井證善）

菩提心を因と為し　大悲を根と為し　方便を究竟と為す　是れ即ち真言行者の用心なり（秘蔵記／十住心序／吽字義）

【悟りを求めることを第一とし、慈悲心を忘れずに、救済を目的としていくことが真言行者の心得である】

◉**実践こそが最高に大事**　ある日のシャクソン家。どうやら悩みを抱えているらしいマイケルに、ジャネットが「どうしたの」と声を掛けました。

マイケル「なんだか近ごろ眠れなくて。このあいだ被災地ボランティアに行ったでしょ。そのことで友達に『そんなことして意味あるのか』って言われてさ。災害は次々に起きるのに全部の被災地になんて行けない。そんな中途半端なこと、自己満足か売名行為にしかならないって。そう言われたら、何だか虚しくなっちゃって」

ジャネット「あら、思ったより深刻ね。そういうときは大日経の『三句の法門』を思い出しなさい。『菩提心を因となし、大悲を根となし、方便を究竟となす』。真言行者のモットーみたいなものなんだけど、これって何にでも通じる言葉よ」
マイケル「どういう意味？」
ジャネット「あんたはとにかく困ってる人を助けたいと思ったんでしょ。それは菩提心。そのためには困ってる人に共感して、困り事を理解しなきゃいけない。それが大悲。で、その解決のために必要なこと、できることをやる。これが方便ね。この方便が究極だってわけよ。つまり実践こそが最高に大事ってこと」
マイケル「方便を究竟となす、か。でも僕なんて無力だけどね」
ジャネット「あんたの力は微力かもしれないけど、無力ではない。そりゃあ全部の被災地に行けるわけじゃないわよ。でも、もしあんたの力で被災地の人が少しでも助かったら、その人が次の被災地を支援するかもしれないでしょ。そうやっていい循環が生まれるかどうかは、あんたの菩提心と、大悲と、方便にかかってるの」
マイケル「なるほどね。あるいは、菩提心や大悲を生かすために最善の方法を用いなさい、という意味にもとれるね。一番いい方法は何か、考えて、み、る……」
ジャネット「ちょっと、どうしたの？　あら寝ちゃった。ま、よく寝てよく休むのも、今のあんたには、次に誰かを助けるための『方便』かもしれないわね」

（坂田光永）

この乗に入って修行せんと欲《おも》わん者は　先ず四種の心を発《おこ》すべし　一には信心　二には大悲心　三には勝義心　四には大菩提心なり（三昧耶戒序）

【真言密教によって修行する者は、一に信心、二に慈悲心、三に向上心、四に成仏を求める心を起さなければならない】

◉「仏法遥かにあらず……」まず気付きから

お大師さまの有名な言葉である「仏法遥《はるか》にあらず　心中にして即ち近し」（般若心経秘鍵）は、お大師さまが最も身近に感じられ、胸にジーンと浸み込ませる含蓄のある名言です。この世の苦悶から逃れたい人々にとって思わずハッと気付き、目覚めることができる大事なお言葉です。

ところで人は何かに誰かにすがりたいと思う一方で、救ってあげたいという慈悲心もあります。まさに遠くにあるようで近くにあるこころの中の出来事です。手の届かない遠くばかりに想いを馳せるよりも、自己を見つめることの大切さに気づかされます。すると仏さまに身を寄せて前に進む修行が自ずから生じてきます。このこころを発《おこ》して社会に働きかける実践が「三昧耶戒《さんまやかい》」です。

三昧耶戒の最初は、まずこころに「信心」を呼び寄せることです。それを高め、深めていくところから信心が始まります。やがて何にも動じない深い信心に繫がっていきます。こころに自立心が芽生えた瞬間といえましょう。

高揚する信心の先には人々の悩み苦しみを見かねて何とかしたいと思う心が芽生えてきます。衆生の苦しみや悩みを見かねて手を差し伸べようと思う「大悲心」に気付くのです。そして、曼荼羅（真理）の功徳に包まれた仏さまの智慧に身を委ねた悟りを得ようとする「勝義心」に目覚めます。さらに精進を重ねていくうちにハッと気付き、自身の悟りを求めるだけではなく、一切衆生と共に積極的な悟りへ誘い、導いて行こうとする「菩提心」を知ることになります。

三昧耶戒の四種（信心、大悲心、勝義心、大菩提心）を行なううちに仏さまの本体は私たちに無縁で遠くではない、まさに私たちに最も身近なこころの内におわします仏さまだと知ることになります。私たちは何気なく生きていると思う人が多いようです。ところが、私たちは知らず知らずのうちに仏さまに生かされているのです。このことに気付いてこそ初めて成仏に向かうことができるわけです。

（湯浅宗生）

諸の定額僧の中の能才の童子等を簡《えら》び定めて　山家に於て試度して　即ち東大寺の戒壇に於て具足戒を受けしめよ　受戒の後山家に於て三箇年練行し　その後各々師に随って密教を受学せよ（御遺告）

【定額僧たちの中で才能のある少年を選び、高野山で得度を受け、東大寺の戒壇で具足戒を受けさせよ。受戒の後は高野山で三年間の修行をした後に、各師に従って密教を学ばせよ】

◉密教の弟子を育てる　お大師さまは高野山にご入定されるに際して、東寺や高野山、室生山の維持や規定などを弟子たちに遺言されました。それが「二十五ヶ条御遺告《ごゆいごう》」です。この名言は第十六条の「年分度者」について述べられています。

得度が認められた定額僧は朝廷から官費が支給され、年分度者のエリート僧になって仏道に専念することができます。しかし、今日では容易に得度が望めます。得度をすれば法衣を着て本堂内陣に坐ってお経を読むことになります。周囲の人々はお坊さんの卵として認めますから、本人も常に仏の自覚が必要になってきます。

私は名古屋の中学校を卒業して親の勧めで高野山高校に入学。櫻池院にていきなり得度式に臨み、剃られた丸坊主にショックを受けたまま両親から離れる生活が始まりました。薄暗い本堂で読む理趣経がなかなか覚えらず、仲間から「いつまで燭台を置いているのだ」としばしば揶揄されました。

ある日、急に父が高野山に登り、所要を済ませてすぐに下山をしたようです。父はまだ櫻池院内にいると思い、探しましたが見当たりません。玄関の下駄箱に父の履物がありません。黙って帰ったのです。そのことを手紙に書きましたら、父は涙を流して読んでいたと母から便りがありました。私を突き放した父の切なさをそのとき初めて知りました。高校三年の春、父は七十八歳で他界。それからの母は寺の守りと妹二人の養育に奮闘が始まります……。

卒業論文を書いている最中に、私は弘法大師の御廟参拝を百日間続け、卒業直後に四国八十八カ所の遍路に出ました。宿を出てから宿に入るまでは絶対に坐らないという「立ち行」を愚直に続けたせいか、本堂や大師堂で立って奉読する四十八日間の読経中に、仏菩薩が経典から次々と湧き出てくるという不思議な現象が二回ありました。この奇瑞を心の支えにして、父亡き名古屋の金龍寺へ帰りました。

（近藤堯寛）

出家修道はもと仏果を期《ご》す　更に輪王　梵釈の家を要《もと》めず　あに況や人間少少の果報をや（遺誡）

【出家して修行する意味は、仏になることである。地位を求めることでもなく、人間のわずかな利益を得ることでもない】

◉出家の反省　出家《しゆつけ》とは家を出ると書き、親子の縁も絶って仏門に入る事ですが、昔からその動機は様々でした。家が貧しくて「口減《くちべ》らし」のためにお寺に預けられたり、世を儚《はかな》んで頭を剃ったり、或いは人の悲しみを救うために発心《ほっしん》する事もあったでしょう。現代の多くはお寺の子供がお寺を継いでいます。しかしここで言う「修行」をするとは、先のどれでもなく、俗に言う「悟りを開く」事を目的としている訳です。

さて今の僧侶は、供養事《くようごと》（追善・葬儀など）や地域の様々な世話や、生活のためにお寺以外の職業を兼務したりして、とにかく色々な理由で修行に専念する時間は少ないと思われます。生活の中では多くの人と同じように家族を養いながら、生活＋修行が求められる訳ですが、時間的には修行が疎《おろそ》かになりがちです。拝むのは人の為で、自分の為に拝む時間はどの程度あるでしょう。

そうした中で、ともすると人よりも良く見える生活をするのが、自分は人より優れているかのような錯覚をしたり、着飾り、美食を求め、便利で新しい生活用品を備え、人に諂《へつら》い、喋り過ぎている気がします。地位や利益《りえき》を求める事は論外だと、ここには書いてあるのですが、多くの僧侶はこの文を見ると、「それでも……」と、色々な言い訳をする事でしょう。しかし言い訳をしても、仏道を求めている事にはなりません。言い訳は心が定まっていないことです。

「修行をする」と言うと、普通の生活から離れて、掃除をしたり、仏像に対面して祈ったり、或いは過酷な行《ぎょう》をするように思われがちですが、そうではありません。日々の生活の中で、教えを学び、自戒し、持続し、教えを身に付けようとする事だと思います。華美に負けない事が修行には大事な筈です。

「頭を剃って、欲を剃らず」との言葉があります。仏果を求める具体的な方法ではありませんが、いつも胸の中に置くべき言葉です。修行的な生活をするのは、知識が豊富だとか、立派だとか言われる以前の問題だと思います。

（佐川弘海）

仏道

皮を剝《は》いで紙とし　骨を折って毫《ふんで》を造り　血を刺して鉛《すみ》に代え　髑《かばね》を曝《さら》して研《すずり》に用いて　敬《つつし》んで大和上の慈誨《じかい》を銘《しる》して　以て生生の航輅《こうろ》に充《あ》てん（三教指帰下）

【皮膚を剝いで紙とし、骨を折って筆とし、血を採って墨とし、頭蓋骨を乾燥させて硯とし、謹んで仏の教えを記し、人生行路の指針とする】

◉真理に気づく喜び　ものの譬えとは言え、このいささか極端にも思える文は、『三教指帰』に登場する儒家の代表としての亀毛先生が、仏教のすばらしさを知って踊躍歓喜し、今後の修行への決意の深さを表現したものです。同じ決意表明でも似て非なるのが有名な「臥薪嘗胆《がしんしょうたん》」ですが、これは復讐を誓ったものですから真逆です。こちらの方は、向上への刻苦精進の気概に溢れています。

　さとりには五十二の位があるといい、最上位のさとりを得られたのはお釈迦様のみです。したがって様々なレベルのさとりを本物と勘違いした例は多く、近年、大きな社会問題になった例もあります。これ以上ないという「無上覚」である仏のさとりの内容を表した言葉の一つが「自利利他」です。これは〝自分を利し（さとり）他をも利し（さとらせ）、実際に行動し、すべてをさとりの境地で満たす〟という意味で、大乗仏教の極致を表しています。

私どもは、自分だけは正しいと思いこんで身勝手に行動しているのが常です。本当を言えば、「さとり」という言葉すら軽々しく使うことが憚られるのですが、やはり私たち仏教徒はその方向に向かって進まなければなりません。どんな些細なことでも努力し、昨日より今日、今日より明日、と向上することを喜びとしたいものです。

映画監督の篠田正浩氏の言葉です。「人間は自分を生かすためではなく、自分を全部捨てるために生きている。すなわち、他人のために生きているってこと。他人のために全部捨てるようなものを見つけられたら人生最大のよろこびだろうね。個人の持っているものなど大したことはない。もっと大きなもののために生きられれば最高だ」。まさに仏教の目指すところであります。このような仏教の卓越性を強調するため、『華厳経』や『大智度論』から引いた冒頭の言葉は、亀毛先生をしてお大師様の覚悟を語らせた衝撃の下りとして、読む者の胸を打ちます。

（友松祐也）

幽人《ゆうじん》の幽行《ゆうこう》を仰ぎ　大道の大妙に耽る（性霊集序　真済）

【仏の幽玄な教えを学び、さらに仏の深い道に入る】

◉善悪不二　桜をこよなく愛する写真家高波重春は、精魂を傾け花が最も命輝く瞬間を捉《とら》えようとします。「朝日に映《は》えて風が出てくるまでのわずかな時間――それが桜のいのち」、その一瞬の永遠を見詰める目が輝きます。「一輪の花の中に久遠《くおん》の春が宿っている」、これは詩人高橋新吉が永遠を捉えた瞬間。彼は「私にとってすべての人が私である。あなたにとって、私を含めてすべての人があなた、である」と歌います。

ありとしあらゆるものと私とが共に等しく尊い……相即不二の仏さまだ、と身に染《し》み入るごとくに分かるのがお悟りではないでしょうか。私たちの命は、母胎に抱《いだ》かれ世界と一つに溶《と》け合ったところから始まります。この世界と親和した一体感を共に取り戻そうとするのが本来の祈りでは……、一切のものは如来の命を宿している、私の中にそういう無限の命が宿っており、一切のものの中にも同様の命が宿り、かれこれの間になんの仕切りもない、お互いが一つに溶け合った大きな命を、無限の一つの命を分けあって生きている。

東寺の客殿大玄関には、明治の大徳―雲照律師の筆になる扁額《へんがく》が掛かっています。「諸悪莫作　衆善奉行　自浄其意　是諸仏教」（もろもろの悪事をやめて沢山良いことを心がけなさい。そうして自分のこころを清《きよ》らに保つことが仏の教えです）。この偈《げ》は、詩人白楽天がある和尚《おしよう》と交《か》わした問答に見られます。仏の教えとは？　との問いに和尚が偈をもって答えたものですが、白楽天は「そんなことは三歳の子供でも知っている」と怒ったとか。ところが和尚は「三歳の童子でも知りながら八十の老翁にしてなお充分なし得ないのは如何《いか》に」と切り返したといいます。

人は知らず悪事をなしてしまう存在ですが、一方密教はすべての人の中に仏を見、すべての仏の中に人間を見る教えです。教えを「信修」する者は、自身の積む功徳とそれに応《こた》えてくれるみ仏の加護、縁あるものたちの扶《たす》けを得て直接仏の世界へ参入しようとします。マンダラ周辺部の異形のものたちは、元々は仏の世界に仇《あだ》なす者たちが、折伏《しやくぶく》の末守護神に転じたもの、悪なるものが善に転ずるという人間観は深い今日的意義を有します。

（田中智岳）

仏道

伝燈は君が雅致《がち》なり　余が誓も愚庸《ぐよう》を済う（性霊集一　良相公に贈る）

【仏法を伝えるのは安世公の奥ゆかしさであり、私も愚かな人々を救うことを誓っている】

◉千手千眼観音さまのような活動　岡山県倉敷市に高蔵寺住職天野高雄師がおられます。一九六八年倉敷に生まれ、油絵と書道を習い、トランペットとソフトボールに親しみ、十五歳で高野山に登り、高野山高校に進学、高野山大学に進み密教学科を卒業。天野高雄師は、まるで千手千眼観音さまのように、千の慈手、千の慈眼によって多くの方に仏法を伝えています。左記にその活動を紹介致します。

一、高蔵寺で毎月第二、四土曜日に「こども寺子屋」を二十年間に亘り開校。

一、倉敷市美観地区の古民家カフェで、月に一回「くらしき仏教カフェ」を開催。

一、FMくらしき「拝、ボーズ!!」（第四十回ギャラクシー賞／ラジオ部門優秀賞受賞）パーソナリティとして活躍。

一、フォークシンガー・小林啓子との法話コラボレーション「うたかたり」好評。

一、檀務の傍ら、高野山本山布教師として、全国で講演活動を展開。
一、布教映画「高野山への道」の原作と脚本を手掛ける。
一、家族全員がアーティストという特徴を生かし、倉敷美観地区に「倉敷クラシカ」をプロデュース。
一、画家として仏画や陶芸を制作。平成十年より毎年各地で個展を開催。目で見る法話として喜ばれている。主な個展、夢空間はしやま（倉敷）、ギャラリーカト（京都）、アートスペース瑠璃（東京・青山）、ニューロカフェ（東京・吉祥寺）、はせがわ銀座本店（東京・銀座）、「倉敷屏風祭」に毎年出展。
一、挿絵やデザイン（浴衣、手ぬぐい、うちわ）など手掛ける。
一、著書に『ほほえみほとけ』『今しかないよ』『あなたでなければ』『ひたすらに』（以上、御法インターナショナル）、『ことばのお守り』（高野山出版社）など。

天野高雄師は、仏教の教え、弘法大師の教えを、種々の方法を駆使し、仏教に馴染みのない方々にも教えを広め、語り、音楽、画家、文筆等の才能も持っております。何より仏法を伝える情熱の継続に敬服いたします。

（菅智潤）

松竹その心を堅くし　氷霜その志を瑩《みが》く（性霊集二　恵果碑）

【松竹には心変わりをしない長寿の意味があり、氷や霜には緊張した清涼感がある。これらを手本として励むとよい】

◉自分の生命を粗末にしてはいけない。しかし時が来れば身を削る修行にも遅れをとってはいけない　この御文は、留学した中国（唐）での弘法大師の師、恵果阿闍梨が入滅された時、弟子を代表してお大師様がお書きになられた「大唐神都青龍寺故三朝国師灌頂の阿闍梨恵果和尚の碑」の一節です。

その前の御文に「恵果阿闍梨は仏道に入ってから、戒律を忘れることなく云々」とあり、「松竹」は過酷な環境にも耐えて常に緑の色を絶やさない、そのような心を堅く持っておられ、「氷霜」は氷が張り、霜のおりる厳寒でも氷霜の如く、澄みきった真っ白な志をもって自らをみがく、そのようなお方であったと、お大師様は入滅された恵果阿闍梨を偲んでおられます。

この御文を読んで私はすぐに、お大師様が竜門の滝で滝行をするお弟子さんに送られたお手紙（高野雑筆集）を思い出しました。この時も、氷が張り、霜のおりる時であったのでしょう。そのお手紙には、「ほどほどにして帰ってきなさい。自らの生命を粗末にしてはいけない。しかし、時が来れば身を削る修行にも遅れをとってはいけない」ということを書かれています。

私のことを申しますと、私も霜のおりる夜中に氷を踏んで滝に打たれたことがあります。高野山で修行をしていた時（二十三歳）、色々なことを悩み、追求するうちに、自分からではなく追い詰められ、断飲食（食を断ち、水を断つ）を一週間続け、夜中に寮の一室を出て、霜を踏んで女人堂まで歩き、女人堂から不動の滝まで下りて、氷を踏みながら滝の落ちるところまで歩いて滝に打たれ、氷が体を切り裂くのではなく、傷みはなく、気持ちはしっかりして穏やかだったことを思い出します。

この御文では、弘法大師は、恵果阿闍梨のことを三百六十五日、二十四時間、完全無欠の人であったように書かれておりますが、それはそれ、碑文であるからであって、実際は気を緩めることもあり、休憩をとられ、御自分の体力や気力を測りながら日々を過ごされたのです。緩急をつけて修行をすることが大切で、これを中道ともいいます。

（畠田秀峰）

道は本より虚無なり　終も無く始も無し（性霊集四　酒人の遺書）

【道はもともと無である。終わりも始めもない】

◉後事を託す　光仁天皇皇女で伊勢斎王を勤められた桓武天皇妃の酒人内親王の母は聖武天皇皇女で伊勢斎王を勤められた光仁天皇皇后の井上内親王、弟は光仁天皇皇太子の他戸親王、娘は桓武天皇皇女で伊勢斎王を勤められた平城天皇妃の朝原内親王です。母と弟は光仁天皇呪詛の嫌疑が掛かり幽閉され宝亀六（七七五）年に薨去し、娘は大同五（八一〇）年の薬子の変では平城上皇と別行動を取り、弘仁三（八一二）年には妃の位を辞し弘仁八（八一七）年病魔に冒され、嵯峨天皇が遣わされた六人の僧達の病気平癒祈願も虚しく三十九歳で薨去。一人娘に先立たれる悲しみに堪え弘仁九（八一八）年遺言に従い、東大寺に大般若経と金剛般若経などを奉納され、娘の所有する多くの荘園を寄進されました。酒人内親王も弘仁十四（八二三）年七十歳となり心身ともに衰え、式部卿の親王、大蔵卿の親王、安勅内親王の三人を養子と養女に迎えて後事を託すことになり遺言の代筆をお大師様に委ねられたのです。

生きることは、死に近づくことです。しかも、いつ死ぬかはわかりません。この世のすべてを一瞬で失うことは他にありません。万物の真理は始まりも終わりもなく永遠なものです。真理から起こることを生、真理に帰ることを死と称します。「阿字の子が阿字の古里立ち出でて　また立ち帰る阿字の古里」という御詠歌がありますが、阿字とは大宇宙の根本仏の大日如来、子とは私たち、古里は大日如来の世界である大宇宙、即ち真理であるさとりの世界を表しています。私たちは大宇宙より生まれ、死ぬとまた大宇宙に帰っていくのです。さとりの世界についてお大師様は『般若心経秘鍵』で「仏法遥かに非ず心中にして即ち近し。真如外に非ず身を棄てて何《いず》んか求めん」。仏のおしえ即ちさとりの世界は遥か彼方にあるのではなく私達の心の中にあって、まことに近くにあるのです。真理は外にあるのではないから私達の身体を捨ててどこに求めることができるのでしょうと説かれております。

お大師様は内親王の希望を聞くとともに、死についての不安を取り除いて安心を与えられたのでしょう。親王は天長六（八二九）年八月二十日に七十六歳で薨去。政争に翻弄された波乱に満ちた生涯を送られました。

（伊藤全浄）

三世の没弟《ぼだ》　恒沙の索多《さくた》　発心修行して金剛宝蔵に入る者の所乗不同なり

（性霊集八　弟子僧真体）

【過去から未来にわたる仏陀や無数の菩薩は、悟りを目標にして修行し、それぞれ異なる道を歩んで仏の世界に到達している】

◉頂上への道は自分で探す　富士登山には、いくつかのルートがあります。初心者に適している「吉田ルート」、登山時間も長い「富士宮ルート」など。混雑度合いや往復距離などいろいろで、楽しめる景色も違っています。どのルートがいいのかは人によって異なります。でも登山者は全員が頂上を目指して一歩一歩前に進んで歩いていきます。今の一歩が確実に頂上に近づいていることを知っているから、疲れた体に鞭を打って進んでいけるのです。

この空海の言葉は、仏や菩薩の悟りのことだけを言っているのではありません。私たちの日常生活や仕事上のすべてのことに、当てはめて考えることができます。

最近は時短ブームとかで、何でも手早くできることが良いという風潮があります。早く済ませることも大事ですが、全てがそうではありません。じっくりと時間をかけてこそ価値があるものも少なくありません。それは人によって異なるのは当たり前です。

また、「悟り」とは主観的なものです。数学や科学のように、何点取れれば及第点、これに答えることができれば合格というものではありません。客観的な指標はありません。それだけに自分を律する気持ちを持つことが重要になってきます。

では現代に生きる私たちにとって「悟り」とはどういったことを意味するでしょうか。様々な考えがあるでしょうが、私は他人の気持ちを理解し、相手の立場に立って物事を考えることもその一つではないかと思います。仏教ではこれを「慈悲」と呼んでいます。仏教では「慈」は慈しみの心をさし、「悲」は深い憐みの心をさします。現代人は、「自分が自分が」という気持ちが前面に出すぎているように思います。

自分のことをひとまず横において、目の前の他人のことを考える。皆がそういう気持ちをもつと、それだけでも、世の中は暮らしやすくなります。自分なりの「悟り」の道をじっくりと探してみたいものです。

（大咲元延）

仏道

正路《しょうろ》に二種あり　一つには定恵門　二つには福徳門なり　定恵は正法を開き禅定を修するを旨とし　福徳は仏塔を建て　仏像を造るを要とす（性霊集八　勧進仏塔知識書）

【仏道の方法に定恵門と福徳門がある。定恵は正しい教えを学び、禅定を実習することである。福徳は仏塔を建て、仏像を造ることである】

◉寄付をすることが功徳になる　弘法大師空海さまは高野山に二基の塔を建てることを発願します。塔を建設するための資金を集めるため、承和元（八三四）年に書かれた勧進文の中にある一節です。

それによると、仏教の功徳を得る方法に二種類あるというのです。一つは定恵門。正しい仏の教えを勉強して、瞑想を実修すること、つまり修行をするということですね。この方法は主として僧侶が行うものです。一般の人はなかなかできませんね。そこでもう一つの方法、福徳門があるというのです。これは仏塔を建て、仏像を造ることです。造るといっても実際に大工仕事をしたり、仏像を彫るということではありません。そのための資金を寄付することを求めているのです。

高野山の塔の一基は金剛界の、もう一基は胎蔵の立体曼荼羅を安置する塔です。現在、壇上伽藍にある根本大塔と西塔にあたります。実際はお大師さまの在世中に実現せず、次の真然さまの代に完成します。もともとは二基の塔を建てる計画が、事情で最初は一基しか建てられず、金剛界の四仏と胎蔵大日如来をお祀りする大塔が先に完成します。なぜねじれているのかというと、金胎不二の教えを表すのにあえて中心の大日如来だけを胎蔵にしたと伝えられています。

時代が下って二基目の西塔が完成するのですが、金剛界の大日如来と胎蔵の四仏がお祀りされています。中央仏を入れ替えればよかったのですが、一回り小さいのしかできなかったため、ねじれたままにせざるをえなかったようです。これが現在の壇上伽藍にある二つの塔の内部の仏像配置の胎蔵・金剛界がねじれている理由なのです。

寺を充実させるには、お堂を建て、仏像を安置することが必要となります。それには資金が要ります。その時に一般の信者ができることといえば、寄付するということなのです。それが功徳になり、仏道を成就する方法の一つなのです。

（柴谷宗叔）

心縁《しんえん》動ぜざれば大道に通《とう》す（性霊集十　還俗の人）

【環境の変化に心が左右されなければ、仏の世界へ通じることができる】

◉変化に直面しても動じない心　空海が唐の都長安、現在の洛陽に向けて難波津から出航したのは、延暦二十三（八〇四）年三十一歳の時でした。舒明天皇二（六三〇）年から開始された遣唐使の第十八次に当たります。当時の唐の都は、東西の交易の中心地として栄華を極めていた事でしょう。

空海は、当初目指した寧波の港ではなく福州長渓県赤岸鎮に到着します。海賊の疑いをかけられ、福州の長官へ素晴らしい筆跡の漢文嘆願書を書いたという逸話は既に漢籍に通じ中国語にも精通していたという彼の能力の高さを物語っています。交通の発達していない当時、徒歩や船での移動は数々の困難と危険を伴ったものであったはずです。当時の華やかな唐三彩のデザインには、ヨーロッパ、ペルシャ等との深い文化交流が色濃く反映されており、そのデザインと色彩感覚から当時を偲ぶことが出来ます。

空海は、ここで師と仰ぐ青龍寺の恵果和尚と出会いました。偉大な知識が縁によって出会う時、双方一瞬にしてこの出会いの必然性、重要性を認識したのではないでしょうか。それは、言語、文化の壁を越えた普遍の真理追求への強い意志による結びつきに他なりません。文化の違う国において意思疎通を図り、ましてや難解な仏教の教義を習得するのは生易しい事ではなかったでしょう。空海は、長安から越州に移動し、更に旺盛な知識欲で多くの事柄を学んでいきます。無事帰国して日本に密教を伝えることが出来たのは、このような環境の大きな変化の中で、その信念が微動だにしなかったことの証左だと考えられます。

さて、千二百年以上を経た現在、グローバル化が進み、ネットの普及、キャッシュレス化等により、ビジネスに国境はなくなりつつあります、世界と対等に渡り合うためには、日本という心地よい国にとどまっていたのでは遅れをとってしまいます。変化を恐れず、見知らぬ国に命がけではるばる出向き、大計を立てて真実の教えを習得するという偉大な行為を達成し、現在の日本における密教の礎を築いた空海の行動から私達が学ぶべきことは非常に大きいと言わざるをえないでしょう。

（花畑謙治）

三学途《みち》を殊にすれども　必ず漏尽《ろじん》に会通《えつう》す（拾遺雑集一五）

【仏法には戒律、禅定、智慧の別の道があるけれども、そのいずれもが悟りに通じている】

◉山登りは麓のどこから登っても頂上はひとつ　仏道を修行する者は、戒《かい》・定《じょう》・慧《え》の三学を修めなければなりません。戒学とは、自分の行ない・言葉使い・心を正して善に向けること。定学とは、禅定つまり何事にも心が乱されることなく平常心を保つこと。慧学とは、この世の物事のすべてが移り変わり、お互いにつながり合い影響し合って成り立っているというこの世の真実の姿を見極めることです。この三学の教えは、例えば会社においては社内規則を守り（戒）、仕事に集中し（定）、会社の利益を上げるための戦略を練っていく（慧）ことと同じです。一般の仏教では、戒と定と慧の三学を併せて修めるべきとされますが、お大師様は三学の一つを究めれば、それが悟りに通じるとお説きになります。

羽田空港を「世界一清潔な空港」として四年連続一位に導き、カリスマ清掃員といわれる新津春子さんは、中国残留孤児の二世として生まれ、その後日本に帰国。言葉が不慣れでもできる清掃の仕事を選んで人一倍努力し、現在は清掃のプロとして活躍しておられます。空港内の壁、床、洗面所、トイレの便器などはもちろん、人目につかない所まで、時間をかけて元通りにピカピカにきれいに掃除していくその姿には感服します。子供が寝そべっても大丈夫なようにと、床まで気を配るその徹底さ。洗剤や汚れの落とし方などを研究し、掃除しやすいように手作りの新しい掃除用具まで作ってしまうほど。清掃の職人と自称し、特に周りへの気配りを心がけているそうです。他社への転職の誘いに目もくれず、羽田空港に恩返しするために現在も空港の現場指導も兼ね、清掃のノウハウを世の中に紹介しながら、頑張っておられます。

お釈迦様から、掃除を修行として励みなさいと助言されて毎日掃除に励むうちに、ついに自分の心の中の塵、つまり煩悩までも掃き清めることができ、悟りの境地に到ったという弟子のシュリハンドクさんのような生き方をされている新津さんは清掃の仕事を通じて仏の大切な教えを体得しておられるのです。

（藤本善光）

第四章

悟りを求める

波濤漢に沃《そそ》ぎ　風雨船《ふね》を漂わすと云うと雖も　彼の鯨海《けいかい》を越えて平らかに聖境に達す　是れすなわち聖力の能くする所なり（請来目録）

【波濤は天に注ぎ、暴風雨は船を狂わせたけれども、東シナ海を無事に渡って日本に着岸した。これは天皇陛下の徳によるところである】

◉困難を乗り越えて　お大師様が若き日、真言密教の奥深い教えを求めて遣唐使として国の支援を得て大陸に渡られました。二年間という短期間で教えを授かり日本に戻られたのです。その自らの身命をかけた求道の旅を振り返られたお言葉です。

修行とは「理不尽なものだ、ただただ教えられた事を繰り返すだけだ」と先輩に諭されたことがあります。その時は先輩の話された意味がわかりませんでした。何時間も足が痛いのに正座したり、膝から血が出るほど何百回と五体投地の礼拝を繰り返したり、極寒の季節に滝に入ったり、年月を経て振り返れば娑婆の世界を生き抜くのに、それらの修行が大きな糧になった事に気がつきました。

人間って楽な方へ楽な方へと流されて行きますね。夏が来れば冷房、冬は暖房と直ぐにエアコンのお世話になります。異常気象が続き仕方が無いことではありますが、できる限り自然を体で感じながら、寒い時は乾布摩擦で肌を鍛え、暑い時は汗を流して自分の身体で体温のコントロールをするのが健康な身体作りには大切な事です。そして目標を実現するという堅固な心が困難を克服するのに不可欠です。

お大師様は唐から帰国の折、旅の安全を祈って、自らが「波切り不動」を一刀三礼で彫られたと伝えられています。帰国の舟に乗船した一行が「波切り不動」への祈りを込めて帰国の困難を乗り切られたのです。現在も高野山五の室にある南院に祀られ、旅の安全や事業の成就など多くの御利益があるとお参りが絶えません。

お大師様は唐の国から最新の学問、科学や土木技術など日本の発展、衆生救済のためにと伝えられました。その尊い目的遂行に多くの困難を経験されましたが、それを支援された天皇をはじめ名も無き民衆の協力にも深い感謝の気持ちを常にお持ちだったからこそ、多くの事業を完遂されたのです。辛く苦しい事を乗り越えた時に得られる貴重な経験は大きな励ましとなります。理不尽な修行や日常体験が、困難を乗り越える力を養ってくれ、目標達成には不可欠だと大師の声が聴こえてきます。

（中谷昌善）

かつて医王の薬を訪《とぶら》わずんば　いずれの時にか大日の光りを見ん（心経秘鍵）

【病院へ行って薬をもらわなければ病気が治らないように、悟りを求めなければ仏の光を見ることはできない】

◉怒りや嘆き苛立ち　医者のもとに行かなくて病気が治らないと嘆いていても仕方がありません。自分の病気が治るよう技量がある医者に正しく見てもらって処置しなければ病気は治りません。修行僧が悟りを求める求法の道も、正しい方法で行わなければ真に大日如来の世界に入る扉は開かれません。密教の修行には修行者が到達する段階ごとに心と身体の変化が現れます。その兆候は修行者の言葉や態度に現れ師僧は悟りに向かう修行の段階が一歩高まったことを喜びます。空海は弟子たちに物事の本質を的確に捉え、修行による身体性の高まりとともに大日如来の境涯に入ることを目指させます。

そうはあっても弟子たちには空海が体得した密教の高み境涯にまで至ることは難しかったのです。恵まれた環境にある弟子たちが密教の高みを究めることができない状況に空海は嘆きや苛立ちを感じています。しかしその嘆きや苛立ちを弟子たちに直接ぶつけることを空海はできないのです。なぜなら、嘆きや苛立ちを制御できない自分そのものが密教最高の到達者としての境涯に反する行いと空海は自覚しているからです。このジレンマともいえる状況にたびたび空海は直面し嘆きます。

しかし明らかに、この文章からは空海が弟子たちに対して暗に嘆きや苛立ちを感じており、彼自身の悩める姿をあらわにしています。空海は完全なる仏の教えの体得者であるがゆえ怒りや嘆き苛立ちを他人には向けることはできません。空海の文章にあるこのような場面を我々は暗に感じ取り、彼の苦悩を我々自身に向けた言葉と感じなくてはなりません。

そうではあっても空海の視線の向こうにはさりげない日常に秘める優しい視線とまなざしに溢れています。だからこそ空海は寸暇を惜しまず弟子が修行を達成することを願い見守ります。そのような空海の姿を直接目の当たりにした弟子たちは大いに喜び幸せであったのでしょう。われわれは空海が成し遂げた数々の偉業と生きる姿勢を見直すべきです。空海の優しさは後の人々の支えとなっていったことを改めて考えるべきです。

（長崎勝教）

求法

道を受くることは各々根に随う　人の都市に趣くに　一《ひと》りも財を求めずということ無きが如し（宗秘論）

【仏道はそれぞれの素養によって習得される。人が何かの利益を求めて都市へ行くようなものである】

◉人は都会をめざし、求道者は菩提をめざす　密教の秘密とはなにかという事を説明するのに、同じ石を見ても宝石であることがわかる人とただの石ころにしか見えない人がいるたとえがあります。

Aさんは一を聞いて十を知りますが、Bさんは三を知ります。それぞれ懸命に仏道に励んでいますが、教えを理解するには、ずいぶん差があります。

しかし、もともと人間はみんな違いますから、違っていてあたりまえなのです。仏門に入るきっかけも修行のしかたも、その道のりが長かろうと短かろうとどんな修行をしていこうと、そんなことはみんな違ってあたりまえなのです。

なぜお坊さんになろうと思ったのかとよく聞かれます。同じ立場のもの同士でも相手の事は気になるものです。お寺の跡継ぎであれば、それ以上聞かれませんが、自ら発心したとなると根掘り葉掘り聞かれます。中には人の話を聞いて評論家のように是非をくだしたりする人がいます。これは大きなお世話です。いろいろな人がいるものです。

この名言は、求道者は、何かしら一旗揚げたいと思って都会に出てくる人と同じだと言います。

何かもやもやとしたものを捨てて、納得できる自分に賭けて、故郷を捨てて都会へ出る。故郷を捨てる理由はそれぞれ違っていても、都市の魅力に誘われて吸い寄せられたことに違いはありません。求道者もまた、何か釈然としない自分に決別して、出家者の道をえらんだのです。大胆な比喩ですが、はっきりそう言われるとすっきりするものです。

求道とは、悟りを求めて修行すること。菩提心が向かう先は同じです。

「宗秘論」(五部陀羅尼問答偈讃宗秘論)は、秘密上人と修真居士の問答を通じて真言や陀羅尼の意味、密教の教えなどを説いたものです。

(森堯櫻)

少を得て足りぬと為すものは声聞に住す　成仏して広く然《かく》のごときの悉地を知るべし（宗秘論）

【少しを得て満足するものは声聞の範囲である。成仏を求めてもっと広い世界を知るべきである】

◉自己満足せずに広く救済すべし　「虚空尽き　涅槃尽き　衆生尽きなば我が願いも尽きなむ」。この宇宙の果てに至るまで、ありとあらゆる生き物が涅槃を得るのが私の願いだ。空海様の究極の境地はこれであり、それを成仏と示されています。空海様は一切衆生の苦悩を背負っておられるのです。それが成仏です。それに対して、自分が幸福になればそれで良しとする小人物を声聞と表しています。

そもそもお釈迦様は人と争う自分を恥じて三毒を発見します。その煩悩は一切衆生に当てはまるものとして一切衆生の苦の解決を目指します。自分の苦悩を除く事はそのまま一切衆生の苦を解決する事であったのです。ですからお釈迦様はその一生をかけて人々の救済に尽くします。

僧団であるサンガ共同体を作り、布施などで得たものをみんなで分け合ってお釈迦様を頼ってくる人々の生活保障もしました。頼ってくる人の中には亡命者や行き場のない困窮者も居ました。お釈迦様のサンガに行けば過去を捨てて生き返ることが出来たのです。特に人々に差別されていたスニータが無条件に入団許可されたことなど、当時の出家者は生活の場を求めるものも少なくなく、それはお釈迦様の人々の苦を背負いそれを救うという信念に貫かれていたのです。ところが時が経つと出家者の中には自分の覚りのみに夢中で他人のことに無関心なものが出始めました。それを此処では声聞として忠告しているのです。

大日如来に二つあり。小大日如来と大大日如来です。小大日如来は自分のことで精一杯です。大大日如来は自分の涅槃だけではなく、生きとし生けるものの数だけの無数の涅槃を求めます。その出発点は自分本位の強欲によって他人を傷つける生き方にあります。自分だけ幸福になるということはできないということです。成仏とは狭い自我である声聞的生き方を変えて自他平等の境地で生活するということだと言われているのです。

（加藤俊生）

善念して常に相続すれば　心菩提の記を得（宗秘論）

【善い念を常に持ち続ければ、悟りが約束される】

◉美しい心を寄せあう　仏教の教えは、「諸悪莫作《しょあくまくさく》」「衆善奉行《しゅうぜんぶぎょう》」に代表されるように、諸々の悪を作すことなく、諸々の善を行うことを勧めています。分かり易く言いますと、「悪いことをせず良いことをせよ」とのことです。誰もが幼い頃から教えられて知っている事です。

しかし、頭では理解していますが、なかなか行動に移せないのではないでしょうか。昨年は元号が「平成」から「令和」に変わりました。「人と人が美しい心を寄せ合い良い文化を築き上げていきましょう」。世界に向けては「ビューティフルハーモニー」（美しい調和）と政府は発表しました。

心を寄せ合う善い話を見つけました。それは、昨年五月、北日本新聞に「恩人を探しています」「恩人と再会」という記事が載っていました。これらの記事を要約してみましょう。

沖縄工業高校に通う崎元颯馬さん（十七歳）は伯父の葬儀で与那国島へ帰郷する際、財布を駅に忘れてしまい大変困ってしまいます。彼の様子を車内で見ていた男性が理由を聞いて、飛行機代を渡して下さいました。お陰で葬儀に間に合う事ができました。後日彼は、お礼を伝えたいと思いますが、当時は慌てていた為、氏名や連絡先を聞きそびれてしまいました。手掛かりを得ようと新聞に掲載を依頼。この記事がネットニュースにも流れました。

それを見た埼玉県三芳町の医師・猪野屋博さん（六十八歳）が、名乗り出て、五月二十一日再会が実現した。崎元さんは、「直接お礼を伝えられ、本当にうれしい、ありがとうございました」と感謝を述べました。また、父親も島の特産品を手渡しして感謝の言葉を述べました。

猪野屋博さんの、困っている人の役に立ちたいという美しい心と、崎元さんの見ず知らずの方にお世話になったお礼を伝えたいという美しい心が寄り合い、テレビのニュースにも流れ、世知辛いと言われている世の中に善行の話が広がりました。

（糸数寛宏）

求法

巨海《こかい》に下らずんば終《つい》に無価の宝珠を得ること能わず　もし広く教門を習わずんば智宝を獲ること無きが如し（宗秘論）

【広い海に入らなければ至宝を手にすることができないように、広く仏法を習わなければ智慧の宝を得ることはできない】

◉心を進化させる　何事かを為し得るためには、某《それがし》かの努力や精進が必要であることは誰でも知るところですが、怠惰な心や時間に追われてしまいます。アスリートや文化人達の活躍を見て歓喜したり、尊敬したりする思いを馳せても、自らを奮い立たせるのは難しいことです。しかし限られた生命の時間で、自分は一体何ができるだろうか？　と考えながら生き抜くことは、実は大変大事なことです。

四国遍路や西国巡礼などの信仰の旅に出掛けても、朱印に完結する事にとらわれて、本来の目的である祈願の達成ということが忘れがちになります。何のために巡礼をするのかということがおろそかになることがあります。本当の意味で結願することが重要です。願いのない朱印は単なる記念スタンプになってしまいます。朱印を悪戯に収集する方々がおられますが、本来の心得からはかけ離れてしまっています。深い信仰と願いに基づく朱印は有り難い証となります。願いは、お経を読誦するだけでなく、写経を納めることも、寄進をする事なども立派な信仰と言えます。

神仏の力というものは、実に不可思議なもので人智を超えています。一方、日々科学力の進歩と共にかなり便利な世界になりました。そういった努力は、かなり積み重ねてきました。でも人々の精心は、一千年、二千年前の尊者の教えをいまだに学んでいるのです。心は進化していないと言えます。我々は、今眼に見えている世界しか認識しようとしていません。先徳が認識していた神仏の世界を学んでいないのです。

物質や便利さに親しんでしまうと、人間というものの存在が空しく思えます。如何に生きるかという問いは、自分自身の能力の可能性を見いだすことに他ありません。神仏の信仰の積み重ねは、いつしかそんな自分自身を見いだす時を与えてくれます。

（後藤瀞興）

外戚の舅阿刀足大夫等が日く　従《たと》い仏弟子と為るといえども大学に出でて文書を習って身を立てざらんには如かず　この教言に任せて俗典の少書等及び史伝を受け　兼ねて文章を学ぶ（御遺告）

【母方の伯父である阿刀大足公らが、たとえ仏弟子になるといえども、まずは大学を卒業し、文書を研鑽して身を立てることが望ましいと助言を受け、世俗の書物や史伝、文章学を勉強した】

◉瓶水を移す　先般、韓国の世界遺産である古寺を巡礼致しました。韓国国内では、曹渓宗という韓国独自の禅宗系の寺院が八割以上を占めるのですが、それらの寺院に祠堂されている仏像は、本邦ではふつう禅宗は釈迦如来を本尊として祀られていますが、密教の本尊である大日如来、なかには印契が逆に造られた仏像もあったりして禅宗以降の密教の影響を色濃く残しておりました。

韓国独特の習合を見る天部の諸尊はとくに現世利益の仏さまとして信仰が篤いそうです。また、観音さまへの信仰も篤く、学生の受験シーズンには、多くの母親たちが受験生に代わって観音さまに何時間どころか何日も参籠して祈願されるのです。

李王朝は儒教を国教として重用し、仏教を徹底的に排斥しました。とくに首都であった漢陽、現在のソウルには仏教寺院を建立することを禁止したのです。ですから地方のそれも山岳部に弾圧から逃れた寺院が現在でもその姿を残しているのです。

お大師さまが入唐求法され、唐の青竜寺でご修行された折には、新羅の恵日という方が修行されておりました。ですから密教は、朝鮮半島へも伝播されたはずですが、如何なる理由か伝統的な密教寺院は韓国にはありません。

お大師さまは、まず僧侶を志すとはいえ、基礎となる学問を修得すべきであると伯父である阿刀大足公に進言されます。そこで都の大学の明経道を専攻し入学します。明経道は儒教を研究するものでした。しかし、中退し、私度僧として仏教修行に研鑽されました。そして、遣唐使の留学僧として入唐求法の機会を得ますが、途中嵐に遭い難破し、赤岸鎮に漂着します。都入りを許され、都で先ず梵字を般若三蔵に書を韓方明に師事し研鑽されました。そして機熟し恵果和尚のおられる青龍寺へと向かわれ瓶水を移すがごとく密教のすべてを伝えられたのです。

（瀬尾光昌）

求法

我れに不二を示したまえと一心に祈感するに夢に人ありて告げて日く　ここに経あり　名字は大毗盧遮那経という　是れ乃《なんじ》が要むる所なりと　即ち随喜して件《くだん》の経王を尋ね得たり　日本の国高市《たけち》郡久米の道場の東塔の下に在り（御遺告）

【私に唯一の経典を示したまえと仏前にて一心に祈ったところ、夢に人が現れ、大毗盧遮那経が汝の求める経典であると教えられた。喜んでそこを尋ねたところ、大和国高市郡の久米寺の東塔の中にあった】

◉夢のお告げ　お大師様は、大毘盧遮那経すなわち大日経を夢告によって得ました。その出会いによって唐に渡る決意をなされ、終に恵果阿闍梨より総ての密教大法を伝授されて日本に持ち帰りました。同じように歴史上の人物が様々な場面で夢告を述べています。聖徳太子の夢殿は有名です。

私はお大師様と比べようもありませんが、夢によって示された道を経験しました。

高野山での修養も八年六カ月経ったころ、夢に師僧が出て来まして「行動を起こせ」と言われ、何のことかと目が覚めました。その意味を考えつつ生活するうちに、山を下りようと決意しました。一度は師僧に止められましたが、三カ月後もう一度師僧に申し出ますと、「丁度先日、名古屋の老僧が来ていただろう。年齢八十歳と病気したことから兼務寺の世話を辞したい、と言って来られたが、そこへ行くか」。私は思いがけないことと思いつつ、それでも三秒だけ考えて「はい」と返事をし、一週間後に下見、二週間目に山を下り名古屋で暮らし始めたのです。

また八年ほど前には、お大師様が夢の中で「これを」と言われて青い竜の絵を下さいました。有り難い夢と書き留めておきましたら、一年後に本四国霊場三十六番札所青龍寺のご本尊のお不動様の御姿を刻まれた高さ一一〇センチ、幅六〇センチの大石を奉納してくださる方が現れました。青い竜の絵・青龍寺の大石に刻まれたご本尊。びっくりでした。

心理学者ユングや明恵上人の「夢記」に示されているように、心のありようが夢に現れます。むやみに夢見を強調することは危険ですが、日々晨朝に信心祈念することで摩訶不思議な事を起こすことは確かのようです。

(大塚清心)

余　年志学にして外氏阿二千石文学の舅《きゆう》に就いて伏膺《ふくよう》し鑚仰《さんぎよう》す　二九にして槐市《かいし》に遊聴す（三教指帰序）

【私（空海）は十五歳のときに、伯父である給与二千石の阿刀大足先生に師事して学問に励み、十八歳で大学に遊学した】

◉**学問は人の礎《いしずえ》**　お大師さまは最初、官吏になるために猛勉強なされ、そのあと密教僧として生きる道を選ばれました。では、それまでの勉強が意味のないものであったかというと、私は違うと思います。学問をすると頭ばかりが賢くなって、世間の常識からずれてしまうなどという意見がよく聞かれますが、現実は全く逆です。勉強をすると、実際に頭がよくなり、性格も矯正されるのが本当です。

私は高校教員としてさまざまなレベルの学校に勤め、進学校にも九年おりましたが、勉強を頑張る子はスポーツも出来、性格もよく、社会性にも富んでいます。勉強を頑張る子の中にも当然、問題行動を起こすケースはありますが、勉強をしない子の問題行動発生率と比較すると、一〇分の一か、場合によっては一〇〇分の一くらいの発生頻度になってしまいます。

逆に、偏差値が非常に低い学校に勤務していた時、私が取り組んだのは、何よりもまず勉強をさせることでした。勉強が分からないから授業を抜けたり煙草を吸ったり、万引きをしたりして憂さ晴らしをするのです。

お大師さまは官吏候補生としても大変優秀で、将来を嘱望されていましたが、その才能はそのまま、密教僧としての資質にも反映したのです。お乗りになった遣唐使船が南に流され、海賊船と間違われて上陸許可が下りず、一行が困り果てていたとき、お大師さまの書簡が中国の役人を大いに驚かせ、一躍遣唐使団のスター的な立場に躍り出られたのですが、この時にものを言ったのは、官吏を目指して勉強しておられた時に身につけられた、漢詩の素養であり文章力であり、華麗な書体でありました。

このように、学問は、人間の礎といえるものなのです。恵果阿闍梨に出会われてから、驚異的なスピードで密教を体得されたのも、日本国内におられる時からの猛勉強と、広範囲にわたる知識がものをいったからです。勉学に励むことが、人間形成の基礎となることが分かります。

（佐々木琳慧）

求法

耳を冷倫《れいりん》に借り　目を離朱に貸りて　恭んで吾が誨《おしえ》を聞き　汝が迷える衢《みち》を覧《み》るべし（三教指帰上）

【耳を傾け、目を凝らし、私が説く儒教の教えを心して聞き、君が迷っている原因を明らかにしよう】

◉叱られることの大切さ　元ラグビー日本代表で故人の平尾誠二さんを偲ぶ会で、親友の山中伸弥氏（ノーベル賞受賞者）が行なったスピーチのなかで平尾氏の「人を叱るときの四つの心得」が紹介されました。一つ、プレー（行動）は叱っても、人格は責めない。二つ、後で必ずフオローする。三つ、他人と比較しない。四つ、長時間叱らない。あの楕円形のボールをめぐって繰り広げられる大男たちの勝負の世界。歪なボールが描く不規則な軌道はまさに私たちの人生そのものとも評されます。その厳しい世界にともに生きる男たちをリードしてきた平尾氏のモットーには現実味と説得力があります。ところで、私の母が昨年の正月明けに亡くなりました。父も先年他界して四年目になります。両親ともに八十八歳で天寿を遂げました。父は敗戦後、高野山に上り在家から僧侶に。母は肺結核という当時不治の病から、仏様のご縁を頂き再生。生涯を不動尊さまと共に歩む道へ。もともと両親の祖父はお大師さまへの信仰熱い方でした。父の祖父は両目が不自由な人でしたが、毎月のお大師講が唯一の楽しみで祖母と父の三人でよく通い、ご詠歌を幼かった父もその時覚えたとよく聞かされました。母の祖父は神戸の垂水で何代も続いた庄屋の当主で太郎左衛門の名を継ぐ徳輔じいさんと言いました。その徳輔さんも弘法大師を尊敬し、その当時四国霊場へもよく参拝に出かけていた人だったと母からよく聞かされました。信仰厚い両祖父を持つ因が、父母たちの仏縁を導いて二人高野山で出会い新寺建立の果を結ぶこととなり、今年お寺は六十年の節目を迎えることとなりました。また、父はもともと三男坊でしたが、上の二人の兄が幼くして亡くなっており、身体は小さかったけれど、気は優しくて力持ち寺の初代に相応しい頼れる人でした。その優しい父に酷く叱られたことがありました。普段は細く小さな瞳をぱっと見開いて厳しく注意されたのです。たぶん妹をいじめたためと思いますが、幼かった私の心には父の声と目の印象がとても強く刻まれ、倫理観の布石になっています。

（山田弘徳）

薩埵は衣を脱いで長く虎の食となる（三教指帰下）

【かつて釈尊は、衣を脱いで虎の餌食となった】

◉求法とは、一日一日の積み重ね　第二次世界大戦の終戦間近、日本軍の空軍は、最後の手段として神風特攻隊を編成し、戦闘機の機体に爆弾を積んで、敵の戦艦目ざして、自分の体もろともに突っ込むという戦法をとりました。戦力の差は大きく、日本は無条件降伏という形で終戦を迎えました。

現在は、世界も平和そうに見えますが、今でもどこかで戦いは行われています。日本でも、かつて戦国時代があり、多くの尊い命がうばわれました。

やはり、人類皆が、世界平和を祈る時代がやってまいりました。死んでから浄土へ行くのではなくて、今この住んでいる場所こそが天国であると考えるべきです。国どうしの関係でも、顔が違えば言語も違い文化も習慣も違います。唯、命の重さは、同じでとても大切です。人間一人一人は、小宇宙でそれぞれが無限の可能性を秘めています。

私達は、現在「今」生きていますが、過去にも未来にも行けます。三千世界があっても自分という存在は一人です。その自分の内に「悟り」があります。

釈尊が法を求めて自分の体を虎に差し出した様に、法を悟るということは並大抵のことではありません。地道な努力が必要です。

スポーツにしろ勉強にしろ、一生懸命に努力していると、急に体が軽くなったり、又急に集中力が高まるということがあります。不思議なことですが、そういう体験をされたことがある方もおられると思います。

人は、皆一定の次元で生活しています。その人に見合った世界の中で日々精進したいものです。今後、人類の未来は明るく輝かしいものと信じて、日々進歩してゆきたいと思います。

（堀部明圓）

康衢《こうく》甚だ繁くして経路未だ詳かならず（三教指帰下）

【仏道は幾筋もあって進路に迷う】

◉迷うが故に　若かりし大師は故郷・善通寺から都に上り、当時の大学で学んだことさえ勉学修辞していれば、前途洋々なる一生を過ごされた筈です。しかし大師は自らそして一族の幸せ追求より、一人でも多くの民衆に幸せあれと願われました。我々の予期できぬ程、時間を創る事に長けておられたのでしょう。釈迦がそうされたように先ずは山野を駆け巡っての苦行もご経験の末、久米の東塔にそのヒントがあるかも知れぬという情報を頂きます。この経典を紐解くために、入唐を決意されます。

さて、我々もよく迷います。迷った挙げ句、現在に到着しております。それでも納得しない、だからこそより宜しき方向を求めて常に進んで参ります。真言宗ならば大日如来を中心と説きます。その中心佛は絶対無比であります。しかし我々凡夫はこうでも無い、ああでも無いと選択を常々と致します。絶対の真理を求めて相対的思考を絶やさないのが凡夫であります。ならば平易な真理の言葉、お念仏であり而も御佛を我が心に取り入れようとされた宗教が「浄土門」ならば、絶対の真理は現世の今ここにあると「即身成仏」を声高らかに掲げた宗教が真言宗と言えましょう。

佛道の頂点を何処に求めるのか、我々は絶えず宗教の違い、宗派の違いを口に出し優劣をつけます。大師が大衆救済の志を立てられてから入唐なされるまでは苦難の道のように見えます。だからこそ「康衢甚だ繁くして経路未だ詳かならず」と、大師は『三教指帰』の中で仰せではありません。我々に大師は相対的なるものを比べて見極める暇があるならば、絶対佛の真理を追求せよ、観法を致し大衆を教化せよ、このように仰せです。法を求める、真理を追求するとは、先ずは絶対を信じる事より始まります。

「経路未だ詳かならず」ともその頂点は只一点、安らかなる世界の建立であります。現世こそがその頂点であると確信する、佛道に心から強く帰依すれば自然と迷いも滅してくることでしょう。

（宮地賢剛）

迷方に津を問う（性霊集序　真済）

【悩み迷って悟りへの乗船場を訪ねる】

◉マップとGPS　悩んだり迷ったりしたときこそ判断の指針が必要となり人はそれを求めます。「悩んだとき迷った時はどうされますか？」と、法話会の時に聴衆へ質問してみました。「Yahoo! 知恵袋に聞きます」「Google で検索します」「占いで決めます」という答えはありましたが、「師匠に教えを乞います」とか「お寺で相談します」という声は残念ながらありませんでした。スマートフォンが発達して、質問したり検索すれば答えが簡単に表示されますので私も調べ物をする時にはとても重宝いたします。初めての目的地へも地図上に入力しておけば最短コースを表示するので迷うことなくたどり着けます。正確な地図と自分の現在地がわかれば日本中どこでも不安がありません。GPS機能の有り難さを実感いたします。法話会場で「占いで決めます」と言ってたけれど「そういう方もいらっしゃるのだな」と他人事に聞きました。

最近、我が霊場を徒歩遍路しています。有名な霊場ではありませんので道しるべも無く徒歩遍路用の地図もありません。しかし便利なものでスマートフォンの指示通りに歩くとお寺へたどり着けるのです。いつものように検索しながら歩いていましたが、山が深くなった途端、地図上に表示された現在地がぐるぐる動きだしどこにいるのかわからなくなりました。目の前の三叉路を左上に登るのか真っ直ぐ下に進むのかわかりません。深い谷では衛星電波が届かず現在地が特定されなくなるようです。等高線の画かれていない平面地図では登るのか下るのかもわかりません。途方に暮れて道端の手頃な棒きれを空中に投げて先の向いた方向へ進みました。あ、これが「占いで決めます」ということだったのか、占いも判断方法の一つとなるものなのだと思いながら。暫くして電波状態が回復したので今一度地図を出すと間違った方向に歩いていました。今思い返せば分岐点の手前で畑の手入れをしていた方と会話したのですが、GPSがあるから大丈夫と思い込み、道のことをお聞きしなかった事が失敗でした。

どんな便利な機械があっても周りの方々のお導きは大切なのだとつくづく思い知らされました。便利な機械だけに頼ることなく、人生の指針となる仏様の教えやお師匠さんの言葉に是非耳を傾けて幸せに過ごして行きたいものであります。　（亀山伯仁）

住《とどま》らんや住らんや一も益なし　行きね行きね止るべからず　去来《いざや》去来大空の師　住ることなかれ住ることなかれ乳海《にゆうかい》の子《し》（性霊集一　山に入る興）

【俗事にとらわれずに悟りを求めて行こう。自由自在に遊ぶ師よ、真言行者は留まってはならない】

◉**摺針峠**　江戸時代の五街道のひとつに中仙道があります。京都の三条大橋を出発して、琵琶湖の南側をまわり、関ヶ原、岐阜県、長野県、群馬県から東京の日本橋と、内陸を伝う街道ですが、その前身はお大師さまの頃に、すでにあったようです。その街道沿い、今の彦根に摺針峠《すりはりとうげ》があります。

その昔、まだ修行中のお大師さまがこの峠にさしかかられたときのこと、老婆に呼び止められ、休息をしておられますと、その老婆は、斧を鋭く磨いております。なぜ磨くのかと尋ねますと、縫い針が折れてしまって、縫い物ができずに困っているので、斧で縫い針を作っていると言います。三年経ったが、まだまだじゃなと笑っています。「大切な縫い針が三年前に折れてしもうて、爺様が使っておった斧があったんで、それで、針を作ろうと思いましてのう。貴重な縫い針は手に入らんし、磨いておったらだんだんとチビルじゃろ。いつかは針になりましょうで。あと十年もすりゃあ、何とかなるかのう。針が出来るんが早いかワシが死ぬんが早いか。まあ、老いぼれには、それも楽しみじゃ」

お大師さまは、歩みを早められました。毎日斧を磨いて一本の針にしようと努力を惜しまない老人の姿をご覧になられて、自分の修行の未熟さを恥じたと言われています。その後、再びこの峠を訪れられたお大師さまは、明神さまに栃餅を供え、杉の若木を植え、この一首を詠まれたと伝えられます。

道はなほ学ぶることの　難《かた》からむ　斧を針とせし人もこそあれ

その後、峠は「摺針峠（磨針峠）」と呼ばれるようになったそうです。

修行というのはどういうことでしょう？　生きるというのはどういうことでしょうか。私達は生きております。死が訪れるまでは光り輝く命なのです。その命をどのように使い切りましょうか。ダラダラと暮らすことに流されるか、今出来ることの目標を持って、確実に命を高められるか、方法はいろいろです。さあ、みなさん、ひとつしかない命です。有意義に使って下さい。

（吉田宥禪）

求法

諸の神祇の奉為《おんため》に経を写し仏を図し　裳《も》を裂いて足を裹《つつ》み　命を棄てて道を殉《もと》む（性霊集二　沙門勝道）

【勝道上人は、諸の神祇のために写経や写仏を行なって、決意を固めて日光二荒山に入り、身命を賭して求法の道へ歩んだ】

◉山に入り、森に入り、時に夜空を見てみよう　この名句は、遍照発揮性霊集巻二「沙門勝道山水を歴て玄珠を瑩く碑幷びに序」の中の一文です。「勝道碑文」として知られています。

勝道上人は、日光開山の祖として偉大な功績を残されました。しかし、勝道上人に関する史料はとても少なく、著書も残っていません。学者によっては、史料としての信ぴょう性を疑問視するむきがありますが、日本仏教史上重要な事績である日光開山の基本的な史料であることに間違いはありません。

お大師さまも書いておられるように「余と道公と生年より相見ず」と直接お会いに

なったことはないようです。碑文は、下野の伊博士が勝道上人の日光山登頂や神宮寺（中禅寺）建立の業績を認《したた》めるよう依頼した事によると伝えられています。

勝道上人は、神護景雲元（七六七）年に最初の登頂を試み失敗。天応元（七八一）年にも再度登頂を試み失敗。登頂は相当に困難を極めたであろうことは、バスでも難所のいろは坂から山容を見ただけでも想像がつきます。延暦元（七八二）年三月に、三度目の登頂を試みて、ついに成功。この名句はその件《くだり》です。

経典を写し、仏の姿を写し、腰から下にまとう裳を裂いて足を包んで準備を整え、道を求めるためには命を捨てる覚悟で登頂に挑んだという勝道上人の求法への姿勢が伝わってきます。そして同時に大自然の中で求法の時間を過ごされたお大師さまが重なってきます。

私たちは喧騒の中で過ごしていますが、ただ手を合わせ、拝み頼めばよいということではなく、たまには、自然や宇宙に目を向ける必要があると思います。漢文の素養がなくて、簡単には読みこなせないのですが、何度も読み返し、目を閉じて、心をお大師さまに預けると、お大師さまのメッセージが伝わってくる一節です。（森堯櫻）

俗の貴ぶ所は五常　道の重んずる所は三明（性霊集二　恵果碑）

【世俗の生活基準には礼儀があり、出家には悟りの目標がある】

◉阪神・淡路大震災　一九九五年一月十七日午前五時四十六分、兵庫県淡路島北部沖の明石海峡を震源とするマグニチュード七・三の地震が発生しました。気象庁が定める震度階級の最大レベル七が適応された最初の事例であり、死者六四三四人の被害を出した未曾有の大震災でした。

隣接する鳥取県で僧侶をしていた私が、仏教会の震災ボランティアの一人として神戸へ入ったのは、当日の午後六時をまわった頃です。テレビで倒壊した阪神高速道路などの映像を観ていたため、心の準備はしていたつもりでしたが、火災で真っ赤に染まった神戸の空が近づくにつれ、背筋の凍りつく思いがしたのを覚えています。当時はまだ官民共同の運営システムやボランティアセンターなどの組織も存在しません。到着すると、すぐに緊急車両の通行の妨げとなっている幹線道路の障害物の撤去作業に加わりました。

そのような中、倒壊した家のそばに座っている小さな男の子が目に入りました。駆け寄って「ぼく、おうちの人は？」と聞いても何も答えません。不思議に思って男の子の視線の先に目を移すと、そこには柱に圧し潰されたパジャマ姿のお母さんの遺体がありました。私は言葉を失い、ただただ男の子の目を手で覆い、声を殺して泣くだけでした。やがて男の子を捜して近所の方が来られました。私はその方に対して遺体をそのままにしていることについて強く抗議しました。しかし、遺体は重機がなければ取り出せず、何よりも、その方自体が被災者です。そのような方に対し、私は何もできない自分自身の不甲斐なさを、感情の赴くままに身勝手な論理でぶつけたのです。本当に配慮を欠いた失礼な言動であったと反省しています。

この大震災の際、略奪や暴動が発生せず、スーパーやコンビニの前で整然と並ぶ日本人の姿が世界中で称賛されました。冒頭の一句の五常は儒教で説く五つの徳目（仁、義、礼、智、信）であり、日本人の美徳の根源とされています。ずっと大切にしていきたい素敵な行動規範だと思います。

（愛宕邦康）

虚しく往《ゆ》いて　実《みち》て帰る（性霊集二　恵果碑）

【行きは不安で虚しい気持ちであったが、帰りは満ち足りている】

◉**自分にご褒美を**　虚往實歸《きょおうじっき》という言葉は、お大師さまが師僧である恵果和尚《けいかかしょう》が亡くなり、師を讃える碑文の中に入れた言葉です。意味は右の通りですが、そこには、多くの思いが込められています。

奈良の久米寺で大日経に出会い、入唐を決意されたと言われていますが、二十年という期間が定められた留学僧としてしか入唐は叶いませんでした。また同時に入唐した最澄とは違い、全くの無名の僧侶。果たして入唐して目的のもの（密教）に出会えるかさえも不確かなものでしたし、その上船は難破して航路を大きく外れてしまいます。表情には出さずとも、どれほど不安だったことでしょうか。

ところが、いざ長安に入ってみれば、貪欲に悉曇《しったん》（サンスクリット）をはじめとするあらゆることを学び、長安の町で噂となり、それが恵果和尚の耳にもはいりました。

今か今かと待ち構えていたことでしょう。会うなり灌頂を受けなさいとおっしゃったわけですから。そうしてお大師さまは両部の大法（胎蔵界、金剛界）を授かり、日本に密教をもたらすこととなったわけです。

いくときは不安、でも帰るときには満ち足りている。

この言葉には、言葉以上に大きな喜びと、感謝と、敬愛の心が込められています。私たちの日常において、こうした大きな喜びってなかなかありませんよね？　でも、自分の心を豊かにするために、何か方法はないでしょうか。

私は時々やっています。日々の暮らしの中で、時々自分にご褒美をあげています。ストレス発散であったり、自己満足でしかありませんが、それでも日々の暮らしに押しつぶされないように、時々自分の好きなことをする、自分の好きなものを食べるなど、自分は頑張っているんだって、自分を褒めてあげたいから。

みなさんも、日々の暮らしが豊かになり、心穏やかに過ごせるよう、自分へのご褒美を時々あげてください。

（中村光観）

風を欽《たの》んで錫《しゃく》を振い　法を渇《ちか》って笈《きゅう》を負う（性霊集二　恵果碑）

【各地から求法の僧たちが恵果和尚の密教を求めて入門してくる】

◉その生き方が他者の灯となる

『三教指帰』序には、弘法大師が若き日に一沙門より虚空蔵求聞持法を授かり、修行の末に悉地成就したことを記しています。伝統説では勤操大徳を師とする説がありますが、求聞持法を授かった一沙門の名は確かでなく、別して弘法大師自身が「弟子空海」と文中に記す手紙も、その宛先は明らかではありません。どの時代にも他者の噂や伝聞に耳聡い人はいますし、当時の人々にとって弘法大師の交友関係は不明な話ではなかったのかもしれませんし、大師自身が積極的に世に発信する意図がなかっただけかもしれません。

しかし、還源を念じ一乗を希求して入唐求法《にっとうぐほう》し、長安で青龍寺の恵果和尚から正統な密教を受法した後、帰朝した大師は、密教の祖師について積極的に記しています。新たに請来した法だからこそ、修行・信仰する者に、祖師の業績を明らかにする必要があったのでしょう。真言密教（秘密曼荼羅教）を代々伝え持《たも》ってこられた祖師についてまとめたものは『付法伝《ふほうでん》』など複数伝えられています。

師資（師と弟子）の間での相承が必須の密教にあって、法灯の授受はもちろんのこと、師の業績や生き方を知ることは深い意味があります。師の生き方とは身口意の三密行であり、恵果和尚のお人柄は、師の不空三蔵の生き方に大きく影響されています。恵果和尚が最初に不空三蔵に見《まみ》えた時、不空三蔵は、「この子は密蔵の器」と称歎し「汝、必ず当に我が法を興すべし」と声をかけたそうです。そして、不空三蔵が恵果和尚を育まれる様子は、父母が子を育てる様に異ならなかったそうです。また、恵果和尚も、素質や称賛にうぬぼれることなく修行を重ねられて大成されました。

不空三蔵と恵果和尚の生国は異なり、恵果和尚の徳を慕って集まり特性に応じた法や物を授けられた者は、唐の国内のみでなく国外にも多数いました。弘法大師もその一人であり、国や年齢や慣例といった世俗基準でなく、法の器を基準に恵果和尚から密教を授けられました。また、財を施与された際、清貧を理由に拒絶するのでなく、自身だけの利益にするのでもなく、密教興隆や慈悲行に役だてるという傾向も右の三師に共通する所です。その生き方もまた灯といえるでしょうか。

（中原慈良）

親を辞して師に就き　飾りを落として道に入りしより　浮囊《ふのう》他に借らず　油鉢《ゆはち》常に自ら持す（性霊集二　恵果碑）

【出家してからには戒を堅く守り、油断なく一心に修行をする】

◉結果を求める前に振り返る　名言の最後に「恵果碑」とあります。「恵果《けいか》」とは、尊い密教の法をお授けくださいました師僧のお名前です。師の遷化にあたって、ご遺徳を偲び、したためた碑文の中の一文が右のお言葉です。「浮囊《ふのう》」は浮袋のことで、海を渡るためには必要不可欠です。仏道修行を広い海に例えるなら、必要不可欠のもの、それは自らを律する「戒律」です。また、「油鉢《ゆはち》常に自ら持す」は、一滴の油もこぼさぬように集中を絶やさないことを意味します。つまり妥協をしないということですね。このお言葉のあとには、「大師（この場合は恵果）の禁戒は、その結果十全であった」とあります。一つの道を志すに、集中を切らさず妥協しないことの大切さも意味しています。

「昔と今では時代もだいぶ違う」と思われるかもしれませんね。

ここで、柔道家の吉田秀彦さんのお話を紹介しましょう。一九九二年、バルセロナ五輪の柔道競技で金メダルに輝き、現在も後進の指導に活躍されている方です。吉田さんは、柔道の私塾、「講道学舎」の出身です。当時、中学一年生から高校三年生までの、有望な柔道少年・学生たちが全国から集まり、全寮制の生活を送っていました。

高校三年生の冬、選手には六年間で初めてかもしれない安堵の時間が訪れます。大きな大会が終わり、進学する大学も推薦で決まるこの時期、練習にも、そして生活にもゆとりができます。しかしこの時期でも、吉田さんは一番に道場に入っていたそうです。しかも、柔道場に続く階段を駆け上がる時、「妥協しない、妥協しない」とつぶやきながら。おそらくは、どの時点で終わりということではなく、どこまでも先を見つめて、油断せず、柔道に集中していたのだと思います。

私たちが生活の全てを集中しきるのは難しいですね。そこでまず一点だけ集中する習慣を身につけてはいかがでしょう。結果を先に考えるのではなく、一つの集中から始めてみます。一つでも意外に難しいものです。たとえ一つでも、集中を続けられたご自身は、間違いなく次へと向かって成長しているのです。

（小野崎裕宣）

法味を嘗めて珠《たま》を蘊《つつ》む（性霊集二　恵果碑）

【仏の教えを味わって、心中に眠る菩提心を磨く】

◉「空海名言」を味わう　弘法大師空海さまの文章をこれまでどれだけ多くの人々がかかわりあってきたことでしょうか、今後もはかり知れません。弘法大師に関する書物は、密教、仏教、宗教、思想、哲学、歴史、論文、随想、名言、辞典、美術、書道、文学、小説、書簡、法話、説話、伝説、人生訓、写真集など、広汎にわたって出版されていますが、お大師さまはどこから切りこんでも語りつくせない深さと魅力があります。むしろ研究すればするほど、知られなかった事跡が明らかになり、ますます奥ゆきがわからなくなります。

私は三十四歳（昭和五十五年）のときに、高野山本山布教師研修会の要請を受けて「弘法大師の聖語集成は不可能か」という問題提起を発表しました。その翌朝、座談会でこの提案が談論風発し、布教師必携の辞典であることが確認されました。布教研究所が「弘法大師千百五十年御遠忌記念」として動きはじめましたが、課題は毎年持ち越され二十年が流れました。自分がやらなければ辞典はできないと感じ、還暦には手にしたく、五十五歳に敢行決意。問題提起から二十五年後、念願の『空海名言辞典』は三十四章百九十項目に分類して高野山出版社から上梓しました。脱稿までの最後四年間は毎朝三時に起床。お大師さまに後押しされている感覚の仕事でした。

お大師さまの名言はすべて私たちの心に眠っています。凡人であるために表現ができないだけです。この辞典の扉に、「灌頂阿闍梨恵果和尚碑」から「甞法味而蘊珠」を表白しました。首題の名言です。書体は『聾瞽指帰』からの集字です。

お大師さまの文章は、山川草木をスケッチして仏のすがたを表白されることが特徴になっています。霊告あふれる詩的な名言が目立ちます。気に入った一句を咀嚼していれば、やがて心中に眠る菩提の珠を磨くことができるという意味をこめて、名言辞典の扉に「甞法味而蘊珠」と表記したわけです。

本書『空海散歩』は『空海名言辞典』二千百八十句をすべて法話にすることを目指しています。全十巻は令和五年「弘法大師御誕生千二百五十年」に完成し、総本山善通寺にて奉納法要を執行する予定です。

（近藤堯寛）

求法

弟子空海　桑梓《そうし》を顧みればすなわち東海の東　行李《こうり》を想えばすなわち難中の難なり　波濤万万　雲山幾千ぞ（性霊集二　恵果碑）

【弟子空海の故国は東の日本である。その旅程は、東シナ海の荒波と中国大陸の山河を越えた長距離である】

◉すべては師の導きであった　お大師さまは命をかけて中国に渡り、師匠である恵果和尚より教えを受け第八番目の密教の正統な継承者となりました。残念なことに恵果和尚はお大師さまに密教のすべてを伝えた六ヶ月後にこの世を去りました。お大師さまは亡き恵果和尚の弟子を代表して碑文をしたためました。冒頭の名言はその一節です。

お大師さまは気の遠くなるような距離を超えて中国まで来たことを書いています。冒頭の名言は日本から中国へ来る道のりは幾多の苦難があったけれども、すべてはお大師さまの意志ではなく師匠である恵果和尚の導きであったと続きます。

私もお大師さまに導かれたと感じる御縁があります。寺院の長男に生まれた私は、物心つく前から「お寺の跡継ぎだ」と言われて育ちました。私がまだ赤ん坊で、祖母に抱かれている写真には「将来の跡継ぎ」とマジックで書かれているものがあります。この写真のように周りから見ると、私が何になりたいかという意志は考慮されることなく寺の跡継ぎであることは当然のことでした。「お寺の子どもだから」と特別扱いをされたことも私にとって重荷でした。なぜ、普通の家に生まれてこなかったのかと悩んだことは幾度もあり、薬剤師として生きる道を模索しました。薬剤師として勤務していても「あなたお坊さんでしょ？」と言われることが何度となくありました。どこから見ても、私の出自がお客さまに分かるはずがないのですが、私の本質はお坊さんであると看破されました。この体験から、私の本質はお坊さんであると気づきました。お大師さまが恵果和尚の導きで中国へと渡ったように、私はお大師さまの導きで高野山へと向かうことになりました。

お大師さまは恵果和尚の教えを心の奥深く肝に銘ずる気持ちで大切にしますと宣言しておられます。私たちもお大師さまが受け継いだ恵果和尚の教えである密教を大切に毎日の生活に生かしていきたいものです。

（中村一善）

高山澹《たん》默《ぼく》なれども禽獣労を告げずして投《いた》り帰《おもむ》き　深水言わざれども魚龍倦《う》むことを憚《はばか》らずして逐《お》い赴《おもむ》く（性霊集五　福州観察使）

【高山は黙っているけれども、動物は苦労を厭わずに登って来る。深海は何も言わないけれども、魚類は競って泳いでいる。そのように、大和朝廷は文物豊かな唐の国へ命を賭して使節団を派遣させている】

◉お不動さまの心　どっしりと動かない、変わらないものに、ただ生き生きとしたエネルギーを注ぎ込み、前向きに進み続ける美しさ。これを自然の摂理に見られる整然とした美しさと呼んでもよいでしょう。生きとし生けるものはすべて、それぞれに内包する持ち前のエネルギーを燃焼させて生き、自然の摂理の中で精一杯活動し、生産し、やがて勢いを失って老い、例外なく滅びてゆきます。

人間も動物と同じように、ものごころつくまでは自然の摂理のままに生きていますが、いつの間にか「恐れ」や「不安」にコントロールされ、ありのままの自分から遠く離れた行動をとるようになります。

「陥れられるかもしれない、傷つけられるかもしれない、死ぬかもしれない」。こんなイメージの障壁は世の中の表層を経験すればするだけ、意識するしないにかかわらず人間の心に透明な牢塞のように構築されます。そして、人は、「常識」や「世間の目」に抗って冒険することを止めてしまいます。幼いころの遊びを思い出してみてください。大人に危ないといわれようとも、思うがままに身体と心を使って、のびのびと活動していたあの時代を！　自由な遊びの中から真に生きるため必要なことを愉しみながら自然に学んでいました。

八〇四年、弘法大師も乗船した、大和朝廷が唐の国へ出した命がけの舟は、多くの優秀な人材が挑戦した「冒険」でした。いつ帰って来られるか、何人帰って来られるかわからなかった中での派遣です。それでも善きもの、一流のものに触れたい、それをわが国にもとりいれたいという一心での挑戦だったのです。ネガティブな「〜だったら」という思念はひとまず横に置き、ただ生存を求めて移動する動物たちのように、思うまま活動する子どもたちのように、弘法大師は八〇六年、未知なるたくさんの文化を持ち帰ることができました。恐れや不安を手放して、決意して行動することの大切さは、どのような時代にあっても貫く、稀有な事例となります。

（佐藤妙泉）

求法

儒童迦葉は教風を東に扇ぎ　能仁無垢は法雨を西に灑ぐ　五常これによって正しきことを得　三際これを以って朗然たり（性霊集五　越州節度使啓）

【孔子や老子は中国で教えを説き、釈尊や維摩居士は仏法をインドに広めた。これら先徳が説いた儒教、道教、仏教によって人道が正されている】

◉求め　伝え　弘める

「求法《ぐほう》」とは、仏法を求めることを意味します。「儒童」とは孔子、「迦葉」とは老子、「能仁」はお釈迦様、「無垢」は維摩居士を指します。この聖語は「孔子や老子は中国で儒教や道教を、お釈迦様や維摩居士はインドで仏法を説かれました。仁、義、礼、智、信の五つの道が正され、過去、現在、未来の三世が明らかになっています」との意味です。

この聖語は唐の国よりご帰国される際、越州の節度使（地方軍司令官）への書簡の一節にあります。「仏典、あるいはそれ以外の人々の幸福、加えて日本文化の向上に役立つ書物を持ち帰らせてほしい」との切実な御心が読み取れます。この書簡には、鑑真和上の御足跡に触れながら日本と唐の国の往来はまさに命がけであることをお説きになっています。

鑑真和上は何に命をかけたのでしょうか。七四二年、日本の僧栄叡《ようえい》と普照《ふしょう》が、鑑真和上を訪ね、我が国には伝法（正しい仏法を伝える）の僧がいないことを訴え、和上の弟子の来訪を願い出ます。それが機縁となり、和上ご自身が「不惜身命」の思いに燃え、失明するに至りながらも、十二年の歳月を要して来朝されました。

お大師様の「求法」と同様に、鑑真和上も「伝法」もまた命がけでありました。何故にこのお二人の「求法」「伝法」の想いは揺るぎないものであったのでしょうか。そこにはかけがえのない人との出会いがあります。鑑真和上には栄叡と普照の二人でありましょうし、お大師様にとっては師僧の恵果阿闍梨様であったと言えます。お大師様が様々な書物を急ぎ求められたのは、師僧の尊い遺命、早く帰国し、真言密教の法（御教え）を弘め、人々の幸福を増して下さいとの思いに応えんがためでありました。

「求法」の僧であったお大師様が、恵果阿闍梨様によって「伝法」の僧となり、その遺命によって人々の幸福のために「弘法」の僧となられたのです。（小野聖護）

命を広海に棄てて真筌《しんせん》を訪い探る（性霊集五　越州節度使啓）

【命を賭して東シナ海を渡り、仏教聖典を求めに来た】

◉実現への原動力　「思いの強さを正しい方向へ向けましょう」ということを、私は今巻・発心の章で述べさせて頂きました。ただ、正しい方向とは一体どういう方向かと言われると、それは意外と分かりにくいものです。強い思いを持って行動するというだけでは自分自身の我を通すだけ、つまりわがままの範囲を超えない場合が出てきてしまいます。それでは決して仏法に即しているとは言えません。

お大師さまは留学先の唐の国から日本に帰られる際、密教だけでなく本当に様々な先進文化も持ち帰ろうとなさりました。しかも、その努力は決して自分自身のために行っていたのではなく、国そして人々の為を思いなさっていました。そして、その思いを越州の節度使という地位のある方に手紙をしたため援助を申し出ていたのです。その思いは私も読ませて頂いた限り、とても切実で心を打つものでした。

思いの強さというのは、その人に積極的な行動力を伴わせます。まさにそれこそが物事の実現への原動力となります。実現に向けて、思いや言葉だけでは物足りません。具体的な行動こそが実現への最大の要因です。行動が伴ってこそ、その思いは十分に強いと言えるのです。これは私の経験上でも言えることです。

ただし、何度もお伝えしておりますが、我を通すだけのわがままな思いでは仏法に即しているとは言えません。仏法に即した生き方というのは「利他の心」に根差すものです。よくよく自身の思いを観察し、それが間違いなく皆の幸せに通じるものと確信できる時こそ、実現に向けて行動を起こす時となります。その際は、信頼できる人に相談するのも良いと思いますし、何かのセミナーや講習会、仕事等で知識や経験を更に増やすのも良いでしょう。

お大師さまのように命を賭してまでとは言えませんが、仏法に即しながら強い思いと行動力を持って進めることが出来れば、それは必ずや後悔のない納得のできる人生を送れるものだと私は思います。

（山本海史）

人は劣に教は広うして　未だ一毫をも抜かず（性霊集五　越州節度使啓）

【人の能力は劣り、教えは広大である。教えを習得しているのはほんの少しである】

◉わずかな知識に振り回されるな　一生のうちで人間ができることは限られています。それは時間的にも能力的にも限りがあるからです。人類が歩んできた歴史の中で人間というものはどれほど変化してきたのでしょうか。さまざまな技術革新があったとしても、経典や論語に生きるヒントを求めるのは、現代の人々も、人としてはそれほど変わっていないということを示しているのかもしれません。

ひと昔、こうして原稿を書くのも手書きでした。分厚い辞書を一頁一頁めくりながら勉強したものです。最近はパソコンを使って勉強することがほとんどです。今の人はパソコンの前でキーボードを打てばあたかも勉強しているかのような錯覚に陥ってしまいますが、情報を整理できなければ意味がないことです。便利な世の中になっても考えなければならないことは自分の頭の中にあります。ただ、人が考えることには限界があります。

皆さんはお寺に行くとお経を聞く機会があるかと思います。皆さんが知っているお経は「般若心経」「観音経」、その他にも知っているお経もあるかもしれませんが限られるものですし、私たちが読むお経も限られています。そうした限られたお経では知識も限られたものになってしまいます。とくに宗派にこだわっていると読む経典は限られてきます。しかし人間の能力は限られていますのでそうなってしまうのも仕方ありません。ましてや経典に触れずして「仏教は云々」と仏教のことを語ることなどできるはずがありません。残念ながら現代人は仏教に触れる機会が少なくなっているので仏教という言葉をひと括りに誤った解釈が生まれてしまうこともあります。

「八万四千の法門」と譬えられる仏教の教えですが、お経のすべてを理解することは難しいものです。人が思うことも同じようなことがいえます。多種多様な考え方、捉え方があるのです。私たちが普段行っていることはあることの一側面だということです。幅広い見識が必要なのは当たり前のことです。『大日経』の中には阿闍梨たるものの世間のあらゆる技術を備えてなければならないと説いてあります。限られた知識ではなく、幅広い見識を持って人を導いていく必要があるのです。

（赤塚祐道）

遍覚の虚しく往《ゆ》いて実《み》ちて帰るは大王の助けなり（性霊集五　越州節度使啓）

【玄奘三蔵がインドから多数の経典を持ち帰られたのは高昌国の麴文泰のお陰である】

◉人事を尽くす　人生を左右するひと言。人生を左右する人との出会い。長い人生において、このようなひと言や出会いを、誰しも一度や二度は経験するのではないでしょうか。そして、この奇跡的なひと言や出会いは、実は日々の生活の中に溢れていて、日々の生き方から生まれてくるのではないかと思うのです。奇跡とも思えるご縁に気付き、そして、そのご縁を生かすも殺すも、自分自身の意思によるところが大きいような気がいたします。

空海上人は中国に留学し、当代随一の師に出会い、たった数ヶ月で師から全てをお授かりになりました。このことは常に驚がくの対象となります。しかしその前に、意を決して大学を去り、人知れず山野を歩き経典に触れた空白の数年間。つまり、強い意志とそれに対する行動が、奇跡とも思える縁を生み、縁に出会い縁を生かすことに繋がったのではないでしょうか。偶然などではなく、まさにお導きだったのです。とは言え、この師との出会いは本当に運命的でした。師は空海上人に法を授け終わるのを待つかのように、お亡くなりになってしまうのですから。

分かれ道をどちらに進むかで、当然出会うご縁が違います。当然結果も違います。どちらに進むかは、自分が何を求めているのかで決まります。無意識に自然とその方向に進みます。そして大切なのは、何があっても前向きに誠実に取り組む、ということです。常に不平不満を口にし、目の前のことに前向きに向き合えない人は、何も受け取ることが出来ません。反対に、常に前向きで感謝の気持ちで物事に接する人は、いつも何かを受け取っています。そして、分岐点の尽きることはなく、一瞬一瞬の選択が未来をつくっていくのです。裏を返せば、いつでも方向転換も出来るのです。

空海上人は、中国へ虚しく往いて、千載一遇の出会いで、「密教」という大きなものを得て、実ちて帰られました。私たちは、その教えを信じ、周りの幸せを願って、日々前向きに感謝の心を忘れず、誠実に歩んでいきましょう。いつしか必ず期は熟し、人物が相応じて、物事は進んでいくのです。

(阿形國明)

空海葦苕《いちょう》に生れて躅水《ちょくすい》に長ぜり　器はすなわち斗筲《とそう》　学はすなわち戴盆《たいぼん》
然りと雖も市に哭するの悲しみ日に新たに　城を歴《め》ぐるの歎きいよいよ篤し

（性霊集五　越州節度使啓）

【空海は狭い日本に生れ、小さな器量であるから、学問の見識が狭い。教えを求めて中国の街をさまようが、歎きはますます募るばかりである】

◉お大師さまの求道心を知る　このお言葉は、お大師さまが中国で勉強されています時に書かれた御文章の一文で、日本に仏法を伝えるために、経典や当時最先端であった教えが書かれた書物を与えて頂きたい旨を、現地の長官に申し出られた書状の中に出てきます。お大師さまは、すでに自分自身も最大限の努力をしたけれども、まだまだ足りない。何とか助けてくれないかと切にお願いされています。その中で、ご自身を謙遜し、自身の無能を嘆くかのお言葉を添えつつ、相手からの理解を得ようとされています。

この御文章から四か月後、お大師さまは日本に向かわれます。帰国前でお大師さまも帰国を視野に入れながら活動されておられましたから、焦っておられたのではと推察されます。すでに密教の法をすべて授っておられたお大師さまが、まだまだ必要だと貪欲に教えを求められたことが窺えるのです。このことから、密教の教えは当然素晴らしいものの、それだけではなく、当時の中国の最先端の文明・知識があってこそ密教がより輝くことを知っておられたのです。

もし私だったら、密教の教えを授かった余韻に浸りながら帰国の船を待っていただろうと思うのです。しかし、密教を学ばせて頂いている私たちも、密教のすべての底を見通しているわけではありません。まだまだ密教には深みがあり、現在進行形であります。

そうしたことを鑑みますと、お大師さまの貪欲さ、そして焦りが少しは理解できるのです。そうしたとき、最初に申し上げた、ご自身を謙遜されたのではなく、ご自身では本当にそのように感じられていたのではとも思えるのです。スーパーマンと言われるお大師さま像の裏側には、まだまだ足りないという底なしの求道心がお大師さま像を作り出していることを、私たちは気付くべきではないでしょうか。

（富田向真）

求法

膝歩《しっぽ》接足して彼の甘露を仰ぐ（性霊集五　本国に帰る）

【全身全霊で恵果和尚より真言の秘法を授かる】

◉命がけで仏法を求める　今、仏教について知ろうと思えば、少し大きな本屋へ行くと仏教書コーナーに様々な宗派の教えを平たく説いた本が売っています。またインターネットで専門的な情報を得ることもできます。大学で仏教学などを専攻することもできるし、専門道場でその道を志すこともできるでしょう。しかし「命がけで仏法を求める」というような人は希になったのかも知れません。

お大師様は大学での官吏登用への学問を止めて、人間の所業を越えた大自然に身をゆだね、そこから見えてきた人々衆生の真に生きる道を求めて仏門を志しました。しかしその道は未だ暗く、捨て去ったはずの文字の世界が後ろ髪を引き、行く道を見失い世間の十字路で幾たびか泣いたこともありました。そんな若き空海に千載一遇のチャンスが訪れます。遣唐使船に乗船することが適ったのでした。荒れ狂う海を越え、見知らぬ山谷を歩き通し、ついに長安の青龍寺に辿り着きます。そこで初めて相見えた師恵果和尚は、膝をつき御足を頂く弟子空海に、まさしく一切衆生が真に生きるための教えを授けられたのでした。紀州の山中、玄界灘の波間、砂塵舞う異国の地で、お大師様が命を投げ打って求めた仏法。真言密教とはそういう教えなのです。

仏法を求めるとは、自分の名利のため知識欲のために求めるのではありません。そこには一切衆生を利益せんとする慈悲心からの誓願があるのです。自分の命は一切衆生の命と共にある。だからこそ命がけとなるのでしょう。真言密教には弘法大師の命が流れています。今私たちは、その教えを知ることが出来ます。しかし知るだけではなく真剣に実践していく、それが大師の誓願に応える道であると思います。

（佐伯隆快）

嵯峨天皇（さがてんのう）

唐の漢文学を日本に開花された文人。勅撰詩集『凌雲集』『文華秀麗集』を編纂。弘法大師や橘逸勢とご厚誼が深く、三筆の一人と称されます。在位十四年の三十七歳で弟淳和天皇に譲り、退位後に『経国集』編纂。国忌を許さぬという慎ましい五十七歳のご生涯でした。

（近藤）

篋《はこ》を鼓《つづみう》ちて津を問い　屩《わらぐつ》を躡《は》いて筏を尋ぬ（性霊集五　青龍和尚袈裟）

【学ぶために各所を尋ね、法を求めるために巡り歩く】

◉学ぶことの大切さ　『華厳経』という経典の「入法界品」という部分には、善財童子という少年が仏教に帰依し、悟りを求めて五十三人の善知識（指導者）を訪ね歩く冒険物語が語られています。善知識の中には、菩薩や神々、高僧のみならず、遊女や子供も含まれています。周知のように、東海道五十三次の宿場は、この五十三人の善知識の数にちなんで定められました。

若き日の弘法大師も、さまざまな師を訪ねて広くお釈迦さまの教えを聴聞されましたが、密教を学びたい一心で、命を賭して唐の国（中国）へ渡り、運命の師である恵果阿闍梨に出会い、その奥義を極められました。

「篋を鼓ちて津を問い、屩を躡いて筏を尋ぬ」という言葉は、大師が密教の法を授かった御礼として、恵果阿闍梨に袈裟と手炉（柄の付いた香炉）を献上した際に添えられた文章の中の一節で、阿闍梨に巡り会うまでに経験した過去の紆余曲折が表現されています。

「篋を鼓ちて」とは筆箱を鳴らすことで、学問を始めることをいいます。「津を問い」とは渡し場を探すことで、師匠を尋ねることを意味します。「屩を躡いて」とは、苦労して歩き回ることで、「筏を尋ぬ」とは、彼岸（悟りの世界）へ渡してくれる船、すなわち教えを探し求めることの比喩です。

つまり、大師はこの一節によって、かつてたくさんの師に入門して仏法を学んだが、それらはいずれも顕教（密教以外の一般的な仏教）の師であったと回顧しているのであり、大師はこの一節に続いて、密教を教えてくれる本当の師である恵果阿闍梨に今ようやく出会うことができたと、その喜びと感謝を表明しておられます。

人間はだれしも、自分が一番正しい、自分が一番賢いと思い込んでいるものです。しかし世の中には、自分が知らない知識、自分とは違う考え方が、無限に存在しています。みずからの未熟さと無知を謙虚に自覚し、旺盛に新しい学びを追究したいものです。

（川崎一洸）

求法

弟子空海　性薫《しょうくん》我を勧めて還源を思いとす　経路未だ知らず　岐《みち》に臨んで幾たびか泣く　精誠感あってこの秘門を得たり（性霊集七　奉為四恩）

【弟子空海は、仏道の真髄を真剣に求めたが、その本筋が見えなく、岐路に立って幾たびか泣いた。かくして私の真心が天に通じ、この大日経に出会えた】

◉縁に導かれる　唐から真言密教の奥義と法具をお持ち帰りになったお大師様は、その知識を以て日本で二部の大曼荼羅を造立なされました。これは、その造立に臨んで述べられた祈願文の一節です。かつて苦労して密教に出会えた青年時代を回顧されています。

さて、お寺の出身ではない私は、小学生の高学年のころ、ふとした事がきっかけで「お坊さんになりたい」と思うようになりました。周囲の人たちは「一時の憧れで、いつか熱も冷めるだろう」と感じていたに違いありません。しかし私の中で入ったスイッチはオフになることがなかったのです。そのうち真言宗のお寺にご縁をいただいて出家得度へとお導きくださり、更に真言宗の教師として必要とされる修行を積んで、当時住職が不在であった現在私が住んでいるお寺に縁があって住職に就かせていただいています。

如何にも難なく進んできたように聞こえるでしょうが、当然のことながら思い通りにならないことや苦悩も沢山ありました。顧みると、思い通りに事が運ばない時には、何かと流れに背いて無理をしていることが多い気がします。反対に、流れに任せて楽天的に勤めていると案外に上手く事が進むことが多いのです。物事が思い通りにならない時、この状況が私にとって最高の結果なのだと考えると、気も楽になって改めて前向きに努力できる時もあります。

自分の将来を思い描いて掲げた大きな夢や目標ができたら、いきなり今日や明日にこれを成し遂げようとするのではなく、この目標に向かって今日できる、今出来るような小さな目標を立てて、決して無理をせず縁に従って続けることが大切なのです。流れに身を任せて努力すれば最上の結果がなるようになるべく現れてくるものだと確信しております。

（大瀧清延）

朋《とも》を百城に訪《とぶら》って勇鋭の心いよいよ励まし　恵を一市に哭して渇法の意《こころ》常に新たなり（性霊集七　僧寿勢先師忌）

【善財童子は百余の街を訪ねて法を求めた。常啼菩薩は身を売って仏の智慧を得ようとしたが買い手がなく泣いた。しかし、求法の志は衰えることはなかった】

◉智慧を求め、善き師を訪ねること　「道を求める」ということは、真実の智慧を訪ね求めていくことではないでしょうか。私たちは人として生まれてきました。人が生きるとは「何に生きるか」、つまり「何を求めて生きていくのか」という問いがあるのだと思います。「求法《ぐほう》」とは仏の教えや悟りの道を求めること、という意味です。「求法の物語」といえば『西遊記』は最も有名なものでしょう。経典を求め、玄奘三蔵は孫悟空らと共に苦難に立ち向かいながら天竺《インド》へ向かいます。近代日本では河口慧海師の大冒険『チベット旅行記』などがあります。

こうした物語とは変わって、善知識と呼ばれる「その道のことをよく知っている人

（友・師）と出会いながら悟りに近づいていく物語があります。「訪朋百城」とは多くの師を訪ねる善財童子の物語です。「私は悟りを求める心を起こしましたが、どのようなものが菩薩の行であり、どのように実践するのかがわかりません。どうか教えて下さい」。善知識を訪ね歩き、一貫して同じ問いを繰り返します。悟りを求める心である菩提心を起こし、その心を保っていくことの大切さが説かれています。

「求法の物語」に共通していることはいったい何でしょうか。それはまず「捨身」ということがあげられると思います。この身や命を投げうってでも求めてく態度です。「哭恵一市渇法之意」とは、あらゆる財産を捨てて出家した常啼菩薩の物語です。自分の身を売ってまで施しをしようとするにもかかわらずだれも買う人がいなく涙を流す、という物語は、まさに「捨身」の物語です。

さて私たちの人生を振り返った時、どのような先生（善知識）と出会って来られたでしょうか。「先生なんていなかった」と言われる方もいるかもしれません。しかし経典の善知識もバラエティに富んでいます。納得する言葉を言ってくれるわけではありません。疑いの気持ちも生じます。しかし、諦めず初心を忘れないのです。それはどの「求法の物語」にも共通していることです。

（伊藤聖健）

臂《ひじ》を断って不生の観を仰ぎ　身を投じて寂滅の偈を渇《ねが》う（性霊集八　梵網経講釈）

【慧可禅師は腕を切断して達磨大師に求法の真実を求め、雪山童子は身を投じて無常を説いた詩を切望した】

◉身を律する

『梵網経』というお経には、お坊さんが守るべきルールが示されています。それをお坊さんが唱えることで、うっかりルール違反をしていないか日々反省するためのお経です。唱えていますと、「〜のようなことをすると波羅夷罪だ」と色々な状況を説きます。波羅夷罪とは仏教教団においては最も重い罪で、教団追放を意味します。学校ならば退学処分です。ですから、学校の校則のようなお経です。そう聞くと、ルールは私たちを縛り付けるものだと思う方もおられるでしょう。しかし、ルールは集団生活において、お互いを守り、さらには自分自身を守ってくれるものなのです。お坊さんであっても、ルールがなければ生活を整えることが出来ないのです。

お世話になった師匠といえる方の年忌に、お大師さまは心を込めて『梵網経』を写経された時の御文章に冒頭のお言葉が出てくるのです。

正しい教えを求めるというのは、命を懸けるほどのことであるのだと、お大師さまは昔の故事にちなんで仰っておられます。腕を切り落としたり、自分の命を捧げてまでも、真実を見つけたいという思いがなければ物事は達成しないという、厳しいお言葉です。お大師さまはお世話になった師匠から真実を解き明かして下さったという感謝を込めてこの故事を出されたのでしょう。

お大師さまは七歳の時に捨身が嶽から飛び降り、仏の存在を試されたといいます。この出来事は「捨身誓願」といわれますが、この出来事から仏に身を捧げていくと決心されたのです。それほどの覚悟であったお大師さまであったからこそ、単なる故事の引用ではなく、真実を探し求める気持ちが重なっていたように思われます。捨身誓願の思いが真言宗となり、千二百年経った今も人々を救う教えとなっているのは、命がけで見つけられた教えであるからでしょう。その教えに触れることが出来ることを、私たちは深い感謝と身を律した厳しい姿勢で真摯に受け入れなければいけません。

お世話になった師匠への感謝の気持ちを『梵網経』の写経で表される。お大師さまは常にご自身を律しておられたことが窺えます。

（富田向真）

彼の光を取らんと欲《おも》わば何ぞ仰止せざらん（性霊集八　万灯会願文）

【大日如来の光を求めようとしない者がいるであろうか】

◉**大きな声、小さな声**　末っ子が赤ん坊だった頃。親にとって、すやすやと眠ってくれる時間がホッと一息つける安らぎの時間でした。しかし我が家の上のふたりの子供たちはとにかく大きな声で話すもので、すぐに赤ん坊は目を覚ましてしまいます。「もっと静かにしゃべって！」。「うん、わかった！」。しかし答える子供たちの声はすでに大声で……。なぜ子供の話し声はあんなにも大きいのでしょうか？

子供は身体が小さいので、喉の声を共鳴させる部分も小さく、それによって発せられる周波数が高くなり、甲高く大きく聞こえる。子供が助けを呼ぶ時、声に大人の耳が反応しやすいと、生き残る確率が高くなるから、大きく聞こえやすい波長になる。いろいろと説はあるようですが、もうひとつ、子供を叱る親の声が大きいと、それにつられて子供の声も大きくなる。これが一番思いあたる節が……。

お寺は老若男女を問わず多くの方々にお参りをいただきます。大きな声でお唱えする子供さんもいらっしゃれば、微音でお唱えされる年配の方もいらっしゃいます。小さくお唱えして大丈夫なのか？　仏様に聞こえるのか？　大丈夫です。仏様の耳は全ての周波数に対応していますので、子供のように大きな声で話しかけなくても大丈夫です。また子供さんならいつものように大きな声でお話しいただければと思います。

子供とは私たちが一般的に言う幼子の子供だけではありません。仏様の前では大人も子供もなく誰もが「仏様の子供」ですので、仏様の教えに触れたいという気持ちさえあれば、誰の声でも聞いてくださいます。仏様の前で手を合わす時、隣で自分と違う声の調子でお唱えする方もいるでしょう。ですがそれは誤りではありません。声の大きさや調子は違えども、誰もが同じ仏様の教えを求めてお唱えされています。方法が違うからといって、同じ思いを持つ者の声を自分の声でかき消してはいけません。

大きな声、小さな声。様々な声がありますが、果たして自分は他人の声を聞けているのか？　仏様に自分の声を聞いていただく時、同時に他の人の声を自分は聞けているのかを、問わなければならないと思います。「おぎゃあ」と泣く末っ子も、やがて言葉を覚えました。他人の様々な声を聞くことで、言葉を覚えたのです。（亀月隆彦）

空海少年の日　好んで山水を渉覧して吉野より南に行くこと一日　更に西に向って去ること両日程にして平原の幽地あり　名づけて高野という（性霊集九　高野入定処／高野雑筆一五）

【私空海は、少年のころから山野渓谷をよく好んで歩いた。吉野より南へ山中を行くこと一日の距離、さらに西へ向けて歩くこと二日ほどのところに、広々とした幽玄な盆地があった。その場所は名づけて高野という】

◉慈悲に抱かれて歩む　その昔、人々は歩いて旅をしていました。目的地にたどり着くまではまさに命がけです。車社会の現代において目的地のみが重要視され、自動運転の技術などでもはや行き着くまでの過程は忘れ去られようとしています。

お大師さまには「空白の七年」といわれる時期があります。空白なので真実はお大師さまのみ知ることなのですが、一説には山岳修行をされていたといわれています。なぜ山岳修行なのでしょう？　山野をただひたすら歩くことは無駄なことに思えます。普通に考えれば仏の前で読経している方が僧侶らしく思えます。しかし道なき道をひたすら歩くことは種々の「慈悲」に出会える大切な修行なのです。自然からの恵みの慈悲、人からの施しの慈悲、もはやこれまでと思ったときの仏からの慈悲など、それらすべてが法にたどり着くための鍵であると思います。

私も三歳のとき母と祖母に連れられて、福岡県篠栗町にある新四国篠栗八十八ヶ寺霊場を二日間で歩きました。母の体質を受け継ぎ食が細く体が弱かった私が、参拝初日の夜からしっかり食べるようになり、みるみる元気になりました。母は嬉しかったのでしょう、それから御礼まいりとして毎月家族で参拝するようになりました。その中で私は多くの慈悲に触れ、僧侶になる道を選びました。

話をお大師さまに戻しますと、唐から戻るとき嵐に遭いますが、その船中でお大師さまは一つの「小願」を立てます。無事戻れたなら鎮護国家と人々の救済のための寺を建て、そこを修禅の道場とすることを神々に誓います。それが高野山で、そのときこの名言は小願成就の布石となったのです。

昔の人々は歩いて旅をしていました。そこに多くの経験や学びがあったことでしょう。何かを求めるには、そこに到るまでの過程を見直してみてはどうでしょう。その中に目的に達するための智慧が詰まっているかもしれません。

（中村光教）

求法

巌下《がんか》に身を投じ　藪中《そうちゅう》に位を捨つ　臂《ひじ》を断《た》って誠を示し　体を割《さ》いて信を表し　求法の思いを竭《つ》くし　道を殉《もと》るの懇《ねんごろ》なることを馳《は》するをや　三世の索哆《さった》これによって果を得　十方の如知これを修して道を証す（性霊集十　秋日僧正大師）

【谷に身を投じた雪山童子、王位を捨てた善無畏三蔵、肱を断った慧可禅師、皮を削ぎ骨髄を出した常啼菩薩は、求法に熱い志を示し、仏道に励んだ行為である。諸仏諸菩薩もこのような厳しい修行によって悟りを得られている】

◉絶え間ない努力　サッカーで世界的に有名なメッシという選手がいます。メッシはアルゼンチン出身でスペインのＦＣバルセロナに所属していてサッカー史上最高の選手と呼ばれています。

メッシが公式戦初ゴールを決めたのは十七歳のときでした。これは当時のクラブ史上最年少得点記録であります。

チームが所属するスペインリーグでの優勝十回、得点王六回。欧州クラブチームのナンバー一を決めるUEFAチャンピオンズリーグでは、優勝五回に、得点王六回。ヨーロッパの年間最優秀選手に贈られるバロンドールを六度受賞。これは、クリスティアーノ・ロナウドと並んで、歴代最多であります。また、アルゼンチン代表として同国通算最多の七十ゴールを決めています。二〇〇八年の北京オリンピックでは金メダルに輝いてます。

そんなメッシに対して、ファンだけでなくサッカー関係者までもが「天才」と呼んでいます。そんな周囲の評判に対してメッシが語った言葉が、

「努力すれば報われる？　そうじゃないだろ。報われるまで努力するんだ」

という言葉です。メッシは、この言葉は報われない努力を否定しているのではなく、自身のプレーを支えているのは、日々のたゆまぬ努力であることを伝えたかったのです。

人はつい、自分への言い訳を考えたり、自分を甘やかすような環境に逃げたがるものです。仏道修行も安易に自分に都合の良い様に考えて実行するのではなく、ただひたすらに誠実に謙虚に実践し、歩み続けていくことが大切なのです。

（成松昇紀）

三老五更は至尊肉袒《じくたん》の養を致し　崆峒渓水《こうとうけいすい》は天子済戒の問を遺す（性霊集十秋日僧正大師）

【長老に対しては、天皇は礼儀を尽くされる。また、黄帝や文王も礼を尽くして道を求めたという故事がある】

◉教えを乞う心構え　お釈迦様の前世物語『菩薩本生譚』には「燃灯仏を迎える逸話」というお話があります。前世でのお釈迦様はここでは学問を志すメーガという青年でした。

ある時のこと、メーガは燃灯仏が蓮華城にやって来られると聞き、彼も蓮華を供養しようと思い立ちます。しかし、国王が城内すべての蓮華を買い占めたために供養する蓮華が無くなってしまいました。そのときバラモンの女性が庭先で七茎の蓮華を摘んでいたので、蓮華を分けてもらいたい旨を伝えると、女性はメーガとの婚約を条件に蓮華を譲ってくれました。彼は五茎の蓮華を手に、女性は二茎の蓮華を手にして蓮華城の外で燃灯仏を待っていると仏様は一歩ずつゆっくりと歩いてきました。国王は燃灯仏のお通りになる道に白い布の道をつくり、その沿道には人々が燃灯仏をお迎えしました。

ところが一ヶ所だけ泥土が露わになっていたので、メーガはその泥を覆うために着ていた衣を脱いで泥の上に広げ敷きました。しかしそれではまだ足りなかったので、さらに結っていた長い髪を解き、泥土の上に頭を垂れるように額づいて自らの髪で土を覆いました。燃灯仏は静かにメーガの髪をお踏みになり立ち止まりました。

「メーガよ、あなたは来世においてきっと悟りを開き釈迦牟尼仏となるであろう。そしてあまねく衆生を救うであろう」と伝えられたのでした。

メーガは全身全霊で仏様を供養することで、来世で悟りを得られるお釈迦様としての生を享ける大いなる功徳を積んだのです。法を求める者は、自分を打ち捨てるぐらいの気持ちが大切であることが菩薩本生譚で知ることができます。また、古来より礼儀を尽くし、心から教えを乞い願う真摯な姿は、身分や立場とは無関係であり、いつでもその道を尋ね求める心を持ち続けることがより善き人生につながるものです。

（阿部眞秀）

求法

求道の志は己《おのれ》を道法に忘る　猶し輪王の仙に仕えしが如し（性霊集十　理釈経答書）

【求道とは、自分の身を忘れてひたすら悟りを求めることである】

◉忘れることの大切さ　同じ書状の中で弘法大師は、「昔の人は道のために道を求めたけれど、今の人は名利のために道を求めている。名利のために道を求めるのは、真の求道ではない」という意味の言葉を書いておられます。

それに続きこの大師の名言「求道とは、自分の身を忘れ〜」に続いていくわけです。この「おのれを忘れる」という求道の中での感覚は、仏教の修行をするうえで本当に大切な感覚だと思います。普段、私達は「忘れること」にいい印象を持っていません。四十一歳の私も最近「物忘れ」が特にひどくなったと感じており、効果があると宣伝されていたサプリメントをドラッグストアで物色してしまいました。

しかしこの言葉をヒントに、「おのれ」だけでなく「忘れてもいいこと」をリストアップしてみるのもいいでしょう。人の脳は年齢に関係なく、膨大な事柄をじつは忘れ続けています。だからこそ人は、巨大過ぎる記憶に溺れることなく生きることができるのです。そして仏法とは、その中でももっとも大事と思われる「私」さえも忘れるようなこと。本当に大きな目標ですが、心にいつも留めておきたい大師の言葉です。

しかし同じ書状の中で弘法大師は、「真理は他人の心ではなく、自分の心の中にあるのだ」と同時に諭されています。つまり「見つめるべき自己」と「忘れるべき自己」という両方を私達は感じることになります。そのように「私」や「自己」と呼ばれるものが、一筋縄ではいかない多層的な存在であることを示唆されていると私には感じられるのです。では「見つめるべき自己」とはなにか、それはやはり密教の菩提心である「さとりそのもの」の心だと私には思われます。心には仏様がおられるのです。

「さとり」などというものは、どこか遠くのもので、自分には関係ないと感じる人であっても、「自己」の複雑さを感じ、「忘れるもの」を見つめることは、意義のあることだと感じます。

（白川密成）

彼岸

栰《いかだ》に遇うて彼岸に達しぬれば法すでに捨つべし　自性なきが故に（宝鑰第九）

【筏に乗って仏の岸に着けば、筏は捨てられる。筏は悟りへ導く手段であるから】

◉執着を捨てる　私達は欲深さと怒りと間違った考えに、いつも付きまとわれて人生を縛りつけてしまっています。これを仏教では執着《しゅうじゃく》と言います。世の中が便利になるほど、執着することが増えているように思います。

通販サイトや通販番組で安易に商品を購入した結果、不必要なものが家中にあふれて困っている人が沢山います。ネットで新たな人間関係を築いて充実した人生を送っている人が増えています。反面、不用意に個人情報を公開したために悪意に晒されたり、ネットで知り合った異性とトラブルになったり、軽はずみな発言などが拡散し不特定多数から誹謗中傷を受ける炎上も社会問題化しています。こうした炎上に懲りて個人情報を非公開にしたり休止や退会に追い込まれてしまう人も増えています。

人の振り見て我が振り直せという諺がありますが、何かに執着している人は自分自身がわかりません。他人の姿、やっていることを見て自分自身を改めようという意味です。これが執着を捨てる第一歩です。

お釈迦様は弟子達に「旅人が筏を作り向こう岸に渡った。筏は役立つので担いでいこうと思うか」と問いかけました。弟子達は「筏は捨てるべきです」と答えました。お釈迦様は「持ち歩いても、筏は旅人の重荷になるだけで生かされない。筏への執着を捨てれば万事うまくいく。なにごとにも執着しないことが肝心なのだ。たとえ私の教えであっても、それにとらわれ執着してはならない。ましてやそれ以外のものに執着してはならないのはいうまでもない」と話されました。

旅人は迷いの岸（此岸）にいる私達。筏は慈悲あふれる仏様の教え。彼岸とは悟りの世界です。仏様の教えは医者が患者に症状に合った薬を処方するように、教えを受ける者によってふさわしい教えをお示しになるので教えそのものには決まった性質はないのです。なぜ仏様の教えを捨てなければならないのか、教えに執着すれば独善に陥り、やがては同意しない者を憎み、批判し、攻撃するようになるからです。執着を捨てれば真理の教えを実践して自分にも他人にも利益を与えることができるのです。

（伊藤全浄）

菩薩は妄念不生なりと知れば　即ち生死の苦海を度して彼岸に到る（一切経開題）

【菩薩は苦しみの原因を知っているから、妄想を起こさない。だから悟りの岸へ行くことができる】

◉苦しみの原因を知ること　生老病死の四苦と愛別離苦、怨憎会苦、求不得苦、五蘊盛苦を合わせた八苦が私たちの苦しみです。私たちは生きている限り、この苦しみに必ず遭います。そして、苦しみます。お釈迦さまは、苦しむことがはじめから決まっていると私たちに教えています。ゆえに私たちはそう理解して、忘れないようにすることが大事です。私たち人間の人生とは、この苦しみの繰り返しであると、もはや覚悟するより他ありません。苦しみは生まれることからはじまり、人生を生きながら苦しみ、死んで輪廻して苦しみ、また生まれて苦しみます。

この苦しみの原因とは、実は私たちがあらゆる存在に本質が無いという空を悟っていない妄想によります。お釈迦さまは、般若心経で菩薩が空を悟り、一切の苦を度したと説いています。これが仏教です。お大師さまは、般若心経を誦持すれば苦を抜き、楽を与えると教えています。

仏教と出会う縁を得ることができたなら、般若心経を唱えて修行することが私たち人間にとって、この上ない人生であると私は思います。私は般若心経を唱えて修行しながら、まだ空を悟っていないので妄想を起こします。もう残り少ない人生でやらなければならない、私にできることを一つに絞って専念しなければ、いくつものことをする時間はもうない、ひたすら般若心経を唱えて修行したい、お大師さまの真言密教と出会うことができ、また師と出会うことができた今生しかないと日々思いながら、求める修行の時間が思うように得られないことの苦しみがあると思っています。老苦や求不得苦です。私はこれを妄想と思い、自分に言い聞かせています。

ただ、私は道を反れたくないと強く思います。反れれば引き返すことはできないと思っています。正しい仏教をしっかりと学び、真剣に修行する時間を虚空に記憶させる積み重ねの結果が悟りの岸へ行くことだと私は考えています。

（細川敬真）

彼岸

七覚の馬に策《むち》うって亟《すみ》やかに沈淪を超え　四念の輪に駕して高く囂塵《ごうじん》を越ゆ（三教指帰下）

【悟りに目指す馬にまたがって苦界を超え、迷いを打ち破る車に乗って煩わしい俗世間を越える】

◉マインドフルネスの軍事利用　シャクソン家では今日も仏教談義が盛んです。

マイケル「海外で瞑想がブームなんだってね。マインドフルネスっていうらしい」

ジャネット「聞いたことある。スリランカの上座部仏教の瞑想や日本の禅を応用して、医学や心理療法に生かしてるらしいね」

マイケル「それだけじゃないよ。グーグルとかアップルみたいな大企業や、なんと軍隊でも取り入れてるんだって。マインドフルネスの訓練をすれば、恐怖や罪悪感を感じずに淡々と敵を殺せるようになるらしい」

ジャネット「ぎょえーっ。マインドフルネスの軍事利用ってことか」

マイケル「マインドフルネスは確かに仏教に由来してるんだろうけど、そこから仏教の要素が抜かれて、単なる手段になってるんだね」
ジャネット「弘法大師の言葉に『七覚の馬に策うって……』（冒頭の言葉）というのがあるの。七つの修行と四つの瞑想をすれば煩わしい俗世間を越えて速やかに悟りを得られる、という意味ね。七つの修行とは、（一）瞑想によって今を感じる、（二）真実の教えを選ぶ、（三）精進する、（四）教えの実現を喜ぶ、（五）心が軽やかで安らかなのを感じる、（六）心を安定させる、（七）とらわれを捨てる、ということ。四つの瞑想とは、（一）身が不浄であること、（二）一切が苦であること、（三）心が無常であること、（四）物事が無我であること、の四つを念じること。って、分かった？」
マイケル「うーん、ちょっと難しい。でも、俗世間の煩わしさを乗り越えるための瞑想が、思いっきり俗世間に利用されてるって、なんだか皮肉だね」
ジャネット「そうよね。そもそも不殺生戒に反している時点で、軍事利用はアウトな気がするなあ。お釈迦さまや弘法大師がこのことを知ったら、何と言うかな」
マイケル「迷走してますね、とか？」
ジャネット「言うわけないでしょっ」

（坂田光永）

彼岸

愛溺《あいにゃく》をこの涯《きし》に忘れて　恵撥《えはち》を彼の岸に捨てん（性霊集六　右将軍願文）

【煩悩をこの世に置き、智慧の舟もこの岸に停め、かの仏の世界へ向かう】

◉少年のザリガニの思い出　福島県立ふたば未来学園の演劇部所属の高校生が、当時小学生だった東日本大震災から二ヶ月後の被災地を舞台に、自らの震災前の記憶を語りながら大切なものを失う悲しみを演じる演劇の舞台裏をTVで拝見致しました。

その演劇部員の中で思い悩むA君がいました。福島第一原発から近い双葉郡の出身の部員に比べ、自分は距離の離れた福島市出身で、避難経験もなく当事者じゃない、震災を語れるのか、という彼に対し脚本を通じ生徒達と関わる劇作家の柳美里さんは、「距離があるからこそ、近づきたいって思うことないですか?」「私は貴方も当事者だと思っています。疎外感を感じる必要はない、逆に知りたいという『磁力』が強い、距離がある分、強いんじゃないかな」と諭されたのです。

A君は、今まで向き合ってきた、自身の苦悩が氷解したような安堵の表情を浮かべました。そんなA君が、苦悩しながら演劇部員に打ち明けた震災前の自身の記憶は次のようなものでした。

「家の近くの貯水池にザリガニが棲んでいて捕まえていたら、嬉しすぎて三十四も持って帰ってしまって。流石に親に『ダメ、捨ててきなさい』と言われ泣く泣く用水路に捨てに行ったんです。実はザリガニ全部に名前をつけていて『タルタル』とか『ドラドラ』とか。放す時、みんな一匹一匹言葉をかけてお別れしたのを覚えています。貯水池も放射能で危ないからって水を抜いた時、ザリガニも全部排除されたー」

A君も経験していた喪失の悲しみ、その思い出は演劇のラストシーンになりました。

「お前で最後…か、生きろよ…、ヨウヨウ…!」

震災からずっと、多くの人の苦しみと共に生き、柳さんからの助言を新たな自分の扉を開く鍵とし、演劇部全員がそれぞれの演技に辿り着き、「生きろよ…」というその言葉、表情にも、私は感動し心を揺さぶられました。もう、思い悩み智慧を求める岸を離れ、未来のステージに向かう、A君を始めとする演劇部員に最後、観客から温かい拍手喝采が巻き起こった、そんな感動的な光景のようにも私には映りました。

(村上慧照)

彼岸

溺海を超越して宝岸に躋《のぼ》り攀《よ》じん（性霊集七　菅平章事）

【迷いの海を越えて仏の岸に到る】

◉蜃気楼　人はよく悩む、はたまた悩まされることがあります。日常の小さなことや自分自身のことから始まり、家族のことや職場や学校という自分が属しているフィールドでのこと。上下関係・友人関係・家族関係そして昨今ではSNSなどにおけること。これら全ては人が創り出したフィールドであり人間関係のみでしかありません。好き好んで属していないフィールドもあるでしょう。しかし、すべてのフィールドや人間関係は、「自身をどのように見せたいのか」「どう見られたいのか」または「見られるようにするのか」、自己プロデュースという面とそれによって相手から認知された自分像との比較。この比較をするときの差異・誤差の大きさが悩みの種となっているのではないでしょうか。

自分が相手に見せようとした自分像と相手が受け取る自分像の差が大きくなるのは、

良し悪し関係なく当人の心には大きく影響が出るものです。これに心が囚われてしまうのは仕方のないことかもしれません。しかし、大きな意味では、出口のないトンネルや迷いの森に自分から入りに行っている行為と言えます。そして、常に自分が提案した自分像というものは、決して肯定され続けるわけではないのですから。

全てにおいて称賛されるわけではなく、時には誹謗や中傷などを受けることもあるかもしれません。そういった事から目や耳を背けたくなることはあります。しかしその見聞きし得ているのは、忍土というこの世でのこころの修行と捉えることはできないものでしょうか。

今、見聞きしているのは、実は自分という人間の脳と感覚器官が受け取ったことだけでしかないのです。この身が存在し得る期間のみ。いわば蜃気楼のような儚いひと時でしかないのです。悩みに追い回されて生きるのではなく。悩みをも楽しんでしまうような観方に変えてみる。物事を一事が万事と感じ取ることは仕方ないながらも、観方・聞き方を徐々に変えていってみませんか。

（渡邉智修）

彼岸

五天はかの白牛の宝軒に乗り　六趣はこの黒羊の幣車を棄てん（性霊集八　播州和判官）

【悟りへ向かうために、諸天は大乗の牛に乗り、衆生はのろい羊の車を乗り捨てる】

◉宝は何処へ　仏教では仏さまの教え（法）を乗物に喩えました。「その乗物に乗って私たちは仏さまの岸にたどり着こう」というのが仏教です。私たちがいる迷いの岸と仏さまの悟りの岸の間に生死の苦海があり、その海を渡る為には船が必要だと考えました。陸地では車が必要です。水上、陸地それぞれに乗物を変えて、より良い乗物で悟りの岸を目指します。

仏（目的地）、法（乗物）、僧伽《そうぎゃ》（運転手や乗組員）、この三つを私たちは拠り所として今まさに悟りの岸に渡り、安楽という宝箱を見つける大冒険の真っただ中にいるのです。

しかし、いくら良い乗物があっても運転手がいても、目的地が無ければ止まったたままでです。目的地がわかっていても乗物が無ければ行けませんし、目的地が定まり良い乗物がそこにあっても、動かす人がいなければ眠ったままです。この三つがそろってこそ、私たちは前に進めるのです。しかし、乗物を動かす為には動力が必要ですし、きちんと操縦したり、道順を確かめたり、また乗物のメンテナンスも必要になってきます。悟りの岸へ行く動力《エンジン》は私たちの菩提心です。これが無ければ立派な乗物も動きません。その乗物を上手に操縦するために布施・持戒・忍辱・精進・禅定・智慧と六つの修行を怠ってはいけません。そうして、仏の岸に渡り安楽という宝探しの冒険をするのです。

やっとの思いで安楽の入っている宝箱を見つけました。私たちは喜んで駆け寄りその宝箱を開けてみますと、中身は空っぽ。皆は愕然とします。しかし、その冒険を振り返った時に周りにいた仲間や船、車、そしてこの冒険こそが私たちの宝物であった事に気付かされるのです。

仏（目的地）・法（乗物）・僧伽（仲間）、これらが私たちの大切な三つの宝（三宝）であったという事に気付く事が悟りであり、今生きている私たちそれぞれの人生の中にこそ、私たちの目的地とする悟りの世界があるのです。

（加古啓真）

峻嶺に登らずんば天の高きを測ることなし　深谷に入らずんばあに地の厚きことを知らんや　俗だも尚かくの如し況《いわ》んや聖教《しょうきょう》をや（宗秘論）

【頂上に立てば空の高さが実感できる。深い深谷に入れば地層の厚さを知ることができる。世間ですらこの状態であるから、仏典を紐解けばなおさら広大な世界を知ることができる】

◉仏の教えは広い世界の道しるべ　事前に予備知識をもっているといないとでは、世界の見え方が随分変わります。初めて知らない場所に行く際は、不安なので充分に下調べをします。現地を知る人がアドバイスをしてくれたり、情報や資料を手に入れ知識が増す毎に、見方が変わり期待が膨らみます。

私が初めて奈良県の修験道の聖地大峰山に登った時は、山に詳しい先達さんに案内してもらいました。山についての説明や、道中での細い獣道、一歩踏みはずせば滑落する危険な所もあり、こと細かく注意を受けました。やっとの思いではありましたがお陰で無事に頂上に着き、頂上から眺める絶景に、疲れがふき飛んだことを憶えています。

二度目の登山になると、先達さんの重要な注意事項にも耳を傾けず油断して登ったので、不注意にも足を滑らせて危うく怪我をしそうになり大変後悔しました。『宗秘論』では、仏が人々に教えを説き、陀羅尼という仏の言葉を讃える理由があると説いています。

世俗では、様々な誘いや煩悩が多く迷いやすく、煩悩は仏の教えや光を隠してしまいます。だから仏は常に上から私達を見守って下さり、陀羅尼の勝れたところを説き、悪い方に進まないようにと心を痛め、救済しようとしています。私達が不安な思いで戸惑ったり、油断して失敗した時は教訓と捉えます。私は、仏が手を指し伸べてくれているのだと理解して、救いの教えを説いてくれているのだと考えます。その経験は自身の生活の中で、日々生かされ、積み重ねられます。

何事も行動を起こす場合には、充分な知識と慎重な考えを持って判断すれば、広い世界を知ることができます。たとえ失敗しても、臆することなく自分の行動を見直してまたチャレンジすると、世界がより一層広く見え、新しい世界となることでしょう。

（天谷含光）

高楼に鼓を懸くとも寧《なん》ぞ叩くに非ずして方《まさ》に鳴らんや　智は洪鐘《こうしょう》に等しく鐘撃《しょうげき》の大小に随う　疑あらば請問《しょうもん》し打ちて芳音《ほうおん》を聴け（宗秘論）

【高い建物に太鼓を吊りさげても、叩かなければ鳴らない。智慧による作用も大きな鐘と同じで、打つ力の程度によって発揮される。疑うならば智者に質問して、その返答を吟味してみるとよい】

◉実るほど頭を垂れる稲穂かな　このお大師様の言葉に出てくる太鼓は人、鐘は能力の事ではないでしょうか。太鼓は置く場所を間違えなければ叩く人がいればしっかりと響くのに、高い場所に置いてしまえば太鼓本来の役割を果たせなくなってしまいます。鐘に関してはつく場所、つく力の大小によって音はでますが、吊るす場所を間違えば綺麗な音はでなくなってしまいます。

『ドラえもん』に登場する主人公のび太は日常の配置では勉強出来ない、スポーツ出来ないというキャラクターなのですが、映画の配置になればお得意の射的で見事な腕前を見せてくれます。ドラえもんという猫型ロボットのあの手この手の上手なフォローでうまく能力を引き出しています。

私自身、介護職、居酒屋、焼き鳥屋、コンビニ、印刷会社、ファーストフード店、喫茶店、工場、僧侶と色々な仕事をしてきましたが、やろうと思えばどんな仕事だってやってきました。しかしやはり合わない仕事もあり長く続かないものもありました。合わないなと思っても上手な太鼓の叩き手や上手な鐘のつき方をしてくれる人に出会えた職場では難しい仕事でも長続きさせてもらいました。その時に悟ったのは、この世の中は人。仕事なんかではなく人で出来ているということです。

お大師様の言葉の智者というのは物事の本質をいいます。物事は「全て」人。いや人が「全て」。そういったことを理解している人はドラえもんと同じです。物事の本質を知るドラえもんを目指しましょう。余談ですが、私はどこでもドアよりタイムマシンが欲しいです。

（松本堯円）

発心して遠渉せんには　足に非ざれば能《あた》わず　仏道に趣向せんには戒に非ざれば寧《いずく》んぞ到らんや（遺誡）

【志を抱いて遠くへ尋ね歩くには、足が必要である。仏への道を目指すには、戒に従って修行することである】

◉地図を持ってさあ行こう！　四国八十八カ所は、お大師さまが千年以上前に開かれた巡礼の道です。今日も白い衣を着たお遍路さんがおよそ千四百キロメートルという道のりを巡られています。

もし、あなたが初めて四国八十八カ所を巡りたいと思い立った時、何を用意しなければならないでしょうか。笈摺《おいずる》や金剛杖《こんごうづえ》といったお遍路さんとしての衣装も必要ですが、大事なのは「地図」と先達《せんだつ》さんです。自分の直感で歩くには、お遍路の道のりはより過酷なものとなるでしょう。ひどい場合は野山をあてもなくさまようことになるかもしれません。また、お遍路さんの中には何度も八十八カ所を回られた先達の方々がいらっしゃいます。先達さんに、四国八十八カ所をお参りする時のマナーや心構えを習うことも必要です。お遍路の何たるかを知らないで歩くだけではそれはただの旅行に過ぎません。お遍路とは巡礼、すなわち仏道修行なのです。

お大師さまが四国を巡られていた頃は、今のように街道は整備されておらず、行く道ほとんどが草木をかき分けて行かなければならない状態でした。地図なんてものはもちろんありません。しかし、お大師さまには地図よりも大切なものをお持ちになっておりました。それは「戒」、すなわち「仏さまとの約束事」です。そして、お大師さまにもご修行をされるにあたっての先達の方々が居られました。その方々から、修行とは何たるかを学び、戒に従って修行をすることで、遂に室戸岬で悉知《しっち》を得ることが出来ました。

仏の道を歩むことが修行であるのなら、歩むための地図、道しるべが必要です。今日に生きる私たちは有り難いことにお大師さまを始め、先達の方々の示された道があります。そして、仏さまのお教えが私たちを導いて下さります。思い立ったが吉日、地図を持ってさあ行きましょう！

（伊南慈晃）

実践

斧を摻《と》って柯《え》を伐るに至っては　則ち取ること遠からずと雖も　夫《か》の手に随う変が若きは　良《まこと》に辞を以って逮《およ》び難し（文鏡秘府論南／文筆眼心抄）

【斧を握って斧の柄を切ろうとしても、直近にありながら切ることができない。この動作には絶妙な技の訓練か必要であり、とても言葉では説明できない】

◉人生の宝物　「般若心経を読むときは大声を出してください。そのほうが自分の間違いに気付けますから」

朝の勤行をする際に参列されている一般のお客様に向かって、私の師僧はよくそう声を掛けられます。その言葉を聞いた方は神妙な面持ちでうなずいたり、何か思うところがあるのか苦笑いされたりと反応はバラバラですが、私は最初にそれを聴いた時になるほどなぁと感じました。

その当時の私は僧の世界に入ってまだ日も浅く、慣れない特殊な世界にあれこれと苦労していました。特に不満を感じていたのが、こちらの失敗に対して言葉で注意してくるようなことはあまりなく、その代わりに自分で気づくように仕向けてくることでした。言葉で一言いってくれれば手っ取り早いのにと、そうした先輩僧らの態度になんとなく回りくどさを感じて内心辟易していました。そんな折に、冒頭の言葉を聞き、自分で気づくということの大切さにハッとさせられたのです。

空海さまは大変な文筆家であらせられました。宗教論は言うに及ばず、文芸論や弟子が書き留めた書簡に及ぶまで、その著作は多岐にわたります。そんな空海さまでさえ、言葉で伝えることに限界を感じておられました。だからこそ、言葉ではなく心で伝えることを我々真言僧は重視しています。心から心へと受け継がれ、高野山真言宗の歴史は千二百年にわたり紡がれてきました。

テレビや新聞、そして、インターネット。様々な情報が錯綜し、その波に溺れてしまって、自分の進むべき道を見失ってしまっている方も多いかと思います。他人によって灯された心の火は溢れかえる情報にもまれて簡単に消えてしまいますが、自分自身の気づきによって得られた心の火はそう簡単には消えることはありません。そして、その火は人生の航路を示す道しるべになり得ます。日々の生活で得られる気づきはあなただけに与えられた人生の宝物なのです。

（髙田堯友）

四量を心に用い　六度を行とす（性霊集六　東太上願文）

【慈愛を肝に銘じて仏の行いをする】

◉真っ白な本来の心を見つけてみよう　私には、四つ年下の弟がいます。今ではすっかり、大人びた性格の青年になりましたが、幼少の頃はとても心の優しい子でした。例えば、お菓子の袋をあけた時、まずは必ず周りの人に配ってから最後に自分が食べます。「お母さんあげる！　お姉ちゃんにもあげる！」と言って一通り配り終えてから食べます。また、自分の遊ぶ時間が少なくなってでも、周りの困っている友達の手助けをしたりしていました。子供の心は真っ白で、本当に優しさで溢れています。

仏菩薩の心も、優しさで溢れています。全ての生きとし生けるものに、深い愛と慈悲を持っています。私達は年々、多くの知識を身につけるにつれ、困っている人を見かけても自分の事を優先して手を差し伸べなかったり、自分より弱いものを犠牲にして生きてしまっています。しかし人間は、誰しも仏になる性質、仏性を持っています。本来持った性質、慈悲の心を生かす事が大切です。真言密教の修行の中には、四無量心と六波羅蜜というものがあります。四無量心とは、慈悲喜捨の四つの心の事で、他者の気持ちに寄り添い手を差し伸べ、他者の喜びを自分の事のように受け、不要な迷いや汚れた心を捨てるといったものです。六波羅蜜とは、布施・持戒・忍辱・精進・禅定・智慧の、六つの心を清く保つ為の修行法です。

心にはいつもいろいろな邪な考えが浮かんできます。それを少しずつ除いていくと、子供のような真っ白な心になり、やがて仏性の花を咲かせる事ができます。慌ただしい日常生活のなかでは難しいように思うかもしれませんが、そう難しいことではありません。誰かが困っていたら声をかけてみる、小さな生き物達の事を考えてみる。他人が笑顔になる事をすると、自分も自然と笑顔になれる。幸せな日々を過ごすためにはまず、仏菩薩達が教えてくれる簡単な修行法と心の掃除をやってみる事です。全ての生きとし生けるものに、慈悲深く愛を持って接して日々を送りたいですね。

(堀江唯心)

醍醐を嘗めずんば毒酔なんぞ解《さと》らん（性霊集六　藤大使亡児）

【真言の教えを味わうことがなければ迷いから覚めることができない】

◉相手の立場に立って　お不動様は右手に利剣を持ち、左手には羂索を持たれていま す。そして頭上には蓮の華が乗ったお姿をされています。蓮華というと仏さまがお座りになられているイメージがありますが、お不動様は頭の上に乗せられているのです。これにはどのような意味があるのでしょうか。様々な見方があると思います。

蓮は濁った泥の中から美しい華を咲かせることで知られています。泥というのは世間の苦しみを表しています。そんな人々の苦しみの世界に身を投じてでもお救い下さるということを表しているのであると教わったことがあります。それと同じように私たちも相手と同じ立場に立ち、相手の苦しみを自らの苦しみのように感じることのできる生き方こそが仏さまの生き方ではなかろうかと私は考えます。

私の自坊には「戒壇巡り」があります。戒壇巡りとは本堂の真下の通路を歩くというものです。地下にあるため手すりだけを頼りに真っ暗な道を歩くのです。距離はそれほど長くはありません。しかし普段の生活とは異なり、光の見えない真っ暗な状況となると歩くのが不安になります。まるで何百メートルもあるのではないかと錯覚しそうになるほど歩くのが大変です。そして出口に差し掛かり光が見えたときに、「やっと光が見えた」と感じます。

この戒壇巡りは目の見えない方の苦しみというものを体感していただくためにあるのです。戒壇巡りを体験した多くの人は出口についたときに無事にゴールできたと安心します。それと同時に、「目が見えるということはこんなにも有難いことなのか」と感動されるのです。この時に初めて目が見えない人の苦しみが分かり、同じ立場に立つことができるのです。

相手の立場で物事を見るということはとても大切なことです。日常生活でも、つい他人事で済ませてしまうことがあります。しかし他人事ですべて片付けるのではなく、一人一人が相手と同じ立場に立ち、相手の苦しみを自分の苦しみとして受け止め相手の幸せを自分自身の幸せとして感じること、これこそが仏としての生き方ではないでしょうか。

（杉本政明）

実践

覚山の妙果は仰がずんばあるべからず　徳海の善因誰か能く修せざらん（性霊集七　和気夫人）

【悟りの頂上を目指さなければ到達できない。仏の功徳を得たければ善を行なうことである】

◉ただ行うのではなく、しっかり行う　ちょっと上を目指すと、結果がちょうどいい、ということがあります。走り高跳びは、バーの高さギリギリではなく、少し上を飛ぶつもりで……などと体育でやりませんでした?

さて、仏教の目標は何かといえば、ズバリ悟ることです。それはお釈迦さまやお大師さんのようになることです。……いやいや、私そこまで求めてませんよ、日々の気持ちが少し楽になればいいんです……などという方もいらっしゃるかもしれませんが、この場合は、少しどころか頂上を狙いましょう。仏教ではそれが大事です。つまり、目標はブッダ（目覚めた人）になることです。苦しみの世界から逃れ、煩悩の火が消えた寂静《じゃくじょう》の境地に至ることです。

では、そのためにはどうしたらいいのでしょうか？　それは、①善なる願いを起こし、②善なる行いをすることです。まず、その願いとはどんな小さなことでもいいのですが、しかしどうせ願いを持つのなら、どーんと大きく「一切衆生を救う」という思いを持ちましょう。壮大で気が遠くなるかもしれませんが、これがとても大事です。

そもそもブッダとなって何をするのでしょう？　一切衆生を救う、それが仏さまのお働きです。ですから、目標が手段となり、手段が目標となっています。千里の道は一歩から。悟りの山は遥かに高くそびえ、気が遠くなるかもしれません。しかし目標をしっかり見据えて、それに向かって着実に進むことが大切です。日々思い起こしましょう。

善を行うことは、目標であり手段です。ですから、今できる善行は小さいことかもしれませんが、とにかく行うことが一歩です。そしてまた、その小さな善を行うときに「一切衆生を救う」と強く念じながら行ってみる、つまり「漫然とただ行うのではなく、しっかり行う」ことで、二歩も三歩も、事によると百歩も千歩も進めるのではないでしょうか。

（鈴木隆蓮）

五濁の澆風《ぎょうふう》を変じて三覚の雅訓を勤め　四恩の広徳に酬いて三宝の妙道を興せよ（性霊集九　高雄山寺三綱）

【穢れを吹き払って仏法を研鑽し、受けた恩に報いるために仏道を盛んにする】

◉わたしの恩返し　音大で声楽を学んでいた若かりし頃、学生がひとりで入っていくには敷居の高いジャス・クラブやホテルのバーなどによく連れて行ってくれる年上の友人がいました。二人でオシャレをして出かけ、その度に大人の世界を垣間見せてもらうのを、当時の私はとても楽しみにしていたものです。一回り以上も年が離れていましたが、粋で美しい彼女の事が私は大好きでした。会計の時に私が自分の分を払おうとすると「こういうのは持ち回りだから、あなたが大人になった時に若い人にごちそうしてあげればいいのよ」と言って、一度もお金を受け取ることはありませんでした。

今は自分がその時の彼女と同じくらいの年齢になりましたが、日々生活しているとどのようにこの恩を返す事ができようか、と思う事ばかりが起きるものです。両親が私に注いでくれた愛情やお金は一生かかっても返しきれませんし、私が生まれ育ったこの安全で文化的な法治国家、日本を作り上げてくれたのも、過去の時代を生きた方々です。よくよく考えれば我が身に受けた恩を、その人に直接返せる事の方が少ないように思います。

しかし、かつての恩人達はいつか恩を返して欲しいと思って私に良くしてくれた訳ではないでしょう。それは自分に置き換えて考えてみるとよく分かるのです。私が年下の友人に食事をご馳走したり、何かの機会を融通したりする時に、その動機はいつか恩を返してもらうことではありません。ただ、その人に喜んで欲しいというだけなのです。多少なりともその人が幸せな気持ちになってくれれば、恩返しなど考えてもらわなくても、私は充分に満足なのです。

ですから、私が幸せになることは、私にとって恩のある方への恩返しです。あなたが幸せになることは、あなたにしかできない恩返し。直接返すことのできない恩は、次の世代に返していけばいいのです。

（小西涼瑜）

面の姸媸《けんし》を知らんと欲《おも》わば　鏡を磨かんには如《し》かじ　金薬の有無を論ずべからず（性霊集十　理釈経答書）

【顔面の美醜が知りたければ鏡を磨けばよい。鏡を磨く品々を論ずべきことではない】

◉仏法を学ぶには心をもってす　延暦二十三年、お大師さまと最澄上人は遣唐大使藤原賀能一行と共に中国に向かわれました。しかし二人の立場は異なっており、お大師さまは彼の地で二十年勉強してくる留学僧であり、最澄上人は短期間滞在する還学生（視察員）の条件でした。このためお大師さま真言七祖恵果和尚からじっくりと教えを受け、帰る時にはたくさんの経典や仏具が贈られました。これに対して最澄上人は日時も少なく、密教については帰路越州で不空三蔵の弟子順暁阿闍梨よりわずかに教えを受けた程度でした。

日本に帰った最澄上人は、お大師さまがたくさんの経典を持ち帰られたことを知り、それを借覧したいと度々依頼してきています。その文面には自分のことを「下僧最澄」「弟子最澄」「小弟子最澄」などと記されています。お大師さまはその求道の熱意に免じてかそれに応じておられますが、最澄上人の要求はエスカレートし、理趣釈経の閲覧要求にまで及んできました。この経典は秘中の秘といわれるもので、その道の極意を得た者のみ見せられるものです。お大師さまもこの時ばかりは上人を叱責し、仏法を求めようとするならば、知識でなく心をもってし、如法に教えを学び、実修していくべきだとされています。いま教示の一、二をあげてみると、

「秘蔵の奥旨は文を得ることを貴しとせず。唯心を以て心に伝うるに在り。文はこれ糟粕、文はこれ瓦礫なり」

「古の人は道のために道を求む。今の人は名利のために求む。名のため求むるは求道の志にあらず」

「信修《しんしゅ》すればその人なり。もし信修することあらば男女を論ぜず、皆これその人なり。貴賤をえらばず、悉くこれその器なり」

伝教大師最澄上人が信仰する天台宗は、天台・密教・禅・戒をも含んだ綜合的なもので、中心は天台で、密教は傍系のものにすぎなかったのです。これに対してお大師さまは密教がすべてであり、求道の態度も自ら違ってくるわけです。（小塩祐光）

実践

心の海岸に達せんと欲《おも》わば　船を棹ささんには如《し》かじ　船筏《せんばつ》の虚実を談ずべからず（性霊集十　理釈経答書）

【悟りの岸に至ろうと思えば、まずは船を出して棹を挿すべきである。船や筏の性能を論じるだけでは岸に渡れない】

◉密教を伝えるための大切な心得　この一句はお大師さまの詩文を集成した『性霊集補闕鈔』の中に在るのであります。詳しくはお大師さまと、同じ時代に唐にわたって仏教を研鑽修行して、天台宗を興された比叡山の最澄さまとの間におきた歴史に残る有名な『理趣釈経を求むるに答する書』に記されているのです。この一文こそお大師さまの宗教としての密教の学び方というべきか、宗教的真理に対する経験はどう有るべきかを、窺うことが出来るのであります。

二人は既成の奈良仏教に対してお互いに、平安の壮大な仏教世界を建立するために、筆舌に尽くすことのできない多忙な身柄なので会うことも出来ないのであるが、お大師さまは重ねての懇請であるので約束を果たそうと、密教の教えを学ぶことの厳しさを述べられているのです。そのことは真言密教を学び、信仰しようとする私どもにとって心得るべき厳しい道を示されていると思わずにはいられないのであります。

お大師さまは、真言密教の奥義はその教えを伝える師と、それを学ぶ受者とは心から心に伝えることが大切であると言われているのであります。教えの水が一滴一滴、器から器へ移っていくように伝えられていくのでなければならないのです。すなわち師から受者へと教えを相承されるのでなければ、それは密教の真理を知るのではなく盗法ともいうべきであり、文章を読んで知るだけでは、本物を捨てて偽物を拾う愚人のすることであると戒めておられるのであります。

お大師さまは「古のひとは道の為に道を求む。今の人は名利の為に求む。名の為に求むるは求道の志に非ず」と云われています。

最近のことでありますが、或る信者がカセットテープを持ち来たって理趣経を収録してくれないかと云うのであります。思えば今日理趣経を収録したＣＤなどが安易に市販されているのでありますが、私達密教者はお大師さまの遺訓によって伝授すべきであり、理趣経の伝授を受けたからには読誦するのも同じであります。

（廣安俊道）

毒箭を抜かずして空しく来処を問い　道を聞いて動かずんば千里いずくんか見ん（性霊集十　理釈経答書）

【毒矢を刺されたままにして飛来の方向を探してみても命は救われない。道を尋ねても歩かなければ目的地には達しない】

◉正確な判断と行動を　自分の足が地についていない、と感じることがありませんか。ずっと先の方まで気持ちは進んでいるのに、実績がついて来ない。自分の分と言えば失礼ですが、自分相応の弁えができないで何かを求めようとする意欲、気持ちばかりが先走ってしまう、そんなことです。

空海さまと天台宗の最澄さんは、親しくお付き合いされていましたが、空海さまが伝授をうけてお持ち帰りになった「理趣釈経」の借覧を申してこられた最澄さんに、礼を尽くして丁寧にお断りになったその文章の一節です。空海さまは地位のあるお方に対しては、礼を失しないよう、相手の人格を尊重して理解を促す、お解り下さいというような表現をなさいます。ことば文章の意味だけを解釈すると空海さまの奥深い心を読み取ることができません。

「毒箭を抜かず」には、作法による伝授を受けていないままではという気持ちを、「道を聞いて」には、ただ借りて読んだだけでは何も理解できないでしょう、という相手を思いやる気持ちが働いています。この心遣いを理解できなかったのかどうか解りませんが、お二人の間は次第に隔たっていきました。

私たちの日常においてもこれと通じることは沢山あります。自分の立場を考えないでなんでもあたまを突っ込んでくる人。何か事があるとすぐ誰か誰かと詮索する人、その人と関わりはないのに聞きたがる人、居ますね。そうならない、そうしないために日頃から自己反省をくりかえし、自己をしっかり認識できるように努力しましょう。

空海さまは言っておられます。妙薬がいっぱいあっても飲まなければ何にもならない。櫃いっぱいに衣装があっても着なければ寒いと、また、お釈迦さまの弟子、阿難尊者はお釈迦さまのお話をいちばんよく聞いたけど、お釈迦さまのように精進しなければ聞いた話が役にたたないと。返書の中にこうも記しておられます。

（野條泰圓）

実践

双丸は以て鬼を却《しりぞく》るに足れり　一匕《いっぴ》は以て仙を得つべし　たとい千年本草大素を読誦すとも　四大の病いずくんぞ曽《かつ》て除くことを得ん（性霊集十　理釈経答書）

【わずか二粒の丸薬を服用することで病魔を避け、一匙の仙薬で仙人になるというではないか。医学書を千年読み続けても病気は治らない】

◉食事も仏式で　お釈迦さまご在世の古代インドには様々な思想家の教派があり、仏教側ではまとめて外道として批判しました。密教は大乗仏教の意味付けをしてバラモン教の一部を取り込んでおります。例えば、護摩はバラモン教では願いを叶えてもらうために神さまに供物を届ける祭りですが、これを密教では薪を煩悩に譬えて智慧の火によって焼くという教理を付加して護摩を採用しています。多くの外道の教えは、薬術によって仙人になるとか、外道独自の禅定を修して天に生まれ長寿を得て快楽を欲しいままにするという目的があります。

万巻の医学書を読んでも病気が治らないのと同じで、仏道も万巻の経典を読受しても実践に結び付かなければただの学問であり、出離得道する事はできません。お大師さまの教えは、知ったら必ず実行してみようという意欲に結び付け、吉凶に振り回されない魂の安定を得ることを第一の目的とします。

四大とは、地大、水大、火大、風大の四つです。四大は宇宙の根源を表わしています。大地のような硬くて安定性のあるもの、水のような下向性と湿り気、火のような上昇性と暖気、風のような目には見えない確かな働きが宇宙の中にあることを四大は表わしています。人体もこの四大によって構成されています。私たちの身体はこの四大の調和が乱れることによって病気になります。

食物を頂くときの「五観」があります。一つには自分には人々の労力の賜物である食物の供養を受ける功績があるのか。二つには自分の行いが仏さまの子としてこの食物を頂くに価するものか検討する。三つには美味しいからと言って貪り食べたり、不味いからと言って愚痴を言ったりしない。四つには食物は身心を養う良薬として頂く。五つには仏さまの使命に生きるために食物を頂き、世間の名声や財産を得るためではない。この五観によって食物が真に活かされ、供養になります。

（篠崎道玄）

実践

百歳八万の法蔵を談論すれども　三毒の賊いかんぞ調伏せんや（性霊集十　理釈経答書）

【百年間も八万四千の経文を論議したとしても、はたして心の闇の問題は解決できるのだろうか】

◉なぜお経を読むの？

なぜかしらぬけれども、お経の声にはありがたさが伝わってきます。意味がわからなくても、心が清々しくなります。経文を読み書きしていれば心が落ち着いてきます。仏前に向かって至心に読経をすれば、背筋がのびて、曲がった心も見えてきて、反省の気持ちが湧いてきます。なぜでしょうか？

それは、お経は仏さまの説法だからです。人間が考えたことばではありません。人間のことばならば、疑問が生じたり、意見が分かれたり、論争をしたりしますが、仏説は真理のことばですから率直に聴聞ができるわけです。仏説に秘められた真理に気づかせることが経典の役目です。

経文は悟りの記述です。真実《まこと》のことばです。経典の内容は、いつ、どこで、だれが聞いても疑いようのない真理が述べられています。その経文を議論するということは一体どのような意味があるのでしょうか？　お大師さまはこの名言によってそのことを厳しく問うています。

経文の文言は訂正ができません。空海名言も仏説と同じですから、本書で空海名言の内容に疑いを差し挟む著者はいません。経文や空海名言は、自分を深く見つめる手段です。これによって、私たちはこれまで気づかなかったことに思念を深めることができるわけです。仏説はきわめて深淵ですから、議論によって自分の理解を確認します。しかし、経文を信受することを忘れて論議を繰り返すだけの文献学では本末転倒になってしまいます。

読経は天地の響きです。天地の経糸と、私の横糸が織りなされて今の生き様が胸に浮んできます。読経はバラバラになった家族の心を揃える役目を果たしてくれます。正月やお盆は家族が仏前に集まり、家族の心が一つになるときです。とくに家族全員が揃ってお写経を行なう一時間はすばらしい絆をつくります。誕生日とか入学のお祝いに家族が揃って写経をすることをお勧めいたします。小学生でも漢字の書き方を教えてもらいながら書くことができ、深い達成感が味わえます。

（近藤堯寛）

吾れ未だその人を見ず　その人あに遠からんや　信修《しんじゅ》すればすなわちその人なり（性霊集十　理釈経答書）

【行なわずして道を得た人を見たことがない。瞑想の実践をする人は、悟りは遠くなく、信じて修行すれば悟りが約束される】

◉信修すればその人なり　これは叡山の最澄法師に宛《あ》てた書信の中に見られるお言葉です。大師は、密教にとり信じ実践する事がいかに重要かを説かれています。通力を揮《ふる》い霊妙に働きかけをされるみ仏を信じ身を委《ゆだ》ねることがいかに難しいか……。

昔、深い雪に閉ざされた地方を行商して歩く商人がいました。その冬は商売が振るわず、彼はいつもより足を延ばしてさらに山奥の集落を目指していました。日が傾き始め、宵《よい》やみとともに何者かが迫り来る気配に不安を募らせつつ、彼は山道を急いでいました。やがて日が落ち、薄闇が夜の帳《とばり》をおろす頃、彼の不安は群れなす獣の息使いとしてその耳に届くようになっていました。オオカミが徐々に彼との間合いを詰めつつ迫っていたのです。彼は走りました。一心不乱に走って、走って、漸く前方に人里の灯《あか》りが見えた時、無我夢中で一番近くの家をまっしぐらに目指していました。門口の戸を叩き助けを乞い……ところがその家の主《あるじ》は旅人の真直ぐに伸びた足跡を見、ギョッとした顔をしたのです。何とその家の前には薄氷の張った大きな池が雪に隠され拡がっていたのでした。

このお話には大切な後日譚《ごじつたん》があります。それから随分年月が流れ、件《くだん》の行商人はかつてと同じ様な状況に陥《おちい》り以前救われた家の灯りを目指して急いでいました。ところがこの度《たび》、彼の脳裏を一瞬、その家の主《あるじ》のギョッとした貌《かお》がよぎったのです。彼の足跡は知らず知らずのうちに大きな弧を描いて進んでいました。しかし私は、彼のその後がどうなったかということより、信じ切るということは事程さように容易ではない、ということを申し上げたいのです。追い詰められ、瀬戸際《せとぎわ》に立たされた時こそ、仏さまの差し伸べられたお手がすぐそこに届いている時です。仏を念じ成仏を目指すその好機に、しかし人は自力を恃《たの》み仏の加護も囲《まわ》りの助けも忘れてしまっています。でも無我夢中で取り組んでいる、その一心に為《な》している行為には、さまざまな助力が加えられているのです。真言密教は、信ずる力が問われる宗旨です。

（田中智岳）

妙薬篋《はこ》に盈《み》てども嘗めずして益なし　珍衣櫃《ひつ》に満つれども著《き》ざればすなわち寒し（性霊集十　理釈経答書）

【良薬が箱に保管されていても、服用しなければ病気は癒えない。豪華な衣服が簞笥にあっても、着用しなければ寒さは防げない。高価なものを持っているだけでは価値がない】

◉霊場巡礼とは　奈良県在住の○○さんは、五十五歳で経営していた会社を後継者に譲って、ご自身の実母の供養の為に四国八十八カ所霊場を初めて巡礼しました。今日までに巡拝した霊場は、四国八十八カ所百二十五回、四国三十六不動九十四回、小豆島八十八カ所三十八回、四国別格二十六回、西国三十三観音八回、お詣りされています。

もちろん、各霊場の大先達として、同行の方々を誘い巡礼を続けております。

特に力を注いでいることは、各霊場寺院の和式トイレを同行の方々の支援を仰ぎ、洋式トイレに改修しています。それと同時に、各霊場寺院の荘厳整備事業（堂内仏具、幕等）も推進しています。

この先達さんは令和二年で七十一歳を迎えます。十五年間、一年の半分以上の期間、各霊場を巡礼し、第一に、お詣りする巡礼者の利便を考え、その整備に尽力されています。今や、その整備の賛同者も全国に亘っております。各霊場寺院の住職も、この先達さん及び支援グループ巡礼の方々の提言に耳を傾けるべきではないでしょうか。

私も平成十五年から月一回、四国八十八ヶ所霊場を日帰り巡礼し、一年で満願しています。確かに近年は巡礼者が減ってきていると実感しております。この原因は、霊場巡礼に日数が掛かること、災害の多発、団体募集の困難、信仰心の希薄化、各霊場に於ける不充分な施設整備、対応の問題等が影響していると考えられます。

各霊場寺院の住職も、巡礼者をお待ち受けして、親切な対応する事も大切でありますす。しかし、住職方も時間を割いて、それぞれの霊場を巡礼して、各寺院の様子、巡礼者との対話、周辺の変遷等を見聞する事が大切ではないでしょうか。せっかく霊場寺院としての地位を頂いている訳でありますから、各霊場寺院の住職があまり巡礼しないということは、霊場寺院を生かしていないという事になります。明日からでも巡礼に踏み出して欲しいと思います。

（菅智潤）

阿難多聞なつかしども是とするに足らず　釈迦精勤なつしかば伐柯《ばつか》遠からず（性霊集十　理釈経答書）

【阿難は説法を多く聞いたけれども、聞くだけでは悟りは得られない。実践に専念された釈尊がよい手本である】

◉おのれこそおのれの帰依《よるべ》

この御文は伝教大師（最澄）から「理趣釈経」を貸してほしいと頼まれ、それを丁重にお断りした時のお手紙の一節です。それまで、数えきれないほどたくさんの中国（唐）から持ち帰った、日本にそれまでなかった経典をお大師さまは伝教大師にお貸ししました。それを伝教大師はすべて写本して、比叡山の図書室の蔵書とされたのですが、この「理趣釈経」だけはお貸しになりませんでした。それはどうしてなのか、この短い御文からもその理由が読み取れます。

「阿難《アーナンダ》」は、釈尊の説法を「多聞」一番多く聞いたとされていますが、それだけでは仏の弟子として充分ではありません。――「是とするに足らず」。お釈迦さまは、おのれを帰依《よるべ》として「精勤」(修行)されたので、悟りを開かれました。木を伐る柯(斧の柄)を取り換えるには自分の持っている古い柄の寸法通りにすれば足りる、阿難はそれに気付いていません。あなた(伝教大師)も自分の斧が古くなったからといって私の斧の寸法を測りたいので貸してほしいと言うが、他にあなたの求めるものはない。自分の古い斧の柄を測ることが大事で、仏法を遠くに求めてもあなたが求めている悟りは得られないのですよ、と語りかけておられます。

阿難はお釈迦さまが八十歳で入滅されるまで約二十五年間侍者をお勤めになられました。実はそれは阿難が記憶力が抜群で、教えを後世に伝えるためでありました。しかし、阿難は悟りを開く(阿羅漢果)ことができませんでした。お釈迦さまが入滅された時、しばらくして教えを正しく伝えるために悟りを開いた人たちが集まって結集が行われることになりましたが、阿難はこれに参加できません。阿難はお釈迦さまのあまりにも近くに居たので、お釈迦さまを帰依とし、自分を帰依とすることが難しかったのです。お釈迦さまが入滅され、帰依を失った阿難は深く落ち込んでいましたが、やがて時が熟し、悟りを開くことができました。それは、この結集の前日であったと経典(法華経)には伝えられています。

(畠田秀峰)

ただ三乗の宝のみ有り　修せざれば八苦の人なり（性霊集十　九想詩）

【仏教には宝が満載されている。しかし、修行をしなければ苦しみは多く、凡人のままである】

◉苦から逃れるために仏道を修す

仏教には悟りを得るのに三つの方法があります。声聞乗、縁覚乗、菩薩乗です。乗とは仏さまの乗り物を指し、悟りの度合いに応じて三つに分けているのです。声聞とは仏の教えを直接聞いて悟りを得る者。縁覚とは独力で悟った者。ここまでが小乗です。そして大乗の菩薩とは自分が悟りを得るとともに、他の人たちも悟ることができるように利他行をする者のことを言います。

修行をしなければ八苦を逸れることはできません。生きる、老いる、病気になる、死ぬの四苦。さらに、愛別離苦は愛するものと別れる苦、怨憎会苦《おんぞうえく》とは怨み憎む者と会う苦、求不得苦《ぐふとっく》とは求めても得られない苦、五陰盛苦《ごおんじょうく》とは一切は苦に満ちているという八つです。これらを合わせて四苦八苦、つまりすべての苦しみということです。仏教ではこれらの苦は避けられないものとしており、それを超越するための教えが説かれているのです。

人間は死ねば肉体はやがて朽ちていきます。魂はさまよい、悪くすれば地獄に落ちてしまいます。ですから生きているうちに仏道を修め、正しい行いをする必要があるのです。そうすれば苦しみから逃れることができるのです。

お大師さまは、我々が実践すべきことを多くの書物に残されていますが、その中の一つに「身口意の三密を実践しなさい」というのがあります。「身」とは身体を使って人のためになることをする。困ってる方が居たら手を差し伸べる、体の不自由な方が来たら席を譲ってあげる、そういう小さなことの積み重ねです。「口」とは口で真言やお経を唱える。難しいお経を唱えても構いませんが、一番簡単なのは「南無大師遍照金剛」と唱えることです。「意」とは心で仏さまを想い一体になろうとする。仏さまに近づこうとすれば自ら悪いことは出来なくなっていきます。

「九想詩」は、死についての九つの想いを述べた詩で、死体が時の経過とともに変化していく様を詩で表しています。その九番目「成灰相」の中にある文章です。承暦三（一〇七九）年に仁和寺の学僧・済暹がまとめたもので、お大師様が唐（中国）の開元寺に遺した詩だといわれています。

（柴谷宗叔）

自性阿字不二門　中に大宝あり如意と名づく　吾れ大悲菩薩の前に献ず歓喜納受して一切に施せ（拾遺雑集一四）

【大日如来の法門は偉大な宝であるから如意という。剃髪した如意尼は、如意輪観音に髪を捧げ、喜んで一切衆生への布施行を誓う】

◉一切衆生悉有仏性　私達は誰もが幸せになりたいと願っていると思います。私達の暮らす日本では、命の不安を抱えながら暮らしている人はほとんどいないと思います。しかし世界には、戦争や自爆テロの恐怖におびえながら暮らしている人たちもたくさんいます。幸せとは何かを考えた時に、それらの国では生き延びることかもしれません。しかし日本には当てはまらないと思います。では、究極の幸せは何なのかと言えば、真言密教では即身成仏と考え、大日如来の導きにより人は悟りを開くことができ、現世で生きながら即身成仏することができると説いています。そしてこの導きを宝ととらえ、更に如意とされています。

如意とは、「思いのまま」と言うことです。ではなぜ大日如来の導き（宝）が、思いのまま（如意）なのかと言えば、そこに「一切衆生悉有仏性」があるからです。一切衆生悉有仏性とはこの世に生きているすべての生きものは、生まれながらにして悟りの境地に達する可能性を持っているということで、正しく大日如来の導きに縁が結ばれれば、思いのままに一切衆生を即身成仏へと導くことができるということです。

その実現の為に布施とはどうあるべきかについて考えてみると、悟りを開くための六波羅蜜の最初に、布施行があります。この布施への教えに、雑宝蔵経第六「無財の七施」があり、眼施、和顔施、言辞施、身施、心施、床座施、房舎施の七施をさしています。たとえ財が無くても正しい布施の心があれば、同じ布施ができるということです。一見すれば、財のある人の布施と、無財の人の布施とは違うように思えますが、これは表面的で物質的な違いにすぎません。一切衆生の即身成仏の為に、今の自分が何か布施をしたいと思えば、その布施に重さの比は無いのです。

財に執着しながら、仕方なくする金銭の布施よりも、一切衆生の即身成仏を願って日々努力を重ねる修行僧へむける眼施の方が余程尊い布施と言えます。

（大西智城）

遐《はる》かなるを渉《わた》るには邇《ちか》きよりす（宗秘論）

【遠大な目標も手近なところから始まる】

●**たとえ半歩でも近づこう**　大きな目標、夢の実現には先ずは身近なところから実行して行かなくてはなりません。手近いところからの実行、前進が夢を現実のものにする大切な第一歩です。

お正月に「今年こそ日記を毎日続けるぞ」と固い固い決心をして、年末に新品同様の日記帳を手に取り反省しきりの私。これを「三日坊主」と世間では言うそうな。正真正銘の「三日坊主」ということになります。そんな「坊主」の私でも僧侶を続けて半世紀近くなってきました。よく途中で挫折せずにここまで来たのだと感慨深いものがあります。

試験前日に徹夜で勉強するのを「一夜漬け」と言います。私を含め多くの凡人は一度や二度は経験があると思います。「一夜漬け」で得た知識は忘れるのも早く、なかなか本物の知恵にはなりません。

　私が小学生の時、一学期の始業式での校長先生のお話が今も心に深く残っています。「学校での勉強は階段を作るように一段一段を確実に積み上げて目標に向かって行かなくてはなりません。毎日の授業は一段ずつの石を積み上げるのに似ています。少しでも確実に毎日毎日、石段を積んで行きましょう。石段を省略して木の箱や紙の箱でその場を誤魔化しても、後から崩れてしまいます。崩れたら元に戻って石の段に修復することになりますね。だから毎日毎日を大切に、石の階段を積み重ねて登って行きましょう」

　半世紀後の今も時々校長先生のお話を思い出します。

　時代の流れが速く、価値観の多様性が進んでいます。それでも人としての歩む道は古今を問わず不変です。毎日の精進努力と継続は夢を実現するには不可欠です。信仰でも、お仕事でも、趣味でも手近なところから毎日毎日の行動が大切です。人生を再点検して、日々のあり方を考えてみたいですね。実り多い人生でありますよう。

（中谷昌善）

雪蛍をなお怠るに拉《とりひし》ぎ　縄錐《じょうすい》の勤めざるに怒《いか》る（三教指帰序）

【雪や蛍を光源にして学問に励み、睡魔を防ぐ縄を首に巻き、膝に錐を立てて勉学の怠けを戒める】

◉千回ルール　この名句は、三教指帰の冒頭に『蛍雪の功』や『刺股懸頭《しこけんとう》』といった中国の故事を引用して、お大師さまが自らの勉学に励んだ様子を書かれた一節です。貴物《とうともの》と呼ばれたお大師さまではありますが、中国の古典を使いこなし、漢文の深い教養を身につけるには相当の努力をされたことでしょう。やはりこの名句のような不断の努力をなされたと思います。

不断の努力とは、精進のことです。これが善い事だと思ったら、ひたすらその道を進むこと。それが精進です。途中で嫌なことがあっても、困難に遭遇しても邪魔が入っても、ひるむことなく進んでいれば、水滴が石を穿つ例えのように、物事は成就していきます。そのためには確固たる信念、信仰心も必要です。

不断の努力は、仏道に限ったことではありません。勉強でもスポーツでも仕事でも、嫌なことがあったらやめてしまっていては目標や夢には到達しません。努力を続けるためには、できない理由を並べ立てないことも大切だと思います。できない理由を紙に書きだして眺めていたら、解決方法がみえてきて、できない理由なんて実は限られていたりするものです。克己心も大いに必要です。

ただ少し困るのは、気持ちはあっても身体がついてこないときです。私が実践していることを一つ紹介いたしましょう。それは千回ルールといいます。やりたいと思ったこと、やると決めたことは千回練習するのです。どんなことも千回やったらできる（と信じる）というルールです。一度にやらずに一日二十回やって、五日で百回、五十日で千回になり、約二カ月でできるようになるというやり方です。毎日継続することが一番難しいですが、たいていのことは七百回目くらいからできるようになるから不思議です。私は七百回まで頑張ったら、そこからはお大師さまが手を差し伸べてくださると信じています。

精進とは、悟りに至るための六つの修行、六波羅蜜の一つです。

（森堯櫻）

努力

日に一日を慎み　時に一時を競い　孜孜《しし》として鑽仰し　切切として斟酌《しんしゃく》せん（三教指帰上）

【毎日つつしみ、時間を大切に、しっかりと研鑽し、善悪を弁える】

◉五体投地　高野山の奥の院には、弘法大師空海上人が衆生済度の御誓願を起こされて今も御入定されておられます。その信仰は、篤く広く海外の方々へも弘まっています。近年、中国や台湾、韓国などの東アジアの国々や欧米からもマインドフルネスの普及にともないそのルーツを学ぼうと来日し、敬虔な態度で修行に勤しまれているのです。

先年、ある修行のため高野山で逗留しておりますと山内の宿坊寺院からずっと一列に連なり、奥の院へ向けて空衣・如法衣で参拝する僧侶の一団に出逢いました。雰囲気から海外の僧侶の一行であるようでした。彼らは整然粛々と進むなか、一ノ橋で五体投地を行い、奥の院の聖域へと脚を踏み入れたのです。次の者も次の者も。その神々しい姿に自身の新発意の頃を思い出し、心を揺さぶられました。

いまでは近くの通りを多くの車が行き交う奥の院ではありますが、遥か悠久の昔から現代に至るまで、お大師様を敬い慕い縋って参詣される人々がおられる。それも遥か海の彼方の僧侶の方々。きっと自国においても精進努力して、釈尊の教え、密教の教え、そして、大師の教えを受け継ぎ鑽仰して勤めておられることでしょう。

戦後、高野山の管長に就任された金山穆韶猊下は、若かりし折から壮年に掛けて、二十一年間にわたり一度も休むことなく自坊の天徳院から奥の院を参詣されました。その真摯な姿は多くの人々に崇敬の念を与えたと言われています。

人には見える努力とそうではない努力、判りやすい努力と判りにくい努力がありまず。しかし、自身の心を克己し、敬虔な姿でもって努力精進し奥の院を参詣する姿は、人々をして感動せしめるに十分な素晴らしい善なる行いなのです。私たちの五つの感覚器官は、それぞれ見て、聴いて、嗅いで、味わって、触れることができ、その感覚によってこころに様々な刺激を与えて、それに対応した思いをこころに生起させます。そして、それらの思いによって事象を理解し、判断するのです。私たちも日々の営みを律して他の人に快く感じていただけるように努力致しましょう。

（瀬尾光昌）

縹《ひょう》嚢《のう》黄巻をば吐《と》握《あく》にも棄てず　青《せい》簡《かん》素《そ》鉛《えん》をば顚《てん》沛《ぱい》にも離さず（三教指帰上）

【どんなに忙しくても、滑っても、転んでも、書物や筆記具を離さない】

◉仏を信じて仏に頼らず　大事なものは何があっても決して離さない。ここでは、儒教の五常（仁、義、礼、智、信）のことをいっています。皆さんは何を旨に日々を送っていますか。

私二十四歳の時、本四国八十八霊場を徒歩巡礼しました。出発前日に、巡礼経験された先輩から聞いた注意点の中に、「巡礼修行という目的を忘れるな」と言われました。が、行き倒れも多くいる道場なのに、目的を忘れる暇があるのだろうか。

四国霊場はお大師様の足跡をたどる修行道場で、阿波は発心の道場、土佐は修行の道場、伊予は菩提の道場、讃岐は涅槃の道場とされています。高野山を出発して一〜二日は良いのですが、三日目以降は、日頃長距離を歩くことのない私の足の裏は水ぶくれだらけ。七日目には肉刺《まめ》が破れ靴の中がぐちょぐちょになりました。五十分間歩き十分休憩。休憩後の第一歩目の痛いこと痛いこと。さらに二十一番札所過ぎは百キロ以上あり一日四十キロペースでは二日半以上かかります。番外札所鯖大師様に着いた時は午後三時。「この先にはほとんど民家がないよ」と言われ、まだ日が高いのに鯖大師様にお世話になった時、ふっと心の張りが切れて目的を忘れそうになりました。「このことか～」と先輩の言葉が思い出され、ひとつでいいから心に留める何かがあると初心に帰ることが出来ると実感しました。

また、信仰を持つことでさらに強く生き抜くことができます。仏様は歩むべき道を示して下さっていることを信じ、日々精進努力し自分を信じ、自らを試し続けることが大事です。ただし、自身はなにもせず仏の救いのみを望むだけでは何一つ成就しません。仏を信じて仏に頼らず、が肝要です。

日々の生活の中で常にお大師様と会話をし、そのときそのときの自身の言動、心のありようを確認し続けるのです。十年後、二十年後に振り返り見れば成長した自分に驚くことでしょう。

（大塚清心）

積年の功　旬時に学び得たり（性霊集序　真済）

【習得に幾年も要するところを短期間で学んでしまった】

◉ホントなの？　「流石ですねー。私には到底真似できませんね」。この言葉は己を基準としています。己を基準として素晴らしい能力を身につけて居られる方は、果たして如何なる生活を過ごしておられるのでしょうか。確実に言えることは、己と同じ生活をしていなく、淡々と努力をしている事でしょう。しかし本人の自覚として努力しているという意識は全くなく、むしろ素晴らしい結果を出し続けたいからこそ繰り返し学習をしているようです。まさしく精進そのものです。

「積年の功　旬時に学び得たり」と、大師の弟子・真済僧正は師匠の精進に驚愕致します。しかし真済僧正も、師匠の並々ならぬ日頃からの精進を知らなかった訳ではございません。

私の遠戚に十六カ国語を操り、理解し、講義をされた方がおります。祖母の従兄妹に当たるこの御方は、先ず外国に行く前にその国の言葉と文化を習得してから渡航したようです。今と違い外国船に乗り込み、何ヶ月も掛けて目的地に向かう船内において見ず知らずの外国人から生きるための言語を習得されたようです。イギリスで名をあげ、帰国の後は細菌研究にて名をあげ、高野山学僧を論破し、自然を愛されたその御方は、後に昭和天皇にお目通りされます。彼の従兄妹に当たる祖母の言葉です。

「いつも寝ていた、いつも勉強していた。いつも独り言を言って誰かに何かを教えていた。ご飯を食べているのを知らない。お風呂に入っているのを知らない」

昭和の奇人変人こと、南方熊楠です。この天才児でさえ言うに言われぬ努力を積み重ねていたようでありますが、旬時に学び得たりとはまさに天晴れそのものです。たとえ我々は大師の意識まで到達出来なくとも、南方熊楠氏の到達地点までは辿り着くことが可能では無いでしょうか。

何が大変なのかと考えますと、努力を続けていくことが困難かも知れません。倦むこと無きが成功に繋がる、瞬時に今覚ることが出来なくとも、続ける事には大きな意味があります。

（宮地賢剛）

努力

夜もすがら循環して感通ここに在り（性霊集三　中寿詩）

【夜が更けるまで繰り返して読んでいるうちに深い意味が解けてきた】

◉本の読み返しやドラマの見返しは何回目が面白いですか？　最近本を読む機会が減りました。「読書は若い時の楽しみだね。年を重ねて老眼になると活字を見るのが億劫になるからね」との話を他人事として聞いていた私がもうその年になったのです。

皆さんは読書はお好きでしょうか？　本は何回位読み返しますか？　そして何回目が面白いでしょう？　私は三回目が一番面白いと感じます。一回目は物語の展開にわくわくします。二回目は書かれていない行間を想像してみます。三回目はストーリー上のフリやオチ、情景描写など作家さんの技量を楽しみます。そして登場人物の姿や身につけているもの、声の質まで想像すると尚更楽しくなります。再度の読み返しには楽しみが沢山あるものですね。二十代には吉川英治さんの書かれた『三国志』を何度も読み返しました。初めのうちは大勢出てくる登場人物に戸惑いましたが、読み返すうちに一人一人の人物像がはっきりしてきました。その中でも劉備玄徳と諸葛孔明が好きで没入し、時間を忘れて夜更けまで読んだものでした。

テレビドラマや映画は如何でしょうか。録画して何回か見直すと俳優さんの細かい演技やセリフ廻しの素晴らしさに気がつきます。また、脚本の出来栄えやカメラ割り、監督さんの作品構成の方向性など新しい発見が次々出てまいります。

般若心経はご存じでしょうか？　巡拝やお看経《かんき》や御写経などでおなじみのお経です。ご存じの方は何回位読まれましたか？　そして意味はお解りになられたでしょうか？かく言う私も立場上何千回も読んでいますが、意味を問われると正確に答える自信がありません。お観音様が般若波羅蜜という修行をされて「色即是空 空即是色」を看破し悟りを開いたという事が書かれているのだなと漠然と感じます。お大師さまがおっしゃられた聖語の通りに、この先も繰り返しお唱えして般若波羅蜜という修行の方法やお観音様が悟られた内容までしっかり理解したいと思います。小説やドラマだけでなく、お経も読み返していくと新しい発見や気づきがあり、深い意味まで分かって来るに違いありません。本質まで到達するには繰り返し読むことがとても大切です。

この法話集も繰り返し読んでいただければ幸いです。

（亀山伯仁）

昼はすなわち筌蹄《せんてい》に対して食を忘れ　夜はすなわち魚兎《ぎょと》を観じて寝《しん》を廃《す》つ

（性霊集十　元興僧正）

【昼は食事を忘れて経文を読み、夜は寝るのも惜しんで経典の解釈に勤しむ】

◉没頭したいものです　昔の僧侶は、修行をすることが仕事でした。教学を学ぶこと、また日常で行われる読経や瞑想、下座（掃除）など、一日の暮らしそのものが修行でした。

もちろん、今はそういうわけにはいきません。生活をするために働かなくてはいけないからです。

そういう点で言えば、昔の僧侶が少しうらやましくなる気もしますが、今は、そういった日々の暮らしを豊かにするために、趣味というものがあります。人それぞれに夢中になる好きなものがあることで、日々の暮らし、自身の精神安定にとても役立ちます。

例えば私の場合、小さな時から読書が好きで、多くの本を読みました。それは今でも続いています。また、別にカメラが好きで、一時離れていましたが、また本格的に撮影を行っていたりします。音楽鑑賞も好きですし、楽器を習ったりもしていました。考えてみたら、色々やっていますね。その時々で夢中になることは変わりますが、そういうローテーションをしている気がします。

中には趣味がないとおっしゃる方もいますが、よくよく聞いてみると仕事が好きで、実は趣味が高じて職業になったという方も。

気をつけるべきは、今問題になっているスマホ依存症やゲーム依存症でしょうか。もはや世界的に一つの病気として注意喚起がなされています。それこそ、寝食を忘れてそれに没頭しているとのこと。これは違う意味で危ないと思われます。

それはともかく、日々の暮らしを豊かにするために、好きなことを一つか二つ、探してみるのはいいことではないでしょうか。そこから色々な世界が広がるかもしれません。でも、まずは健康が第一。肉体的に精神的にも健康であるために、没頭できることがあっても、そうしたことに気を配ってほどほどが肝要と心がけ、豊かな生活を送れますように。

(中村光観)

海を酌むの信　鎚《つち》を磨するの士に非ざるよりは　誰か能く一覚の妙行を信じて三磨の難思を修せん（性霊集十　理釈経答書）

【海水を汲み尽くしてしまうほどの強い信心と、鎚を磨いて針にするほどの努力がなければ、悟りを信じて深い瞑想に入ることはできない】

◉疑いなく信じきる　お大師さまの教えの最も有名なのは即身成仏といえます。それまでの仏教では成仏するのに長い時間がかかるというのに、即身成仏として生きたこの身で成仏できることを宣言されたのです。こう聞きますと、私たちは簡単に成仏できるように思ってしまいます。しかし、そこで大事なのは「信じること」つまり「疑いがないこと」だと言われているのです。

現代では情報がたくさんあり過ぎて、何が真実か見えなくなっています。テレビで映し出されることが真実かと思っていれば、やらせや必要以上の脚色で見栄え好くしているだけで、その根本が真実を伝えることでなく視聴率を上げることであったと世の中の人々が気付いてきたのもやっと最近です。身近な家族や仲間の言葉よりも、誰が書いたかわからないネットの情報を優先して信じてしまっているのです。生徒たちと話していても「ネットでこう書いてました」と信じている様子。「体調が悪い時にこうすればいいとネットで書いていました」。君のことを知らない人が書いたことを信じて、君のことを一番近く見てきた人々の声を軽視している、ということがよくあるのです。

お大師さまの時代ってどうだったかな、といつも考えてみます。今に比べますと情報が少なく、少なすぎてどこへ向かえばわからず人々は迷っていたのかもしれません。現代は情報が多すぎるといえども、正しい筋道をいけば必ず正しい道に辿り着くことが出来るはずです。即身成仏、お大師さまの教えを信じる人、またお大師さまの教えに縁があったから、今この本を読んで下さっているのでしょう。

今この本を読んで下さっている方は大丈夫です。間違っていません。私もお大師さまの教えに救われています。疑いなく信じきって、一緒に即身成仏を目指しましょう。

（富田向真）

あとがき

富田向真

『空海散歩　第五巻』いかがでしたでしょうか。本書は弘法大師さまの聖語を頂き、執筆者がそれぞれの体験や思いを合わせることで、読者の皆様にはより身近に弘法大師さまを感じていただくことが主眼であります。執筆者の体験は様々ですから、同じ聖語でありましても同じ内容にはなりません。執筆者はお大師さまの聖語に対して自分の体験だけでなく、お大師さまはこのお言葉をどのようなお気持ちで書かれたのかというところまで思索いたします。ほんの少しお大師さまの思いに近付いたような気持ちで執筆するのです。本書のそれぞれの法話に、お大師さまへのお気持ちがこもっています。そして現代にお大師さまのお気持ちを具現化させる作業でもあるのです。

お大師さまの聖語を噛みしめますと気付きがたくさんあります。仏教では「空」を説きます。永遠不変なものはなく、すべては変化し続けているということです。しかし、お大師さまの聖語は千二百年前のお言葉でありながら、現代にも通用するということは、お大師さまの聖語、お大師さまのみ教えがまさに現代に生きていると言えるのではないでしょうか。『空海散歩』

の発刊は平成・令和の時代にもお大師さまの聖語が生きていることを証明しているといえます。

第十巻をゴールとして着々と巻を重ね、もう半分までやってまいりました。しかし、いろいろな角度から執筆された内容を編集することは大変な作業であると素人ながら推察いたします。編集して下さる方、出版作業にかかわる方、執筆して下さる方、この事業を発案し推進して下さる方、この事業を応援して下さる方、そしてこの本を手に取って読んでくださる皆様、すべてがお大師さまとの繫がりであります。そして誰もがお大師さまの偉大さを改めて嚙みしめ、お大師さまに報恩感謝の念を更に固くさせていただいております。どうか皆さま、今後も十巻に至るまでお付き合いのほど引き続きお願い申し上げます。

執筆者一覧（生年順）　＊印は「白象の会」発起人

氏名	生年	出生地	現住所	所属	寺院等	役職
小塩祐光	昭04	岡山	徳島県鳴門市	高野	長谷寺	名誉住職・元本山布教師会会長
廣安俊道	昭06	兵庫	広島県福山市	大覚	観音寺	名誉住職
野條泰圓＊	昭10	岡山	岡山県苫田郡	高野	安養寺	住職・本山布教師
安達堯禅	昭11	愛知	愛知県一宮市	高野	日比野弘法堂	支部長
大西智城	昭18	徳島	徳島県徳島市	御室	願成寺	住職・（社福）白寿会本部長
篠崎道玄	昭20	奈良	東京都府中市	山階	興徳寺	住職・元宗会議員
岩佐隆昇	昭20	徳島	徳島県徳島市	高野	桂林寺	役僧・臨床宗教師
浅井證善	昭21	北海道	奈良県奈良市	高野	龍象寺	住職・大峰ボランティア「峰の友」代表
湯浅宗生	昭21	鳥取	鳥取県八頭郡	高野	多寶寺	住職・鳥取宗務支所長・本山布教師
近藤堯寛＊	昭21	愛知	和歌山県高野山	高野	櫻池院	住職・高野山大学非常勤講師
佐川弘海	昭22	愛媛	愛媛県西条市	御室	光明寺	住職
友松祐也	昭23	京都	京都府京丹後市	高野	如意寺	住職・観光・まちづくり系NPO理事長
田中智岳	昭23	和歌山	京都府木津川市	高野	和泉寺	住職・審査委員・台湾高野山真言宗協会顧問
菅　智潤	昭24	香川	香川県三豊市	善通	円明寺	住職・管長
畠田秀峰	昭25	徳島	徳島県板野郡	高野	安楽寺	住職・前宗会議員・本山布教師

河野良文	昭26	福岡	奈良市大安寺	高野	大安寺	住職・本山布教師
伊藤全浄	昭28	兵庫	兵庫県明石市	高野	極樂寺	住職
大咲元延	昭28	大阪	大阪府大阪市	曹洞宗		中小企業診断士
柴谷宗叔	昭29	大阪	大阪府守口市	高野	性善寺	住職・高野山大学研究員
花畑謙治	昭30	福井	東京都中央区			サドラー・ジャパン（株）社長
藤本善光	昭31	大阪	福岡県田川郡	高野	十輪院	住職・本山布教師
中谷昌善	昭32	和歌山	兵庫県神戸市	高野	大師寺	住職・本山布教師
長崎勝教	昭32	高知	高知県土佐清水市	豊山	金剛福寺	住職
森　尭櫻＊	昭32	大阪	滋賀県甲賀市	高野		NPO法人暮らしと文化研究所理事長
加藤俊生	昭33	愛媛	愛媛県松山市	豊山	石手寺	住職
糸数寛宏	昭33	沖縄	富山県砺波市	高野	日照院	住職・本山布教師
後藤瀞興	昭34	大阪	大阪府堺市	高野	興源寺	名誉住職
瀬尾光昌	昭34	神奈川	香川県小豆郡	高野	西光寺	住職・本山布教師
大塚清心	昭35	福井	愛知県名古屋市	高野	大師寺	住職
佐々木琳慧	昭35	滋賀	滋賀県犬上郡	高野	不動院	住職
山田弘徳＊	昭35	愛知	愛知県名古屋市	高野	真勝院	住職
堀部明圓	昭35	愛知	愛知県岩倉市	高野	金剛寺	住職
宮地賢剛＊	昭36	和歌山	岡山県久米郡	高野	佛教寺	住職・本山布教師　阿字観能化
亀山伯仁	昭38	香川	香川県三豊市	高野	密蔵寺	住職・本山布教師・阿字観能化

吉田宥禪	昭38	大阪	岡山県矢掛町	高野	多聞寺	住職・本山布教師
愛宕邦康	昭41	鳥取	埼玉県新座市	浄土		一燈仏学院教授
中村光観＊	昭41	和歌山	和歌山県伊都郡	高野	興法寺	住職
中原慈良	昭42	広島	和歌山県紀の川市	高野	高野山大学	非常勤講師
小野崎裕宣	昭44	北海道	神奈川県足柄上郡	高野	如実庵	庵主・本山布教師
中村一善	昭46	徳島	徳島県板野郡	高野	觀音寺	住職
佐藤妙泉	昭46	兵庫	和歌山県高野山	高野		紀州高野山横笛の会主宰
小野聖護	昭46	石川	愛知県岡崎市	高野	弘正寺	副住職・本山布教師・阿字観能化
山本海史	昭46	東京	和歌山県高野山	高野	西南院	役僧・元英語学校マネージャー
赤塚祐道	昭46	千葉	千葉県市川市	新義	徳蔵寺	住職・教学講習所講師
阿形國明	昭47	岡山	岡山県久米郡	高野	華蔵寺	住職
富田向真＊	昭47	京都	和歌山県高野山	高野	高野山高校	教諭・本山布教師・布教研究所員
佐伯隆快	昭47	広島	岡山県倉敷市	高野	一心念誦堂	
川崎一洸	昭49	岡山	高知県香南市	智山	大日寺	住職
大瀧清延	昭49	広島	広島県福山市	大覚	薬師寺	住職　阿字観能化
伊藤聖健	昭49	北海道	北海道上川郡	豊山	大聖寺	住職
穐月隆彦	昭50	愛媛	愛媛県西条市	御室	実報寺	住職
中村光教	昭50	山口	山口県周南市	高野	切幡寺光泉苑	支部長
成松昇紀	昭51	和歌山	宮崎県えびの市	高野	弘泉寺	副住職・本山布教師

阿部眞秀	昭51	北海道	北海道上川郡	高野	眞弘寺	副住職
高田堯友	昭52	大阪	和歌山県高野山	高野	櫻池院	職員
千葉堯温	昭52	広島	和歌山県高野山	高野	櫻池院	職員
白川密成	昭52	愛媛	愛媛県今治市	高野	栄福寺	住職
岩崎宥全	昭53	長野	長野県諏訪市	高野	佛法紹隆寺	住職
白馬秀孝	昭53	長野	長野県塩尻市	高野	郷福寺	副住職
細川敬真	昭53	宮城	和歌山県和歌山市	高野	一休院	職員
坂田光永	昭54	広島	広島県福山市	高野	光明院	住職
村上慧照	昭54	徳島	徳島県徳島市	高野	西光寺	副住職
渡邉智修	昭56	京都	和歌山県高野山	高野	金剛峯寺	職員
加古啓真	昭62	兵庫	兵庫県加西市	高野	寶泉寺	副住職
天谷含光	平01	奈良	徳島県板野郡	高野	觀音院	後任住職
松本堯円	平02	愛知	愛知県名古屋市	高野	大日本印刷	工場勤務
伊南慈晃	平04	和歌山	和歌山県海草郡	高野	金剛峯寺	職員
堀江唯心	平08	徳島	和歌山県高野山	高野	無量光院	尼僧
杉本政明	平12	神奈川	和歌山県高野山	高野	高野山大学	大学生
鈴木隆蓮		宮城		高野	大師教会支部	支部長
小西凉瑜		宮城	東京都	高野		アシュタンガヨガ正式資格指導者

白象の会は、『空海名言法話全集』出版のために二〇一六年七月、発起人によって命名された、真言宗系の著者で組織する団体です。弘法大師御誕生千二百五十年記念として、二〇二三年六月十五日までに全十巻を刊行することを目的としています。裏表紙のマークが、本会のロゴマークです。

執筆者別索引

＊数字は頁番号、（コ）はコラム執筆を示す

空海《くうかい》名言《めいげん》法話《ほうわ》全集《ぜんしゅう》　空海《くうかい》散歩《さんぽ》
第五巻　法を伝える

二〇二〇年四月一五日　初版第一刷発行

著者　白象の会
監修　近藤堯寛
編集　白象の会発起人
協賛　四国八十八ヶ所霊場会
発行者　喜入冬子
発行所　株式会社 筑摩書房
東京都台東区蔵前二-五-三　〒一一一-八七五五
電話番号〇三-五六八七-二六〇一（代表）

印刷・製本　中央精版印刷株式会社

ISBN978-4-480-71315-5 C0315